学前教育专业系列教材

我奋斗，我成长

——幼教学生实习札记

主编 ◎ 高波　徐冰

中国书籍出版社
China Book Press

图书在版编目（CIP）数据

我奋斗，我成长：幼教学生实习札记 / 高波，徐冰
主编. -- 北京：中国书籍出版社，2016.8
ISBN 978-7-5068-5732-1

Ⅰ.①我… Ⅱ.①高… ②徐… Ⅲ.①幼教人员-实习 Ⅳ.①G615-45

中国版本图书馆 CIP 数据核字（2016）第 178103 号

我奋斗，我成长——幼教学生实习札记

高波　徐冰　主编

责任编辑	肖　雪
责任印制	孙马飞　马　芝
出版发行	中国书籍出版社
地　　址	北京市丰台区三路居路97号（邮编：100073）
电　　话	（010）52257143（总编室）　　（010）52257153（发行部）
电子邮箱	eo@chinabp.com.cn
经　　销	全国新华书店
印　　刷	青岛鑫源印刷有限公司
开　　本	787 mm × 1092 mm　1/16
字　　数	298 千字
印　　张	15.75
版　　次	2017年4月第1版　2017年4月第1次印刷
书　　号	ISBN 978-7-5068-5732-1
定　　价	35.00 元

版权所有　翻印必究

学前教育专业系列教材
编审委员会

主　任：肖明胜

副主任：杨世诚　陈章侠　马培安

委　员：杨　民　王来圣　张丽丽　郑　清
　　　　赵　妍　田广庆

总策划：肖明胜　张同光　毕于民

本书编委会

主　编：高　波　徐　冰

副主编：李　莹　辛　帅　张　停　王　璐
　　　　郑　清　马金祥

编　委：陈汝敏　张菲菲　张小仪　孙一耕

执行主编：杨世诚

前　言

这是一本记录高职高专学前教育专业学生顶岗实习的心路历程和见证学生成长、蜕变的书。

顶岗实习是学前教育专业学生专业学习的"盖顶石",是完成从学生角色到教师角色转换的桥梁。对大部分学生来说,顶岗实习阶段是一个令他们充满好奇、向往但同时又相对陌生、富有挑战性的阶段,与以往熟悉的学习领域有很大的不同。初入职场,他们会遇到诸多的困难和挑战,比如活动秩序难以维持、不能有效激发孩子的学习兴趣、处理个别差异的经验欠缺、与家长和同事的关系难以协调,等等。可以说,一个在校生的书桌与一位教师的书桌之间的距离,虽然在直线跨度上很短,但却是这些年轻人在短时间内所要跨越的一段最长的心路历程。而顶岗实习则是完成这一跨越最有效的途径,它对于加强学生的职业定向、尽快熟悉和适应未来工作岗位的职业要求发挥着不可替代的作用。如果他们能够很快适应这个过程,就能顺利进入专业成长期,为以后的职业生涯打下良好的基础,积极乐观向上的工作心态会伴随其教学生涯。相反,如果在这个阶段学生得不到有效的支持与帮助,就无法真正融入幼儿教育这个行业,即便进入幼儿教师的行列,由顶岗实习期累积的负面情绪也会使其产生入错行的感觉,抱怨和抵触的心态会伴随整个职业生涯。

为帮助学生顺利实现这一转化,提高实习的实效性,潍坊工程职业学院开设了专门用于指导顶岗实习工作的电子平台,配备了专职实习指导教师。学生按时提交周志、月总结，指导教师则及时点评指导。本书就是学前教育专业学生顶岗实习周志、月总结及老师指导点评的精选汇编。它印刻着同学们的奋斗成长足迹，承载着他们的喜怒哀乐，传递着师生浓浓的情感。它既是同学奋斗成长的见证，也是师生互动交流的结晶。

　　本书由主编牵头，提出编写思路，集体讨论，分工合作完成，最后由主编完成统稿、定稿。本书共分四篇。第一篇是"与准幼儿教师的心灵对话"。通过几个实习生提交的周志、月总结以及教师点评，从纵向层面全方位、全过程反映实习生的成长、蜕变历程；第二篇是"入园适应篇"。主要反映同学们在实习初期遇到的困惑和主要矛盾，以及在教师的指导和帮助下，如何学会调适，初步适应幼儿园的生活；第三篇是"奋斗成长篇"。主要描述同学们在实习生活中如何经历住各种磨砺和考验，并通过努力拼搏不断丰富自己的工作经验，在失败中成长，在反思中进步；第四篇是"收获快乐篇"。主要记录实习中遇到的好玩、开心的事，反映在实习中的各种收获和幸福，帮助同学们寻求职业幸福感，坚定从事幼教的信念。

　　本书适合初入职场的幼儿教师学习，特别是对于即将走上实习岗位的学前教育专业的学生具有很强的借鉴意义。同时，对于从事高职高专学前教育专业的教师也具有一定的学习价值。通过实习周志反馈的信息，教师可以及时了解高职学前教育专业学生的思想动态，了解当前学前教育一线的教学改革状况，查找平时教学中存在的问题，为下一步调整、改进教育教学工作提供依据，更好地促进学前教育特色专业的改革与发展。因此，它不但对同学们顺利完成从学生角色到教师角色的转换有帮助，更是"倒逼"高职教育改革的引擎。

　　高职高专学前教育专业的同学和老师们不妨翻书一阅。

高波
2016年6月

目　　录

第一篇　与准幼儿教师的心灵对话——实习生奋斗成长的心理历程 ……… 1
　　2011 级小 Q 实习札记 ………………………………………………… 2
　　2012 级小 S 实习札记 ………………………………………………… 14
　　2012 级小 Z 实习札记 ………………………………………………… 27

第二篇　入园适应篇——适应从改变自我开始 ……………………… 41
　　适应中我成长 …………………………………………………………… 42
　　迷茫中我成长 …………………………………………………………… 61
　　磨砺中我成长 …………………………………………………………… 65
　　我该怎么办 ……………………………………………………………… 78
　　累并快乐着 ……………………………………………………………… 89

第三篇　奋斗成长篇——我奋斗，我成长 …………………………… 95
　　学习中我成长 …………………………………………………………… 96
　　竞争中我成长 …………………………………………………………… 133
　　受挫中我成长 …………………………………………………………… 136
　　奋斗中我成长 …………………………………………………………… 142
　　家园对对碰 ……………………………………………………………… 164

第四篇　收获快乐篇——晒晒我的幸福账单 ………………………… 177
　　晒晒我的幸福账单 ……………………………………………………… 178
　　我成长，我思考 ………………………………………………………… 207
　　教育小心得 ……………………………………………………………… 228

第一篇 与准幼儿教师的心灵对话
——实习生奋斗成长的心理历程

2011级小Q实习札记

周志（第1周） 尊敬的老师您好：

我是2011级5班的小Q，自从离校实习以来，我学到了很多以前没有接触过的东西，而且，我很庆幸在学校学的那些知识，在实习工作都能用上，这让我感到很欣慰，我的工作开展得较为轻松，非常感谢老师平时对我们的教导和教育。

离开校园之后我才发现之前的目光是那么短浅，走上社会之后才知道所掌握的知识是那么匮乏。虽然我们离校了，但是，我们却并不能就此停止学习，否则，早晚会被这个社会淘汰。所以，即使我们现在工作了，还是应该抽出一定的时间来学习，这不仅是为了充实自己，同时也是为了让我们以后的工作做得更好，让我们以后能走得更远！

这次实习最大的感触就是实践非常重要，理论知识学得再好，缺乏实践，工作依然很难进行，只有从实践中累积经验，面对不同的孩子要有不同的应对方法，长此以往，在以后的工作中才会做得更好，才会更得心应手。同时孩子也会得到更精心的照顾和关怀，这也是我们做幼师最基本的义务和责任！

总之，通过这一周的实习，我更明确了自己的责任和义务，而且很清楚之后的路该如何走下去，今后我会更加努力地工作和学习，希望不会让老师失望！

高波老师点评：一个优秀的幼儿教师需要持续不断地学习，顶岗实习也属于学习的一部分。通过实习，肯定会发现一些问题，找到与优秀教师的差距。发现问题不可怕，怕的是不能正确对待。实习生涯如同放风筝，风筝怎样才能飞得高？诀窍有四点：心中有理想，眼中有目标，手中有分寸，脚下有土地。只要定准目标，脚踏实地，不懈努力，相信你会尽快适应工作岗位，成为一名优秀的幼儿教师。相信你的实习生活一定会充实而精彩，老师对你充满期待！

周志（第2周） 老师好，转眼一周又过去了，这一周最大的感触就是我所拥有的知识实在是有点匮乏。在学校的时候总以为自己已经掌握了很多知识，认为在以后的工作中这些知识能够满足工作需要。但工作后才发现，我所掌握的这些知识无法满足工作需要，而且相差很远。针对这一问题我进行了反思，发现问题的根本所在还是在校期间没有努力学习，没有认真对待学业。其实有些知识课本上都有，老师平时的讲课中也都讲过，怪就怪上课的时候没有认真听讲，所以才导致了现在的这种尴尬境况。为了以后工作能够更加顺利，为了自己的前途，在业余时间一定会加强学习，努力充实自己，使自己变得更加充实更有价值！谢谢老师！

高波老师点评：书到用时方恨少，今天领悟犹未晚也，关键是行动。你会做得很棒，因为你能真正做到反思，只有反思者才能不断进步。为你加油！

周志（第3周） 老师好，首先祝您教师节快乐。虽然晚了几天，但是祝福却是真心实意的，希望您永远快乐、幸福！这周可能是因为到达了一个特殊阶段，所以感觉很累，大概是因为刚开始的新鲜感已经没有了，对工作环境已经熟悉了，所以有点懈怠，不管做什么都很散漫，有时候甚至想今天不去上班了吧。不过也只是这么想想，还是坚持下来了。我想这可能是一个特定阶段，也许过几天就好了，希望下星期能有所改变。上星期跟您说觉得自己的知识太匮乏，之后一直努力给自己充电。现在发现静下心来好好学习知识的时候，也是挺快乐的一件事。

高波老师点评：你的问题是大部分实习生都会遇到的问题。进入幼儿园之前，很多同学可能对这个行业有许多的憧憬和美好的想象，进入幼儿园后觉得一切都新鲜。当这些美丽的光环和新鲜感褪去之后，很自然地会产生懈怠，这就是我们通常讲的遇到"坎"了。此时，不但感觉身体累，更感到心累。这个问题值得你重视，如处理不好，有可能会向倦怠转化。

周志（第4周） 老师您好，一周又过去了，这周觉得时间过得好快啊，好像刚开始就结束了。可能是工作后有很多的事情要处理，每天都很忙碌，所以才觉得时间过得那么快。记得在学校时总想为什么时间过得那么慢，为什么还不到周六，现在想想觉得好笑。以前总想着快点离校，快点毕业去工作，这样就自由了，可以想干什么就干什么，工作后才发现之前的想法不是一般的幼稚。之前听"前辈"说工作后会怀念在学校的日子，当时不屑一顾，觉得矫情。工作之后才发现，真的好怀念以前上学的日子！如果时间能够倒回，好想再重新回到上学的那些日子。

高波老师点评：上学的时候想工作，工作的时候想上学，人生就是这么矛盾，如同城里的人想出去，乡下的人想进来；大人好想回到童年时光，小孩总想快快长大一样。还是珍惜拥有的，把握好现在经历的吧。

周志（第5周） 老师好，这一星期又这么快就过去了，假期结束回来后感觉有点不在状态，不知道是什么原因。最近对工作产生了厌倦心理，有时面对调皮的孩子会控制不住自己的脾气，感觉之前的耐心都快要找不到了，没有以前的工作热情和激情了，所以感觉很苦恼。有时候甚至在想：我到底适不适合这份工作？还能坚持多久？有时候甚至担心自己一时控制不住情绪对孩子做出过分的事。这是工作以来第一次出现这种负面的情绪，所以感觉很不舒服。希望老师能给一些建议，帮我正确对待这一现象，谢谢老师！

高波老师点评： 这是教师的职业倦怠，与假期综合症也有关联，是大部分实习同学都会遇到的共性问题。我从三个方面予以解答，希望能够对你有所帮助。

一、如何判断是否处于职业倦怠之中

1. 个人的情绪

当一个人长期面临高压之后，自己的反应（压力反应）处在一种极度疲劳的状态之中，对工作没有热情更谈不上激情。每天干着同样的事情没有新鲜感。

2. 师幼关系

消极的否定或以粗暴的非情绪化、非人性化对待孩子，甚至用这种态度来对待自己的同事和家人。

3. 自我评价

体验不到教育的价值，体验不到教师的成就感、笑容感，认为自己的教育是无用的，自己的教育根本没有价值、没有意义。对这个职业产生怀疑，对工作产生怀疑。

当然，你可能达不到上述程度，可能刚刚出现职业倦怠的苗头，但任何事都要防微杜渐，及早认识到这个问题有利于早日克服。

二、影响教师职业倦怠的因素

第一，社会层面。"园丁""工程师""蜡烛""春蚕"等称谓都是社会对教师过高的期望和要求，但给予教师的却很少，付出和收获不成比例。

第二，幼儿园组织层面。幼儿老师的工作是杂乱的，不是很难，但头绪太乱太多。家长问题、幼儿安全问题、同事关系处理问题等都会给幼儿老师造成很多压力。

第三，个人期望。教师一开始对自己的职业有过高的期望，对教育的价值想得太好，对幼儿园和孩子想象得过于单纯和美好。但任何一个行业和单位，有阳光的一面，也有负面的一面。有时，期望值越高，失望就越大。比如，当你发现教育不可能解决一切，当你的教育力量在调皮的孩子面前、在难缠的家长面前显得苍白无力，当你在工作中不断体验到挫败感的时候，都会使你产生倦怠。

你可以对照上述因素剖析一下，找找产生厌倦的因素在哪里。

三、教师如何自身预防职业倦怠，提几点对策

1. 澄清压力事件促进自我觉察

在现实生活中经常发现很多老师抱怨很累、很疲惫，感觉莫名的焦虑、紧张、身

体不舒服，但弄不清楚为什么累。一个重要的原因在于我们没有花时间、精力反思自己。显然，当意识到问题的所在时，就离解决问题已经不远了。发现问题比解决问题更重要，只有发现问题才能找到解决问题的方法，所以你首先要找到产生倦怠的根源。

2. 要分清问题所有权

做老师的经常把孩子的问题当成是自己的问题，好像孩子一切的过错都是教师的过错。社会上过分地鼓吹了"没有教不好的学生，只有不会教的教师"的观点，在某种情况下讲教育万能论。虽然，我们老师有责任、有义务也有能力来帮助孩子进步，但孩子的不良行为表现有很多可能不是由教师单方面来控制的。比如家里的父母经常吵架，甚至是家庭破裂，对孩子产生的负面影响就不是教师能完全解决的。一定谨记：不是所有的问题老师都能解决，特别是你作为一个各方面还很不成熟的实习教师，不要把自己当作万能的救世主，不要所有的压力都自己抗。

3. 以积极的态度对待工作

大环境不是我们说改就能改的，一个客观的社会里既有积极的，又有消极的因素，像阴阳八卦一样有黑也有白。老师有时候更多关注的是孩子"黑"的一面，对孩子进行不断的批评教育，没有太关注"白"的方面。要通过"彼涨"促进"此消"，这就是我们谈到的欣赏性的评价和批判性的评价本质的区别。不是说孩子没有缺点没有错误，但我们要更多地鼓励、欣赏孩子的长处，要换一种眼光看待世界、看待孩子。

4. 调整自己的工作期望

要客观评价自己，正确定位自己，设定和自己的能力、精力、职业特点相吻合的个人目标。要允许自己犯错误，不要一犯错误就觉得自己一无是处。人的成长都要经历错误，一个缺乏经验的实习生犯错不是很正常吗？只要认真对待，错误也是有价值的。我们常说，孩子在错误中成长，老师难道不是吗？所以，要合理地调整自己工作的期望，不要指望自己各方面都行，特别是不要指望一开始就很行，要知道，罗马不是一天建成的。

5. 要建立社会支持网络

教师要认真严谨地对待教育、教学工作，同时也要建立良好的社会支持网络。社会支持系统是当你遇到难处、情绪低落时有人听你诉说，有人全力以赴地支持你。要尽可能地多建立社会支持系统，不要只是一味地工作，同事、孩子、家长是造就压力的来源，如果我们把同事、孩子、家长当朋友，他们也是我们重要的支持系统。有时，也可以把实习指导老师当作你们的支持系统，有什么委屈你们可以对我倾诉，有什么不高兴的事情可以跟我诉说，这样，你们的负面情绪就会得到一定程度的缓解。

6. 学会享受平衡生活

教师需要界定工作和家庭之间的界限。要处理好家庭和工作中的平衡，互相补偿、互相促进。对于生活要逐步学会张弛有度，忙而不乱。

7. 养成良好的习惯

养成良好的生活习惯、行为习惯，保证充足的睡眠和休息，加强体育锻炼和保健意识，培养多方面的兴趣和爱好。

8. 人际关系很重要

学会恰当地认同他人、接纳他人，保持良好的心态。与兄弟姐妹相亲相爱，经常和朋友在一起聊天、散步。在现实生活当中要学会向别人表达自己的爱和关心，不要把心事一味放在心里面，很多东西是需要诉说的。

需要说明一点的是：产生职业倦怠很正常，这是工作一段时间后大多数同学面临的共性问题，一般对某个新生事物的新鲜感过后，总会产生一定程度的厌倦。我有时也会产生一些负面的情绪，所以，产生倦怠感不丢人。即使我们克服了这个时间段的倦怠，今后还可能会产生倦怠，没什么大不了的，走出来就是！相信你会尽快走出来，重新找到感觉，加油！

周志（第6周） 老师好，感谢老师为我提供的建议，让我受益很多，让我在今后的工作中有了一定的目标和定位，谢谢老师！

这周明显感觉比上周好很多，不再那么烦躁。有了一定的目标，知道该怎么做了，并且对孩子有了正确的态度和认识，不再像之前那样，每天浑浑噩噩的，感觉每天都很忙，但仔细想想又觉得什么也没做，经常觉得很失败。经过上周老师的指导，觉得这周过得很充实，这种感觉很好，所以，非常感谢老师，以后我也一定会努力工作，希望能在老师的帮助下取得更大的进步。谢谢老师！

高波老师点评： 呵呵，你的快乐就是老师的快乐。看到你不断成长，心情变好，甚慰！开心是一天，不开心也是一天，还是开心一点吧，经历风雨才能见彩虹！

周志（第7周） 老师您好，这周我们班开了一次家长会，很多家长对我的工作表示出了很大的认同，这让我很有成就感，觉得之前的辛苦和劳累都是值得的，很开心。而且，我们班的孩子对我也越来越认同，我在他们心中的地位越来越高，很欣慰。重要的是领导对我的工作也非常满意，而且，昨天我们园里去别的地方听课，只有两个名额，我是其中一个，这让我觉得之前的一切努力没有白费。总之，这周的收获很多，也过得非常愉快，以后我会很努力，争取有更大的成就！

高波老师点评： 呵呵，有点小得意、小开心呀，我觉得这样很好。不以物喜，不以己悲那是大人物的事情，我们教师——作为普通民众的一员，遇到高兴的事为什么要掩饰呢？人就应该在前行的道路上不断找寻这种感觉，这种良好的体验将强化你的自信，有助于你在职业生涯的路上越走越远，越走越来劲。

为你高兴！认同是教育的基础。能得到孩子与领导的认同，提升自己的地位，这是对你前一阶段工作的奖励，也是下一步工作不竭的动力。凡事有因才有果，你的好心情源于领导和家长对你工作的认同，我的好心情源于你的成功和高兴。当然，如果你经常小有成就，可能感觉就不会这么强烈，现在嘛，暗自得意一下还是挺不错的。

看得出，你已经初步找到做幼师的感觉，进入一种良好的状态，很好，继续努力。

周志（第8周） 老师您好，这周是我上班以来最紧张的一周，当然下周还会更紧张，因为我们下周要进行员工内部考核。这周不仅要准备好要上的课，还要准备下周的员工内部考核，要考很多东西，有专业知识考核，还有口语、键盘、声乐、公开课和民主评议。幸好这些都能应对。最让我紧张的是公开课，到现在为止都不知道要给孩子上什么课，怎样给孩子上，我还没想好。下星期就要上公开课了，真得很紧张，虽然这次考核不会关系到我们的去留问题，但这毕竟是对自己能力的一种检验，所以还是想以一个好的成绩来面对所有人，希望下周的员工内部考核能出来一个好成绩。谢谢老师！

高波老师点评：没什么大不了，任何人都不是一开始就会讲课的。第一次上讲台，紧张总是难免的。只要认真准备，坦然面对，高度自信，不过分注重一时之得失，一定有个好的结果。预祝成功！重要的是要认真总结反思公开课的成败得失，汲取经验，学会在研究中成长，在反思中进步，你说呢？

周志（第9周） 老师您好，今天刚刚结束了公开课，我是第一个讲公开课的。今天我班的孩子出勤率很低，开始担心自己的课上不好，上课之前很忐忑，幸好来听我课的老师较多，所以临时加了一个和老师互动的环节，效果还算不错。园长和副园长及其他的老师对我的这堂课还是认同的，所以今天的公开课还算成功吧。园长以及老师们给我提的建议，我一定会认真对待，争取以后有更大的进步。谢谢老师！

高波老师点评：甚慰！你还是有较强的应变能力的。今天我也刚刚听、评了一个新教师的课，既肯定了其成绩，又指出了需要注意的问题，只有这样，新教师才能找到自信，才能找到改进的方向。望写一下课后反思。

叶澜教授说："一个教师写一辈子教案难以成为名师，但如果写三年反思则有可能成为名师。"波斯纳有一个这样的公式：经验+反思=成长。我国著名心理学家林崇德也提出了"优秀教师=教学过程+反思"的成长模式。如果一个教师仅仅满足于获得经验而不对经验进行深入的思考，即使是有"20年的教学经验，也许只是一年工作的

20次重复；除非善于从经验反思中吸取教益，否则就不可能有什么改进。"他可能永远只能停留在一个新手型教师的水准上。

毋庸置疑，我希望你能够对今后所有的事情养成主动性反思的习惯，形成在反思中成长的意识，而不是为了反思而反思，被动应付。写教育反思的目的是为了从经验反思中吸取教益，走"实践—反思—再实践"的路。"再实践"是在教育反思基础上，利用科学的方法、理性的思维来指导我们的教育教学行为。你不妨尝试一下！

周志（第10周） 老师您好，这周我们园里进行了几节公开课，听完老教师的课，首先觉得自身有很多的不足，有很多东西是我身上所欠缺的、所没有的。其次就是很羡慕老教师在全班孩子心中无可替代的地位，以及对于现场突发状况的处理及掌控力，这些都是需要我慢慢学习和积累的。真是不比较不知道自己差距在哪儿。前段时间觉得自己还行，有点小得意，现在仔细想想真没有什么好得意的，和老教师一比，我差太多了，有太多东西需要我去学习。以后要努力工作，多多积累经验，争取做得更好，谢谢老师！

高波老师点评：既要有肯定自己的自信，也要有反思自己的勇气。对照优秀找差距，对照老教师丰富的教学经验找不足。不要急，慢慢会好的，老师看好你哦。

周志（第11周） 老师您好，时间过得好快，转眼一周又过去了，这周总体来说还是挺开心的。这次员工内部考核我得了第二名，还算比较满意，其实和第一之间还是有差距的。觉得最大的不足就是自己没有好好准备，结果出来时，觉着挺遗憾的，后悔没有认真对待，以后一定会认真对待每次考核或检验，绝不再犯这次类似的错误。这次考核一共六位得奖的，很开心的就是有四位都是我们学校的，而且园里的领导对我们学校也非常认可，虽然不知道他们怎么评价的，但我觉着很自豪。今后一定会努力好好表现，也算是为学校争点光。谢谢老师！

高波老师点评：为你取得的佳绩高兴！对于荣誉既要看重又不要刻意地去追求，只要认真对待，把自己的实力表现出来即可。作为一名实习生，取得第二名的成绩已经不错了，同时也意味着你还有更大的提升空间。六位得奖的有四位都是我们学校的，我超级开心！看到贵园领导对我们学校的认可，我也超级自豪！让学生成才，让家长放心，让用人单位满意是我们不懈的追求！让我们共同努力，将我们学校的学前教育专业办得更好！

周志（第12周） 老师您好，我觉得这周是很累也很充实的一周，因为这周我班的班主任出差了，于是班里由我和另一位老师共同负责，主要事务由我负责，这对我又是一个新的挑战。因为之前我一直接班车，所以我们班孩子的家长我一直没怎么接触过。这周晚上放学的时候我要送孩子们离园，就会和家长们有所接触，刚开始挺紧张，把孩子们送走之后感觉我跟家长的交流还是欠缺经验。但总归来说这对我又是一种锻炼，我挺珍惜这次机会的，下周我们班还是由我来负责，我一定会好好工作，好好把握这次机会。谢谢老师！

高波老师点评：恭喜你能独当一面成为负责人！哪怕是两个人中的负责人，也是对你能力的认可。望珍惜机会，将每一份工作做好，以后所负的责任会越来越重的。

周志（第13周） 老师您好，谢谢老师帮我查到赵老师的信息。再次见到学校的老师感觉是不一样的！之前在学校的时候每天都能见到老师，所以没有什么感觉，但这次再次见到学校的老师觉得心里好暖，就像一个离家的孩子见到亲人一样，特别开心。在外实习了两周，虽然一切还算不错，但是在学校那样无忧无虑的感觉是找不到了，步入社会才意识到什么是责任，什么是压力，而且还要处理各种人际关系，觉得挺累的。虽然这是成长中必不可少的一种经历，但终究有点不适应，尤其是这次见到学校的老师后，更加怀念以前在学校的日子。有人跟我说过只有自己变得强大了，才有资格选择想要过的生活，所以，我一定会努力变强大的。谢谢老师！

高波老师点评：你的心情我完全理解，见到"娘家人"了嘛，总会有点小激动。人在社会上闯不容易，不仅仅是发展好专业就可以了，还要学会处理各种人际关系，人际关系也是生产力嘛。卡耐基公式：一个人的成功=15%专业+85%人际关系。当然，我认同你的观点：只有自己变得强大了，才有资格选择想要过的生活。这是真理！其实，人际关系的建立，除了有各种技巧，还有一点很重要，那就是自身的实力。实力决定魅力，作为决定地位，眼界决定境界是颠扑不破的真理。实力可以增加你"被利用"的价值。一切人际关系的建立与维持，都是人们根据一定的价值观进行选择的结果。

既然交际是利益的相互交换，如果你想受人欢迎，吸引他人的话，那么就需要增加"被利用"的价值。做一个强者吧，努力锤炼自己，过你想要的生活。加油！

周志（第14周） 老师您好，又一周过去了，感觉时间过得好快，体会到了什么叫做"光阴如梭"，这一周最大的收获就是我能安静下来好好看书了，虽然看得不多，但至少能看进去了，有了学习的意识了，所以自我感觉还不算太差，还算比较有上进心吧，嘿嘿……

还有就是再一次向您表达对学校的感谢，因为要过元旦了，领导让我们装饰整个幼儿园，我觉得在学校学的知识对我太有帮助了，看来当初选择我们这所学校是非常

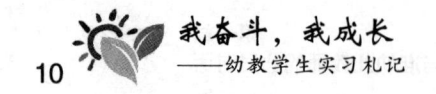

正确的，谢谢老师！！！

高波老师点评：很高兴看到你对母校的认同，很高兴看到你能够静下心来看书，多看点书是有好处的，读书使人睿智嘛！另：很高兴看到你是一个懂得感恩的人，觉得在学校学的知识对你有帮助。现在对老师、母校抱怨的人居多，他们总是抱怨这儿抱怨那儿，好像自己发展得不好都是学校、老师的错，与他们自身不够努力没有半毛钱的关系，态度决定一切，懂得感恩的人会走得更远！

周志（第15周） 老师您好，这星期过得紧张又充实。这周都在准备圣诞节的事情，最开心的是在准备的过程中，园里的一些同事都对我们学校表示极大的认同，这让我感到很自豪，很开心。不过最近有一件事情一直困扰着我，就是我在孩子们心中的地位好像是一直停滞不前，不知道如何让孩子们更加信服我，这件事让我很苦恼。希望老师能给我一些建议，让我更好地处理这件事，谢谢老师！

高波老师点评：有些事不能不在意，也不能太在意，这就是生活中的辩证法。你的起点较高，对自己的期望值也较高，这是好事，反映了你的上进心。但太苛求自己，必然会活得有点累。有些事情急不得，当进步到一定程度，肯定会放慢速度，这是前进中的高原现象，很正常！不要急，慢慢来，经历磨练，你会越来越出色的。

周志（第16周） 老师您好，到今天为止才算是真正地放松了，但是在放松后又觉得这种轻松的日子挺没劲的。突然觉得没有充实感了，虽然之前的那几天很累，但每天都有一个明确的目标，知道现在要做什么，下一步要干什么，每天都有事可做，每天都过得很充实，但圣诞过后的紧张感消失了，就觉得好迷茫，不知道要干什么了，好像找不到方向和目标了，这种感觉让我很焦虑。不知道怎样才能让这种感觉消失，我很苦恼。希望老师能给我一些建议。谢谢老师！

高波老师点评：重新寻找新的目标，找到奋斗的动力。建议做一份中长期职业生涯规划，大体思考一下几年内你要做的事情，要达到的目标是什么，保障措施是什么，一步一个台阶，扎扎实实走下去。当前，2014年3月16日的教师资格考试，要好好准备一下。当然，我觉得你还是不要只考虑工作，学会劳逸结合也很重要。

月总结（第一个月） 老师您好，转眼一个月过去了，觉得这个月最大的收获就是自己变得越来越成熟了，无论是从思想上还是从为人处世方面都比之前要成熟很多。

离校之后忽然觉得自己一下子就成长了，以前可以肆无忌惮，可以想做什么做什么，现在，已经习惯了在做事之前先想一下这么做对不对，结果是好还是坏，对自己有什么样的影响。时间越久越怀念以前上学的日子，真想时间可以倒退。

不知道为什么，工作的时间越久激情和冲劲就变得越淡了。之前在学校模拟课堂上课的时候，在上课之前都会准备很多，会想很多，包括准备哪些道具，以怎样的方式给孩子们上课，他们怎样才能学到更多的东西，等等。工作之后，不知道是什么原因，不像以前在学校模拟课堂上课之前要做好充分的准备，没有想过怎样才能让孩子们更容易接受我所传授给他们的知识，也没想过如何让孩子们对学习产生兴趣，让孩子们更快乐地接受知识。这也可能是受一些老教师的影响，按部就班，完全是在以传统的"老师讲学生听"的方式来给他们上课。

离校前，曾经设想过很多给孩子们上课的场景，但从没想过是现在的这种场景，觉得不应该再这样下去，真心希望在以后的日子里能够认真地对待自己的工作，能够像在学校一样，上课之前多想一下怎样才能让孩子们更容易接受我所传授的知识，如何才能让孩子们不对学习失去兴趣，如何才能让孩子们健康快乐地学习和成长。

高波老师点评：变得越来越成熟了就是一个最大的收获。"以前可以肆无忌惮，可以想做什么做什么，现在，已经习惯了在做事之前先想一下这么做对不对，结果是好还是坏，对自己有什么样的影响"——这就是成长！

当然，成长中也有困惑。可以看到你对目前的状态比较彷徨，有一种面对现实与理想反差的无奈，有一种年轻的锐气和个性快被现实磨平了的感觉。年轻人的优点是什么你知道吗？就是知识层次新、有朝气、有想法、有闯劲；其弱点在于经验欠缺。我希望你在适应社会的同时，不要丢失自己的锐气，要在现实和你自己真正想要干的事情中找寻到一个平衡点。三思而行，反映了你的成熟，对于深思熟虑的事情为什么不大胆尝试呢？目前的你改变不了他人，还改变不了自己吗？记住：对于一个优秀的人来说，不仅要学会适应，还要学会改变、突破，甚至是引领！你应该尝试一下。

顺便说一句，你是个很懂礼貌的孩子，喜欢你这一点。

月总结（第二个月） 老师您好，这个月又即将过去，但这个月是我实习以来感觉最开心的一个月，不仅是因为现在已经适应了这个工作岗位，更重要的是觉得我之前的一切努力都没有白费。

在最近接送孩子和上次的家长会中，很多家长都表示对我的工作很认同，这让我很有成就感，觉得之前的工作是有价值的，并且很大程度地提升了我的自信心及对工作的热情。

上星期一次外出听课的活动，园里只有两个名额，我很荣幸获得其中一个名额，和我同去的是副园长及一位老教师，这是领导对我工作的肯定，会激励我更加向上。

下星期领导让我给其他班上课，我认为这对于新人来说是一个很好的锻炼机会，也是一个在领导面前表现的好机会，我一定会好好努力，把握好这次机会。现在很庆幸以前在学校的时候上过模拟课堂，这对我很有帮助，会让我在给孩子们上课的时候知道大概流程、大体的方向，不至于迷茫。在学校多学点知识真的会受益无穷，同时也谢谢老师传授给我们这些知识。

以后我会更加努力地工作，争取取得更大的成就。谢谢老师！

高波老师点评：首先，模拟课堂解决不了所有的问题，但是一定是有其价值的。现在许多同学总是抱怨，说学校所学知识与幼儿园教学有差距、不一样，等等，诸如此类的话不胜枚举。其实，二者有差距是正常的。模拟课堂如同一个路标，有学过的理论知识作指导，会知道第一步该怎么走，也会知道下一步该怎么走，至少不会让你手忙脚乱。但无论如何，路标的指示代替不了走路。

其次，虽然模拟课堂与实际给小朋友上课的情景是不一样的，但这却是校内现有的实训条件下缩小理论与实践差距的有效途径。当然，要想达到零距离接轨，还需要到幼儿园实习锻炼，你目前正在做的就是这件事情。

再次，你对模拟课堂的认同更坚定了我们的信心，我会继续探索模拟课堂的规律，尽可能对同学们未来的职业生涯提供更大的助力。

月总结（第三个月） 老师您好，又一个月过去了，这个月我过得很愉快，因为这个月让我明白了很多道理，也学到了很多的东西。

首先，员工内部考核让我学会的第一件事就是：无论做什么事，一定要态度端正。在考核还没进行时，我没把考核当回事，所有的东西都是在即将开始的时候才稍微准备了一下，没有付出太多，也没有很认真地对待。虽然成绩有些出乎我的意料，但是感觉挺惭愧的。因为我可以做得更好，可是我却没有努力去做，所以感觉特别可惜，特别遗憾。

其次，就是最近园里的领导为我们每个班购买了一本书，目的是让我们多学习、多补充知识。每个班的书都不一样，可以轮流阅读，同时我也认识到自己的不足，因为现在的我很难静下心来认真看书，最多坚持二十多分钟就会看不下去，这种感觉让我挺难受的。但还好，我有一颗想学习的心，所以我一定会努力克服困难，在业余时间多多学习，努力提高自己。

最后，我一定要抓住各种锻炼和提高的机会，努力使自己变得越来越充实，越来越有素质和涵养，争取成为一名优秀的幼儿教师！谢谢老师！

高波老师点评：坚持学习很重要！要从书本中学习，更要从实践中学习，学习是教师可持续发展的不竭动力。教师，必须要有静气，要耐得住寂寞，扛得住诱惑。送你几个字，拼音都念"jing"，你琢磨一下：静、敬、净、竞、警、精、劲、境。悟透这几个字，你一定会取得更大成绩！

🌸 **月总结（第四个月）** 老师您好！首先预祝您元旦快乐！转眼我已经实习了四个月了，从最初的稚嫩已经慢慢地走向成熟，无论是在工作上还是在为人处事方面，都有了很大地提高，这预示着我在从一名学生转变为一名社会人士。我很开心，两年专业学习学到了很多有用的知识；也很后悔，后悔在学校的时候没有更加努力地学习，这是我的遗憾。以前在学校的时候我跟很多同学说过我喜欢高波老师，我们在私底下都会亲切地称您为"波波老师"。我喜欢您是因为我觉着您很厉害，我很佩服您，您是我的偶像。尤其是最近一段时间，我莫名地对孩子们产生了一种烦的感觉，觉得他们那么讨厌，甚至我一度认为我不适合这个职业，我还想过要换一种职业。但是我又不甘心，因为毕竟学了两年的学前教育，如果半道离职了，我觉得这是对自我的否定，所以很纠结。但最近两天想到您，想到您在教师这条道路上走了那么多年，而且每次给我们上课的时候都觉得您很自信，我很羡慕，也想知道您是怎么做到的。说实话，最近一直在支撑着我的就是对您的那一份崇拜，我想像您一样忠于自己的工作，并且能够自由发挥，所以希望波波老师能给我一些建议，帮我摆脱目前的处境。谢谢老师！

高波老师点评：谢谢你对我的肯定。我觉得做教育的人一定要有一个良好的感觉，一份良好的内心体验，在满足自己物质需要的同时，还要从这份职业中找到乐趣。教师这个职业赚钱不多，但足够糊口，而且重要的是它有一定的自由度，可以发挥自己的创造性，可以在不违背教育规律的前提下按照自己的意愿影响学生。当我们看到一个个孩子在自己的影响下变得越来越懂事，越来越优秀，没感觉到很有成就感吗？就如同我，仅仅给你们上了几堂课，我自问并没有你说的那么优秀，却得到你们的肯定，我感到很欣慰！

与优秀的学生交流就如同与一个高尚的人在对话，从总结中我看到了你的努力、你的付出。我为你取得的每一份成绩感到由衷的高兴和自豪。幼教工作是一个繁琐而又辛苦的事情，在发展过程中有可能会遇到瓶颈，突破就好了；有时可能会烦躁，这都很正常，调适好就好了。如果你乐观的话，这就是一个美好的世界；如果你悲观的话，这就是一个糟糕的社会。建议调适心态，快乐一点。我们常说，付出就会有回报，只要你喜欢这份职业，就坚持下去吧。你不觉得，如果你不做幼教，是幼教事业的一大损失吗？祝一切都好！

2012级小S实习札记

周志（第1周） 两年的学前教育学习结束了。又到了九月的开学季，虽然没有了学习的课堂，但是却有了一个更值得我学习的空间——幼儿园！

9月1日这天，面前忽然出现许多不熟悉的面孔。一个小家伙来幼儿园，后面跟着四五个大人，我心想这些孩子真幸福，暗暗地跟自己说一定要照顾好他们，让他们玩得开心，过得舒心，让家长朋友们放心！

从家长手中接过孩子，我带他们去玩玩具，看到他们很开心的样子，我很欣慰。不过几分钟后，那一群可爱的天使瞬间在我的脑海里就变成了恶魔！因为玩具对他们已经没诱惑力了，我想不出用什么办法来吸引他们的注意力，只是对他们提出的问题、要求及条件没有头绪地哼哈答应着。一天的时间都是在哭闹声中度过的，没有一刻是安静的，吃饭、午休更是让人头疼！

好在家长们坚持每天送孩子来幼儿园。奇怪的是第一天来没有哭的孩子，第二天第三天却哭得厉害，大概是看到别的孩子哭，自己没事干也跟着哭吧，我很不明白！

从孩子来幼儿园到现在我一直觉得很疲惫，对幼儿教育事业也充满了深深的敬意：再干净的老师也会心甘情愿地给孩子洗尿湿的裤子、粘上大便的衣服，打扫孩子吐了一地的食物！没有幼儿教师办不到的事情，忙的时候一个老师可以抱着俩孩子还要领着一个，任劳任怨！

直到现在我还是驾驭不了小朋友，不知道怎样才可以让他们顺着我的思路来！学的教育学心理学好像跟实际情况有所不同！

预祝我亲爱的老师工作顺利，中秋阖家欢乐！

高波老师点评： 这篇周志写得很好，观察得很细。有的孩子一开始感到新环境新鲜、好玩，所以第一天可能不哭，但新鲜感过后，第二天第三天就哭得厉害；孩子喜欢从众，喜欢模仿，所以会出现一孩哭百孩呼应的现象，这都是正常现象，没必要太过焦虑。孩子入园必然有一个适应过程，由于我的点评晚了一个星期，相信当你看到这段文字的时候，孩子们已经初步适应幼儿园生活了。这也说明一个问题：一些当时看似很难搞定的事，事后看看都不是什么大事，只要有心，善于总结反思，办法总比困难多。什么时候孩子们哭着闹着想上幼儿园了，我们的教育就成功了。会有那一天的，加油！

周志（第 2 周） 忙碌的一周终于结束了！这一周的工作相对来说比第一周轻松了一些，因为新来的小朋友开始适应了，不那么哭闹淘气了！我们也不用从早忙到晚了，可以排班休息。但是工作量还是不小的！

周四晚上、周六一天我们都在加班，在培训！因为我们园是蒙氏园，我们接触的都是蒙氏课程，在学校的时候没有接受系统的学习，所以，幼儿园常给我们培训！

通过培训，我对蒙氏教育有了更多认识，教具是那么好玩、有趣！

我觉得自己好有压力，因为教具的展示、指导孩子的工作我没有任何经验，但是，相信通过自己的努力、通过学习、通过老教师的指导我会成功的！祝老师工作顺利！

高波老师点评：认真学习本领，只有实力在任何时候别人都拿不走。至于经验，任何人都是慢慢积累的，相信用不了多长时间，你一定会成为一个有实力、受人尊重的人，且会成为孩子喜欢的老师。

周志（第 3 周） 忙碌的一周匆匆忙忙又过了一半了！今天上午是我的课，分组结束后我开始给孩子们上课，真的感觉好无奈，因为不管我怎么说孩子们都不听，他们无视我的存在，软的、硬的我都用过了，可是只能安静那么几分钟！我在反省，是我的问题还是备课的问题？抑或是我选择课程的问题？组织孩子上课是一门很大的学问，我该从哪里入手学习，我想应该是平时的点点滴滴吧！

今天的课程是蒙氏混龄班学习的《弟子规》，因为每年都会学，大组中组的小朋友都已经很熟悉了，对他们来说《弟子规》已经没有吸引力了，但是小组的孩子还没有接触过，所以上课时乱成一团，我就控制不了了！想了很多办法，都无济于事！

可能是我的魅力还不够吧，接下来像这样的课程我该用什么样的方法来组织，求老师指导！祝老师工作顺利！

高波老师点评：这是实习中出现的正常问题。乱成一团，与你教学中没有把握好节奏有关。因为大组中组的小朋友都已经很熟悉教学内容，此时，教学对他们已经缺乏挑战性，他们当然不会感兴趣；而小班的孩子，都是初次接触，加之小孩子的注意力集中时间非常短，你需要经常变化策略才会将他们组织起来。你的问题是将大班、中班、小班的用同一个步调来教，这样就导致大孩子吃不饱，小孩子消化不了。

你可用分层次教学来解决这个问题，对不同的年龄段孩子提出不同的任务要求，确定不同的难度。

不要灰心，慢慢来。知识和经验都不是天上掉下来的，需要时间积淀。多总结经验，多吸取教训，会好起来的。

周志（第 4 周） 开学已经四周了，大多数孩子们都适应了，还有个别的孩子早上来会哭哭啼啼的！

昨天我上了一节在我看来算是成功的课，因为孩子们学得很认真，班主任老师也说我有了很大的进步，自己觉得欣慰。一时，我对自己组织课程这方面有了信心！

最近有一件事让我觉得很头疼，有一个小朋友在 9 月 1 日开学的时候因为生病没有来，过了一周才来的，到现在还是不怎么适应！每次我们班三个老师同时在的时候还好一些，但如果是我值班，另两个老师不在的时候我就无奈了，因为那个孩子不管什么时候只要不见那两个老师，就会不停地问："老师还来吗？干什么去了？"不管怎么回答，她还是会不停地问，真不知道该怎么办。尤其是午睡的时候，吵得大家都睡不安稳！其实，刚开始来的时候她是非常黏我的，但是不知道为什么会是现在这个样子！

祝老师工作顺利！

高波老师点评：祝贺你上课成功并得到领导的器重和认可。至于你实习中遇到的问题，建议：一是从网络中查询相关的对策；二是向老教师虚心请教；三是自己慢慢摸索、体悟。除此之外，不存在万能的模式。

周志（第 5 周） 假期很快就结束了，不情愿地来到了幼儿园。开学已经两天了，这两天感觉比 9 月份还要累，因为孩子又跟刚开学时候一样，来了就哭，而且，班上还有一位老师请假了，我就感觉格外累！

今天也有一份特殊的惊喜：幼儿园领导要派包括我在内的三个老师去潍坊学习。我内心特别高兴——因为领导器重所以才会让我去。

通过今天的一节课，感觉我上课的组织能力有了一些提高，我说的每一句话孩子们都会很认真地听，而且都很有兴趣。这样自己上课也越上越有劲，于是，就形成了良性循环，直到下课，孩子们还是激情饱满！通过这节课，我对自己也有了信心。

还有一件事想跟老师分享，我们幼儿园有教师资格证的老师比没有的每个月多 100 块钱！我很欣喜的是自己还没有毕业就已经有了教师资格证！

祝老师天天开心，工作顺利！

高波老师点评：很欣慰你能得到重用，今天的重用取决于你昨天的努力。所以，为了美好的明天，好好把握今天。

周志（第 6 周） 这一周上课我明显感觉到轻松了很多，自己的课堂组织能力也有了很大地提高，从之前的不想上课到现在的积极要上课，我觉得这就是一个非常大地提升！孩子们也越来越喜欢我！

通过最近的工作，我总结了两点：第一，让孩子喜欢你其实很简单，只要你会玩！之前自己上课组织能力不行，孩子们不喜欢，我怀疑过很多方面，包括我的性格和相貌！其实跟这些一点关系也没有！第二，平时的日常生活中，也不是你对孩子严格孩子就不喜欢你，相反，有时候班上最严格的老师是最受欢迎的，前提是张弛有度。之前，总怕刚来的孩子回家把在幼儿园里发生的事情放大，不敢这样不敢那样，自己感觉很无奈。但是现在不会了，相反，平时挨批评多的还更爱黏着你。这里边就有一种我们所说的威严。其实孩子是聪明的，也是讲道理的，只要教师在孩子心里有了威严，很多事情就会很省心，也许一个眼神就会帮你解决一个麻烦，我觉得我的这种威严感越来越强了！

祝老师工作顺利，天天开心！

高波老师点评：教育之道，一是有教育能力，像课堂的组织能力，会教孩子玩等属于这个范畴；二是要有人格魅力，人格魅力，与一个人的性格有关，与一个人的品行有关。具有教育能力的教师，一个简单的做法可以化腐朽为神奇；具有人格魅力的教师，无论是严格还是宽松，一个眼神就会帮你解决一个麻烦。希望你二者兼而有之！

顺便说一句，很喜欢看你写的周志。理由有二：一是态度好，都是自己写的，没有从网上拷贝；二是写得具体可感。继续努力！

周志（第7周） 就在我准备写这篇周志的时候，突然接到了带班班主任的电话，一个家长找她，说我经常让他孩子罚站。我一听就懵了，什么时候的事？是我忘了？还是孩子瞎说的？我努力想了想真的是没想起来。可是让家长点名说这个事，是不是我真的有问题？之前说的威严感越来越强是我做得太过分了吗？还是我太年轻根本把握不好度？害怕的感觉涌了上来，对之前所有的努力都失去了信心，一时觉得自己根本不适合这一行了！自己该怎么做才可以？也许是自己太骄傲了吧！

高波老师点评：孩子也不一定是故意诬告，可能区分不开现实与想象，也可能他的语言表述不清楚。不要灰心，学会面对委屈与挫折也是实习的一部分，认真与家长沟通，问题会解决的。同时要注意在今后的教育中掌握宽、严的尺度。

周志（第8周） 这一周过得好快啊，不知不觉已经是周四了！

本来，这个周五是我们幼儿园的家长开放日，但是因为天气原因临时取消了，听到取消的消息时觉得好轻松，我想还是因为我对蒙氏课程不熟悉的原因吧！

这一周过得也算比较平静，没有令我记忆较深的回忆，一时也不知道周志该怎么写了，就觉得这一周好累，总有忙不完的事！

请教老师一个问题：孩子不认真吃饭怎么办？是由着孩子的性子吃到什么时候算什么时候，还是应该适当地给他们定一些规矩？如果由着孩子的性子的话，很多他们在家里养成的不好的习惯就得不到很好的改正。很多孩子是自己懒得动，故意找机会让我们喂饭的，如果不喂他们就会吃不饱，应该怎么办？

祝老师工作顺利天天开心！

高波老师点评：吃饭是一种教育，是一种不可忽视的教育机会，但这个问题在实践中解决得并不好。对于小孩子故意找机会让老师喂饭的行为，我认为不可助长！不能形成一种爱哭的孩子吃奶多的印象，首先你要认识到一次两次吃不饱饭没什么大不了的，这样虽然看起来有点残忍，但对孩子的长远发展有好处。当然，有时可以加一点小技巧，比如：比一比看看谁吃饭表现最乖，谁不挑食，谁不用老师喂饭，等等，不时推出正面典型，号召其他小朋友向他学习。一般说，小孩子喜欢模仿，慢慢就会形成良好的吃饭氛围。

周志（第9周） 不觉中，实习已经9周了。昨天，班主任老师去创设我们大环境的墙面了，班里就剩下两个老师了，等孩子们来得差不多的时候，我们就组织孩子先上活动课。上了一小节课之后，就到了做早操的时间了，我们赶紧组织孩子们去喝水、换衣服，因为最近的天气比较冷，而且我们是在三楼，还要好好看着孩子们下楼梯。一个老师带着那些麻利的孩子差不多走下楼梯的时候，有些孩子还没出教室，我急急忙忙把教室里的孩子叫出来，赶紧跟上大部队下楼，下来之后早操的音乐已经开始了，就开始等待着孩子们做早操，快做了一半的时候，老师突然发现我们班上的那个很特殊的孩子不见了。我想她肯定在教室，于是赶紧跑上去，发现她跟我们领导在玩！

园长虽然没说什么，但是我特别自责，反省自己有时候真的很大意。这件事之后我暗下决心这样的事情不能再发生了，不管什么时候都应先清点孩子的人数，希望自己以后会是个很细心的人！

祝老师工作顺利，天天开心！

高波老师点评：关键在细节，平时注意细节可能不会为你的工作增添多少色彩，但有时忽视细节带来的失误却是致命的。仔细！仔细！再仔细！！小心驶得万年船嘛。

周志（第10周） 前几天孩子家长在跟我交流的时候说，孩子作业有点多。我很纳闷，因为平时的家庭作业大部分是在幼儿园完成。突然我想起来了，并不是作业多，是这个孩子在幼儿园做的时候就很慢。他先玩，玩得差不多了再写作业，所以并不是作业多，而是这个孩子写作业用的时间比较多而已！我跟他妈妈解释了这个事，他妈妈说是这样的，他做什么事情都不急不慢地，她在家也为了这个事冲孩子发过脾气，孩子也害怕，但没有多大的效果，他妈妈问我这样的情况该怎么办。我一下就愣住了，是啊，怎么解决这个问题呢？我脑子里一片空白，支支吾吾的也没说出个所以然来。事后针对这个问题，我也想了一些办法，比如多做一些竞争性的游戏，比如规定的时间内完成一件事情等。这几天这个孩子也有了很大的进步。希望自己以后能尽快地发现问题并寻找解决方案。

高波老师点评：对孩子来说，养成先做重要的事情的习惯是很重要的。至于如何培养习惯，有很多方法。现将我发表的论文《运用"代币制"，塑造幼儿良好的行为》部分内容摘录给你，希望对你有用。

所谓"代币制"就是选择某些小的物品，将它作为奖励强化物，当幼儿做出良好的行为表现或改正了某些不良行为时，奖励给孩子。一个周期过后，让孩子凭积攒的"代币"去兑现自己喜欢的奖品的方法。

代币制的运用及运用中应注意的问题

1. 代币的选择要合适

一般情况下，一些小的物品，如冰糕棍、扑克牌、硬圆纸片等都可以作为代币，但不管选用何种物品作代币，都必须符合安全、卫生、便于储存，以及与奖品相比吸引力要小得多的原则。

2. 要明确强化和矫正的行为

不论是不良行为的矫正还是良好行为的塑造，都必须具体明确，必须让孩子知道哪些行为可取，哪些行为不可取，哪些行为可以帮助他得到代币，哪些行为会让他失去代币，以及通过什么样的途径才能获得代币，等等。对这个孩子来说，只要先完成作业再玩即可得到代币。

3. 要掌握代币发放、运用的技巧

只要孩子出现预期的规定行为表现时，就应发放代币，以巩固强化其良好的行为表现。代币发放时应注意：

一是发放要及时。立即强化能使孩子明白为什么会得到奖赏，从而在相似情境下更容易重复出现这种行为。对这个孩子来说，只要专心完成作业可马上发放代币。

二是标准要适度。如果标准过高，超出了孩子的实际能力范围，孩子无论怎样努力都得不到代币，就会丧失积极性，代币制就会失去意义。当然，如果太容易得到，不需要努力就轻易得到代币，孩子也不会珍惜。对这个孩子来说，要求不要太高，只要先完成作业再玩即可得到代币。

三是要引入负强化，建立一个约束制约机制。应该让孩子知道：代币既能得到，也会失去，良好的行为能帮助孩子获得代币，不好的行为就会令他失去代币。对这个孩子来说，如没完成作业就玩可扣除他得到的代币。

四要使用代币，发挥代币的流通价值。代币是一个符号，本身并没有太大的价值，它的价值体现在与其联系的强化物上。因而，代币要发挥其最大的功效，充分体现出其价值，就必须流通，要将积攒的代币"花"出去，凭着代币去换到心爱的奖品。这一点与钱、分数等强化物的使用原理是一样的。

你可以借鉴一下，让孩子妈妈配合，与孩子定一个协约，告诉孩子，先完成作业然后再玩就能得到"代币"，观察一段时间看是否有效。当然，也可以进行"注意力"的专项训练。

周志（第 11 周） 非常感谢老师的耐心点评及帮助，老师的论文给了我很大的启发！

最近两周有很多孩子感冒生病，我们一直在努力保证孩子们的身体健康，每天都会消毒很多遍，因为这也关系着我们的绩效奖金！

为了保证我们班的出勤率，我们真是想尽了各种办法。比如，给孩子们开会，不允许请假，如果感觉稍有点不舒服也要来幼儿园，表扬带着小病还来幼儿园的孩子！当时看到我们班上的两个老师这么做的时候，真的很心疼孩子。但是过后觉得特别有必要这么做，因为有的孩子没有生病却装得很像，老师们这么做也是在培养孩子们勇敢的精神！

高波老师点评：哈哈，与孩子相处，既有斗争，也有合作。

周志（第 12 周） 忙忙碌碌又是一周，很忙很忙，几乎每次都在说忙、喊累，因为真的不轻松。

这个周，从周一开始就忙活家长开放日，其实事不多，就是很紧张！直到周五才开放！

周一的时候，代班班主任跟我们说了一件事情，我们班有一孩子的爸爸妈妈离婚了，我第一反应就是：为什么呀？觉得孩子很可怜，决定以后对这个孩子多上上心！

通过这几天的反思，我想，以后遇到这样的事情会越来越多的，怎样处理好我们与孩子之间的关系，怎样对待孩子才能让孩子受到的伤害最小，是我们最应该考虑的问题！

高波老师点评：多关注一些特殊的孩子是对的，让孩子受到的伤害最小是老师的责任。但是，老师不能解决所有的问题，所以，老师只能做自己能够做的，多关爱孩子，尽心而已。衷心祝愿这个孩子幸福！

周志（第13周） 真正面临"战争"的一周——公开课。很心烦，不是愁讲，而是不知道讲什么。好不容易找到一个绘本故事，准备教案的时候发现图片下载下来了又不能放大，可能不是不可以放大，而是我不会。烦得要命，而且图片的顺序都不一样，不知道接下来的工作该怎么进行！

准备的时间实在太紧张，也不知道该怎么准备！乱了，乱了，全乱了！

祝老师工作顺利，天天开心！

高波老师点评：怎么感觉一地鸡毛啊？你的心态有问题！压力太大了吧？我的体会是：做教师的需要有一定的紧张度，太散漫了不好，当然如果长时间保持这种心态也会受不了。所以，要学会调节，有张有弛才是生活之道。

周志（第14周） 公开课结束了，精神上轻松了不少，好好地过了一个周末。周一办公室老师评课的时候说，我作为一名新老师讲得确实不错，班上的老师也说我讲得很好。但是领导让我重讲！我好失望，觉得自己很笨，但是我会接受现实，继续努力准备我的公开课。

公开课结束了，接下来就是忙元旦。领导给各班的班主任下了任务，班主任再找老师们排节目，领导说每个人都必须参加，老师不找你你也得组织。不知道是我自身的原因还是我身高的问题，没有人来找我参与他们的组织，觉得好失望。自己以后一定要成长！要证明自己！

高波老师点评：不要匆忙否定自己。首先，确定领导让你重讲，是不信任还是觉得你是个人才，需要多磨练一下？其次，要学会淡定，自古雄才多磨难嘛，没什么大不了的；再次，要自信，信心很重要，人往往不是被外部因素打倒的，而是被自己打倒的。信心源于实力，实力源于积淀，你现在正处于积淀阶段，虽然还没能"化蝶"，但不能否定前期的努力，没有积聚力量就迎来不了"化蝶"的时刻！

周志（第15周） 又是一周啦，忙完了讲课，开始忙圣诞、元旦，幼儿园里真是够忙的！

周一的时候，我组织孩子们喝水，有两个小朋友吵起来了。争吵原因是为了一个问题：发烧的时候，是应该多穿衣服还是少穿衣服？两个孩子吵得不可开交，根据各自经验用尽一切办法说服着对方。看着此情景，我没干预，静静地在一旁听着。最后他们就跑来问我了,到底怎么样才是正确的?其实我也不知道,因为两个孩子的争论都各有道理。我就跟孩子们说,让我们一起探讨,回家好好查查资料。

我从中感悟到,现在的孩子真是聪明,懂的道理可真多啊,所以作为教师的我更要努力增加自己的知识。

高波老师点评:你处理得对,有效保护了孩子的积极性,而且有利于孩子的发展。虽然孩子阐述的理由不那么充分,但我认为能够说理就比人云亦云强得多。现在许多教师总希望孩子做一个乖孩子,所以孩子一吵架老师就高度紧张,马上介入。其实,对于吵架(还有类似的一些问题),首先要区分,它对孩子的发展是有利的还是无利的;其次,会不会导致安全问题。

上述吵架,很明显一是不会导致安全问题;二是对孩子的发展有利——有利于孩子思维的发展,因为孩子要举证理由;三是有利于孩子语言的发展,因为孩子要表述自己的观点。这样的"吵架"越多越好!这样"不乖"的孩子越多越好!

周志(第16周) 又是一周啦,真快!这个周依旧那么忙碌,又是圣诞又是元旦,节目、环境装饰都够忙人的!

其实忙碌中也有很多感动。装饰环境的过程中,孩子们看到我们资源缺乏,就从家里给我们带来了一些装饰钩;过节时,孩子们还送给我们礼物——一个小小的苹果,承载了很多的祝福,我们感到无比的感动与幸福!

班上有个孩子,因为刚刚有了小弟弟,最近特别叛逆,在幼儿园的时候老师说什么都不听。通过和家长的交流,我们平时会特别关注这个孩子,平时也经常对她进行开导,告诉她,其实爸爸妈妈很爱她,她依然是爸妈的宝贝。她最近状态也好了很多。这样的孩子其实心里特别孤单,我们应该多关注。

祝老师天天开心,工作顺利!

高波老师点评:随着国家二孩政策的调整,此类问题会越来越多。我看过一个孩子的压力表,家庭有了小弟弟、小妹妹也是孩子的一个压力来源,压力还排在前几位呢,主要是担心爸妈不再像从前那样爱自己了。所以要多与家长沟通,让小朋友认识到:虽然有了小弟弟小妹妹,但爸爸妈妈仍然很爱她,她依然是爸妈的宝贝。这点很重要!

周志(第17周) 这周感觉特别快,因为放了三天假!

放假的时候也在忙着填写实习鉴定表。感觉好快啊,半年的实习期马上就要结束啦!

在填写自我鉴定表时,我就在想,这半年中,在幼儿园我学到了什么?无论是在技能方面还是业务方面，都有哪些提高？反省自己，好像除了整天面对一群魔鬼般的天使之外，没有得到什么。技能上、业务上还是觉得一塌糊涂，也许自己学到了一些东西并没有发觉，比如经验之类的。我觉得在实习期间，自己缺少的是教学的反思，缺少创新，没有学习别人好的业务经验。

自己以后要加倍努力，做一名合格的幼儿教师！

高波老师点评：开车的人有时觉得越开胆子越小，教书的人有时觉得越教问题越多。其实，成长不一定写在脸上，而是以潜在的形式隐藏着，关键时刻就会凸显出来，所以不必担心，一定是有进步的。

周志（第18周） 最近要考《3~6岁幼儿学习与发展指南》。虽然讨厌考试、讨厌看书，但是，觉得这个文件对于工作、学习及平时的备课都有指导作用，应该多学习。这周，我反省自己，为什么有时候课上得不成功？为什么我的话会没有"杀伤力"？在找不到答案时，我就觉得孩子特别聪明，特别会看人，只会欺负新老师。这一周，我反省我的课程，设想如果再上一次这样的课该怎样改进。其实我知道，自我反省是每一位新老师应该做的，这是取得进步的唯一途径，但是直到现在我才开始。我把别的老师特有的管理经验记录在笔记本上，对于以后的工作可能会有很大的帮助，只希望自己做得会越来越好。

高波老师点评：反思很重要！现在体悟到有点晚，但还不算太晚；他人的经验固然要学习，但适合自己的才是最好的，鞋子合不合脚只有自己知道，希望在反思中找到最适合自己的成长道路。祝开心过好每一天，幸福生活一辈子。

周志（第19周） 这周老师对我们园进行巡回指导。跟老同学坐在一起谈论这个事情的时候，我们俩同时用了一个比喻：上学的时候，就好像是做闺女的时候，上了班就好像是嫁人啦，老师来的时候就感觉是娘家来人了！我觉得这样的比喻特别贴切，虽然李娜老师和王来圣院长都没有给我们上过课，但是那种亲切感是从未有过的。老师离开的那一刻，好想哭，好像自己受了多大的委屈似的！

从踏入幼儿园大门的那一刻，知道自己不再是个孩子了。虽然我把幼儿园所有的老师都当作是我在学校里的老师，见了他们规规矩矩地叫一声老师好，但是他们不会把我当学生护着，更不会像老师那样处处为我着想，我们是同事了，为了各自的利益开始明争暗斗。前几天考试，我们同学考了四个幼儿园中的第四名，我们都为他感到高兴，但有老教师不服气！我考得也算可以，前60名，领导表扬了我们！

在实习期间，每周每月我都会写周志、月总结。有时候我把它当作发泄心情的平台，有时候我把它当作心得体会的平台，有时候我把它当作寻求帮助的平台，我还把它当作寻找力量的爱的港湾。因为这里有我可爱的老师，不管我的语言写得多么不通顺，不管写得有多糟，我敬爱的老师都会不厌其烦地给我点评，给我帮助，给我鼓励和支持。每次看完老师的点评，就感觉自己有了满满的力量！因为我能感受到老师的心与我的心永远在一起：我揪心时老师为我着急；我成功时，老师为我高兴！

这篇周志给我的实习期划上一个圆满的句号。谢谢老师辛勤的付出，谢谢老师给予的一切！很想回到学校，很想念在学校的大课堂！

这个平台没了就好像娘家人不管我了，但是我相信老师是我一辈子的老师。永远忘不了您！老师，谢谢您！

祝老师天天开心，工作顺利！

高波老师点评：最后一周周志点评！百感交集化为一句话：真心为你在实习期间取得的进步高兴！并祝你在今后的日子里工作顺利，永远开心。

月总结（第一个月） 九月，是一个丰收的季节；九月，硕果累累。九月对幼儿教师来说，是一个极大的考验！大多数老师不喜欢九月，因为走一批大孩子，自己舍不得；来一批新的小孩子，哭哭闹闹！

回顾我这一个月，觉得收获了很多！

一号开学的那天，自己也不知道是怎么过来的，觉得很累很累，脑子里乱成一团，没有头绪，还得跑前跑后！差不多一个星期都是这么过来的吧。等孩子们适应得差不多的时候，中秋又放假了，开学再回来又成了老样子，甚至是比第一周更严重了！在这段时间内，我无奈过、失望过、沮丧过，怀疑过自己是否真的适合这个行业，在同事和领导的帮助下，我慢慢地适应了，从中发现了自己的潜能、经验很有限，需要学习的地方还有很多很多！

孩子们也开始适应幼儿园的生活，我们便开始准备课程，定目标、做计划、培训、加班，感觉很疲惫，却学到了很多知识。我要求自己一定要认真学，因为我要对孩子们负责！

在课程的实施中，更是发现了自己很多的不足，比如经验方面、组织孩子活动方面等。看着老教师的课堂能够进行自如，很是羡慕。心想，我什么时候也能这样。虽然别人告诉我，别急，慢慢来，自己也知道需要时间，但是就是说服不了自己，心急得要命！

高波老师点评：一个教师的基本人生要完成三个转变。一是从学生到合格老师的转变；二是从合格的老师到优秀老师的转变；最后完成从优秀老师到具有自我风格的专业型老师的转变。这三次转变会花费很多的时间，很多的精力。

任何事情都有一个适应的过程，不要太苛求自己。你的素质我了解，你具备优秀幼儿教师的潜质。你的心急，反应了你性格有好强的成分，这是好事，压力就是动力嘛。当然，职业路是漫长的，做事要张弛有度，做事关键要用心，要不断提高效率。相信你可以在实习期完成蜕变。

月总结（第二个月） 时间过得好快，不知不觉又到了写月总结的时候了，十月份马上就结束了！

记得九月份的月总结是要求在组织孩子活动的能力上有所提高，这个目标在本月基本是完成了吧。虽然不是很完美，但是觉得自己进步了，因为这也是一个漫长的锻炼过程！

十一小长假回来，班主任有事请假了，我和另一位老师带着班里所有的孩子。有时候确实忙不过来，就逼着自己进步，不知不觉中自己在各个方面的能力都得到了提升，包括与孩子的沟通及与家长的交流！

我们幼儿园在十月份有很多活动，有会操比赛、有家长开放日，这些活动表面上是看孩子的表现，实际上是在看老师的态度。会操比赛的名次虽然不够理想，但是我们已经尽力了，觉得没有太大的遗憾了！十月份最得意的一件事就是，被幼儿园选中去潍坊学习，虽然只是一个小小的学习，但我觉得，这是一个机会，体现了幼儿园领导对我的重视，我很高兴，信心大增！学习结束后，我们要把学到的知识讲给幼儿园所有的老师听，这也是对我的一个挑战！

最让自己丧失信心的一件事就是，孩子回家告状说我体罚他们。虽然有时候会急，说不定也会大声说几句话，但是我绝不会体罚孩子啊。虽然没有此事，但是觉得心里不舒服！家长也很通情达理，我不知道事情的起因，我就怕家长不放心把孩子放在幼儿园，改天利用家长开放日跟家长多沟通吧！

高波老师点评：很欣慰你能得到重用被派到潍坊去学习，今天的重用取决于你昨天的努力。有人说，赛场上是运动员与运动员的竞争，背后是教练与教练的竞争。你就是教练，要想队员出成绩，还需要你这个教练全方位提高自身素养。你能行！

月总结（第三个月）

十一月，除了双休之外，没有太多的假期！

十一月，最开心的一件事就是我们正常发工资了，嘿嘿！

十一月，最不开心的事情就是，听到班里一个宝贝的爸爸妈妈离婚了，觉得孩子很无辜、很可怜。孩子整天闷闷不乐、愁眉苦脸的样子，我们是看在眼里疼在心里！当孩子想妈妈哭泣不止时我们也会流泪，但是没有办法帮她，只能默默地为她祈祷，希望对她的伤害能到最小……

十一月，我们幼儿园的教研活动很多。上次去潍坊学习的知识虽然没有公开讲课，但是，我们都写了学习体会。紧接着，是我们的开放活动，毕竟是第一次面对这么多家长，还是很紧张的。开放活动结束了，紧接着就是全园老师公开课评比，感觉压力好大。再紧接着就是3~6岁儿童发展指南的考试。为了不至于太丢人，还是得努力呀，十一月不太轻松！

高波老师点评：忙和累是我在某一个时间段听到频率最高的一个词，忙和累可能对于大部分实习同学来说是一种新常态，这与你们还不太熟悉幼儿园工作常规有关。

忙不是问题，要解决的问题是怎样才能忙而不乱。这就需要熟能生巧，逐步建立有效的管理方法和教学常规，要在提高做事的效率上下功夫。忙而不乱，就说明得到了真正的提升。加油！

月总结 （第四个月）

不知不觉，实习期的四个月已经结束啦！这篇月总结是今年最后一篇啦！

十二月份，可以说是实习以来最忙最累的一个月，因为教研多、领导听课、还要准备两个节日的节目！整天有忙不完的工作，而且孩子也摸透了老师的脾气，变得更淘气了！

我听了其他老师的很多课，有的老师讲得很不错，不管是老师们选择的课题，还是确定的目标，都特别符合孩子们的年龄特点！让我印象最深的是有个老师讲的音乐欣赏《加速度圆舞曲》，他通过让孩子操作，利用"魔法"达到了教育目标，孩子们玩得很开心，最重要的是孩子们完全理解了这段音乐！

通过听其他老师讲课，我也在深深地反思自己，为什么别的老师讲得这么好？原因是：①有较强的学习精神，专业知识比较强；②老师抓住了孩子们的兴趣点，能较好地调动孩子们的积极性；③老师本身比较有创新性，这也是最重要的一点。再反观自己，确实比别人少了很多努力，所以决定以后多听课，把其他老师的教课优点运用到自己的教学活动中，努力地促使自己创新！

高波老师点评：很高兴看到四个月里你们取得的进步。在每篇周志、月总结里，我看到了你们工作的艰辛，又从中分享了你们的喜悦。点评的时候，总感到我的心与你们一起跳动：你们工作不顺利的时候，我替你们揪心；看到你们取得成绩，有了进步的时候，我为你们感到开心。现在，你们的实习终于要告一个段落了。这对于我来说意味着一个阶段工作的结束，但对你们来说却意味着一个崭新的开始。祝你在新的征途中，勤于实践，善于思考，修德强能，精心育人。当你取得成绩的时候，不要忘记常回母校看看。

2012级小Z实习札记

🌸 **周志（第1周）** 又到了每年的开学日，此时才意识到我再没有所谓的开学季，真正地成为了社会的一分子。现在的我有了自己的工作岗位，每天重复着7:50上班17:30下班的生活。白天陪伴幼儿园的孩子，晚上挑灯备课，虽然每天很忙碌，但是也很充实。记得刚开始工作的那几天，一起结伴来的五个小伙伴因为吃不消，有一个选择了退出，剩下的我们四个人彼此鼓励，彼此打气。暗自告诉自己：既然选择了这里，就要坚持留在这里。

选择了"圣吉米"，我没有后悔，虽然它是一个新园，没有什么知名度，但是我在这里却收获了很多。作为第一批老师，园里领导非常重视我们。我在这里接受了各种培训学习，还学习了蒙台梭利，获得了证书，又通过竞争上岗竞选上了中班老师。希望通过努力，我能做得更好。经过这段时间的上岗，我由起初时不时犯错到现在已经基本不犯错了，我在老教师那里不断获得新知识，丰富学识，同时体会到无论什么专业都有博大精深的一面，需要自己细细揣摩领略。我相信自己会变得更加完美。

高波老师点评： 看到你有这么好的开端，欣慰！一个优秀教师成长轨迹：努力！高标准努力！！持之以恒的高标准努力！！！外加悟性。我相信你能够做到！因为你在学习中不断成长，更重要的是我发现你有一股不服输的劲头。

🌸 **周志（第2周）** 工作了这么些天，我只能说想象中的社会与现实有着天壤之别，在学校时想工作，工作了又想回学校。与学校的懒散生活相比，现在的生活真有点吃不消。干的要比老教师多，备课要比老教师细，付出的要比老教师多，每日流程和各项工作都要做到尽量不出错。出错时会想起老师的话，很后悔在学校没有好好学习，一些知识内容知道老师讲过但就是想不起来了，真的好后悔自己为什么不好好学习。现在想去琴房练琴也没机会了。有时耳畔经常回荡起老师的孜孜教诲，想起大学时光的欢声笑语。昨天是教师节，自己又多了一个节日。园里的聚餐让我很难忘且感动，当我和一起来的一个伙伴跳《致青春》时，学校的场景又一次地浮现在眼前，那是我们2012级毕业晚会上的一个舞蹈。仿佛就是昨天的事情，而现在却已经成为幼儿教师。好想再回到学校！工作后，没有那么多的欢笑，没有那么多的纯真，有时觉得自己好累。

"别在最能吃苦的年纪选择安逸""没有人的青春是在红地毯上走过。既然梦想成为那个别人无法企及的自我,就应该选择一条属于自己的道路,为了到达终点,付出别人无法想象的努力。"我相信在哪里不重要,只要有一颗永远向上的心,终究会找到那个属于自己的方向。加油吧!年轻的自己!

高波老师点评:实习的路不容易,有辛酸,有艰辛,当然也有快乐。无论是哪种滋味都是你必须体味的,你要做的是好好珍惜,默默积累知识,增强自身的实力。一个人,只有把握住今天,才能把握住明天;只有把握住现在,才能把握住将来。你现在感悟到这些道理,一点也不晚,珍惜你现在拥有的,把握实习生活中的每一份感动,充实实习生活中的每一分钟,每天进步一点点,终有一天会到达成功的彼岸。加油!!

周志(第3周) 一周的时间又在不知不觉中过去了,每天都是劳累并快乐着。每天早上高高兴兴来幼儿园对宝贝来说是件开心的事,对我来说也是一件快乐的事。听见宝贝们喊:"Good morning teacher!"我会由衷地感到高兴,且会给宝贝们一个大大的拥抱。我坚持"每日一抱"。我觉得成年人有时候被忽略都会很不开心,更何况孩子呢。他们也想自己的世界被大人懂,被大人们重视。通过这段时间的每日一抱,我发现孩子们的世界很简单,有时他们顽皮只是想引起你的关注。每天一抱时,少不了和宝贝们谈心,知道他们的所思所想,也可以了解到他们在家里的情况,方便我的工作。对孩子好他们能感受到,也会在平时的生活中表现出来。比如今天我上完舞蹈课,让所有孩子下去换鞋,这时一个孩子跑去拿我的鞋子并给我送过来,我当时超级感动,觉得平时的苦和累都得到了回报,这让我很欣慰。

收起所有的苦和累,告诉年轻的自己,努力努力再努力。突破之前的自己,让自己在工作中不停地磨炼,让自己变得更加勇敢,更加坚强。

高波老师点评:坚持每日一抱,此做法甚好!因为快乐会感染,爱心会传递!通过抱一抱,孩子们得到了快乐,你得到了快乐和孩子们的认同,又融洽了师幼关系,扩大了自己的影响力,可谓一举三得,何乐而不为呢?坚持下去,你会得到更多。

周志(第4周) 快乐的一周又要过去了,和孩子在一起的时光总是很快。这个星期我们幼儿园做了一个"跳蚤市场义卖"活动,所有的小朋友都拿出了自己心爱的礼物义卖,小朋友叫卖得不亦乐乎!作为"小老板",他们都懂得涨价和砍价,他们都认为自己的玩具是最好的。这是我实习以来第一次见到这样的活动。幼儿园举办这次活动义卖的钱都会捐赠给福利院,这样的爱心捐赠活动让我好感动,这种活动无形之中影响了孩子们,对孩子们是一次爱心教育,对老师也是一次爱心的教育。或许我们老师都不舍得像孩子一样拿出自己心爱的东西义卖，去做这样的爱心活动，但这次义卖孩子们玩得很开心，我们老师在活动中比孩子更加开心。

现在的我没有前些日子的那些烦恼了，而是用另一种方式去看待发生在我身边的事情。心态决定一切，现在的我会笑着过好每一天。虽然有时候自己会闯祸，闯祸也是为成长累积经验，吃一堑，长一智。希望自己能保持这样的心态一步步地走下去。在老师的帮助下我相信自己会更好。

高波老师点评：你们组织的"跳蚤市场义卖"活动是很有意义的活动，这是一种爱的教育。你能学会用另一种方式去看待发生在身边的事情，很好！至于闯祸，没什么大不了，错误与成长是一对双胞胎，人都是在不断矫正错误中成长的。

周志（第5周） 十一假期结束了。第一天上班感觉腰酸背痛，不过看着孩子十一之后的变化觉得很开心。看见有的孩子一周不见变瘦了，好心疼，会不由自主地说"怎么变瘦了，是不是在家没好好吃饭呀？"有的孩子呢，看见我们会一下子扑过来说好想我们，仰起灿烂的笑脸，迫不及待地和我们说他这个小长假都去哪里了，都干了什么。

不过孩子们刚回到幼儿园还是有些不适应，例如我们以前建立的常规、作息时间都忘记了，特别是午休时不睡觉。我值班的那天，可让他们把我愁坏了。讲故事，他们总看着我不肯闭眼睛，一会要干这个一会又要干那个，没有消停的时候。那天中午的值班是我最痛苦的值班。然后自己这一天里不停地说这个要怎样做，那个要怎么样做，提醒上课的时候要看老师，那一瞬间觉得两个月的课白教啦！不过今天他们就好多了，两个月的相处让我了解了每个孩子的脾气、习惯和喜好。我已从初期的不适应变成了现在的能"掌控"住孩子的小老师了。

高波老师点评：教育中出现反复是正常的，习惯不是那么容易养成的。经历假期后，孩子由一个环境换到另一个环境，出现短暂的不适应甚至是倒退都属于正常现象，不要灰心；换一个角度看，我倒觉得可以从中看出孩子对你的认同和喜欢，以及你对孩子那浓浓的情感。

周志（第6周） 最近，突然感觉我现在每天的生活除了工作还是工作。我每天都很早到幼儿园陪孩子们，一天的生活开始了，这一天里满脑子都是班上的孩子。幼儿园的事情，每天忙不完，连手机都没有时间碰，有时候看到手机上的未接电话，也抽不出空回电话。下午孩子被父母接走了，我们又开始打扫卫生，收拾孩子们留下的"残局"。工作结束，又要去晚练——练舞蹈、练武术，近七点回到宿舍，紧接着就开始备课，准备明天工作的进程，还未结束，就十点多了。每天的生活都是这样，真的好累好累呀！

每天忙得团团转，没有回家的时间，没有给父母打电话的时间，真的很想念远方的家人，好想好想！

好怀念学生时代的生活，那个时候悠闲自在，而现在的生活，除了忙就是累！这就是成长的我们，如果可以做个永远长不大的孩子，那该多好啊！

高波老师点评：不容易呀，我知道实习生的生活很累，但这就是生活！特别是刚参加工作，一切刚步入正轨，需要付出比别人更多的努力。人总是要长大的！当然，生活之道，有张有弛，也要学会适度的放松。送你一句话：这一切都是暂时的，当你真正熟悉了幼儿教育，真正懂得了孩子，真正掌握了教育的力量，一切都会好转的。

周志（第7周） 最近觉得心很累，不知道为什么脑袋里想的都是乱七八糟的事情，变得异常敏感，别人的一个表情、眼神都会让我觉得是不是自己又哪里做得不妥了。我来到这里就是学习的，学会与人相处和释放心理压力是最重要的一课吧。上课过程也是觉得心有余而力不足，心里很烦躁。或许这是自己的过渡期，希望可以很快度过，不再这样心烦意乱。

最近孩子越来越多，中班的孩子总体来说还是比较听话的，但是淘气起来也很气人。我觉得和孩子们在一起我不再是那个在学校脾气很大的人，孩子们把我的脾气都磨没了。有的时候肺都快气炸了，老教师告诉我要淡定，久而久之我也就真的淡定了。照顾孩子一天的生活，看着他们一个一个眨着天真无邪的眼睛，觉得他们好幸福，很羡慕他们无忧无虑的生活，很希望我也有这样的生活，就不会这么累了。

我会尽快调节自己，让自己变得开心起来。

高波老师点评：随着对幼儿园新鲜感的消失，许多同学都会进入实习的倦怠期，不但感觉身体累，更感到心累。这就是我们通常讲的"坎"。人生总会起起伏伏，会遇到一些不顺心的事情，要学会调适。人生如同爬山，爬的过程会很累，但不经历过程的艰辛就体验不到登顶的幸福；同样，登顶后再看看回头的路以及所受的苦，觉得也不过如此！这个回忆的感觉既幸福，又能够给后面的行动提供动力。不要急，慢慢来，经历磨炼，会好起来的。

周志（第8周） 这周只能用两个字形容我的工作：无奈！管理孩子的无奈！工作的无奈！幼儿园考核后一切又回到了正轨，可是班上的工作却让我力不从心，除了和孩子们打交道，操心他们的事情，时不时地还要受班上工作伙伴的打压。也许他们觉得我们是刚毕业的大学生，所以脏活累活就必须我们干，而且干得比他们多。如果我们受到领导表扬，他们也会表现出不太高兴的样子。我有时会想他们为什么要这么做，我对他们构不成多大威胁，又不会抢他们的风头，他们干嘛这么不自信。有时想想每天都在埋头苦干，不停地干，而最后还会有人看你不顺眼，挑你的错，就感觉好无奈，我到底要怎样他们才会满意。

我只想让自己的生活快快乐乐、简简单单的，不想有那么多的繁琐之事，不希望人与人之间各怀心机。希望这种繁琐之事不要阻碍自己前进的步伐，还是依然坚持最初的想法，抛去一切杂念，加油吧！

高波老师点评：看到你受委屈，替你揪心。我觉得幼儿园的领导也应该关注幼儿教师的幸福，这样他们才会在职业生涯的道路上走得更远。学会处理人际关系则是你们实习历练的一部分。到了一个新的单位，总会遇到形形色色的人，有热心的、有冷漠的，甚至有使绊子泼冷水的。我们要感恩对我们好的人，也要坦然面对那些对我们不善之人。人生总会有顺境和不如意的时候，都要尝试着去面对。如果不能改变处境，建议可以调适心态。加油！！

周志（第9周） 周志可以让我在这里和老师说出自己的所想所感，感觉很好。自己开心时，老师也跟着高兴；情绪低落时老师会在旁边给予鼓励和支持。谢谢高老师！您辛苦了！

这一周我感觉时间过得好快，不知不觉已经是周四了，明天再和宝贝们待一天就要分开两天了，想想就有好多的不舍。现在觉得我们班喜欢我的宝贝越来越多了。早上还没到教室门口，宝贝们看见我就大声地喊："小凤老师，你来了，我今天来得很早的。"前天早上我在屋里倒水，我们班的静悦小朋友跑进来告诉我："小凤老师，我昨晚梦见你了，梦见你在喂我一口一口地吃饭。"说的时候脸上挂着很甜很甜的笑容，感觉当时心都醉了，一天的心情都是美丽的！有时看到家长发来感谢自己的信息时，心情特别好。早上看见予辰不好好吃饭，我就过去喂他吃饭，这时予辰妈妈发来了短信："谢谢张老师！今早我和予辰吵架，我说了他，他不高兴了，过后我也后悔，就一直在看视频。看你在喂他吃饭，很感谢你。"看到家长这么肯定我，感觉自己的付出得到了回报，再苦再累也值得了。家长认可我，我感觉很满足。继续加油！

高波老师点评：多么温馨的画面！看到你成功融入孩子们的生活当中，看到你与孩子们高高兴兴度过每一天，看到你得到家长的认同，为你高兴。大家对你的认同取决于你昨天的努力，这是对你辛勤付出最好的褒奖。相信你会越来越好！因为你有一颗热爱幼教事业和爱孩子的心。

看到你喜欢写周志，真的感觉很好，因为你没有把它当作一项不得不完成的任务。同样做一件事情，皱着眉头做与高高兴兴做，效果是大不一样的。同样看周志，老师看到的周志不一样，心情也不一样。很喜欢你写的周志，写得很真实。点评时，自己的心情也会随着你们的喜怒哀乐不停地起伏,当你们工作不顺利的时候,我替你们揪心,很想通过力所能及的帮助来减轻你们的痛苦和压力;当看到你们取得成绩、有了进步的时候,真心为你们感到高兴,想立刻成为你们幸福的分享者。让我们共同努力!

周志(第10周) 每周最难过的就是星期一,还有就是我要上课的那一天。每次上英语课,孩子们总是学得很好,但学过之后,回家又忘了,家长还以为我们没教呢,真是愁人!最近我们又要组织节目,真是让人头疼,幼儿园里时刻都得紧绷神经,一点不能落后,竞争的火焰表面看不出来,但都在沉默中蔓延着。明天上海的绘本专家要来幼儿园给我们讲课,只给我们这些教绘本的老师讲课,很荣幸。很期待我又能多长见识,这是这是很难得的机会。我们的幼儿园每天都有不一样的新花样让我大开眼界,无论是学识上还是条件上,对于实习生来说我能到这样的幼儿园真的很好了,真的感觉我来对了幼儿园。虽然有时有些小情绪,但我都会默默地告诉自己我还年轻,我不苦谁苦,这些想法让我坚持到现在。有时候感觉自己就是一个女汉子,抬床拿碗一系列的体力活都是自己干自己扛,这都是之前在家、在学校没干过的,觉得没有以前那么矫情了。我是不是长大些了呀,可能吧,继续长大吧!

高波老师点评:对于强者来说,竞争的氛围就是成长的磨刀石;对于新人来说,抬床拿碗一系列的体力活就是成长的垫脚石。我感觉,你正在成长。感谢、珍惜你所拥有的,把握住每一个机会,实现更快成长!

周志(第11周) 这周我上了一节关于感恩的绘本课"爷爷的天使"。我给孩子们布置任务:回家感恩身边的大天使,为妈妈洗脚捶背。家长朋友们也很配合,给我发来了好多图片。我就把这些精美瞬间的图片做了一个课件,上面加了妈妈对每一个孩子的祝福和孩子对妈妈的爱,最后加上了老师对他们的祝福。在做课件的时候我好感动,自己心里看了都酸酸的,同时在想孩子会感动吗?我讲课的时候还有其他班的老师,兴奋的同时,也有点紧张。当我把图片展示给孩子时,孩子们都异口同声地说"哇!"我的心里别提多开心了!我就开始给宝贝们讲,没想到我们班有个孩子竟然感动地哭了,觉得那一刻我好成功。这一节课孩子们学得特别认真,听得特别仔细。次日家长们都说孩子回家说了此事,也很感动,说老师这么做真的很用心,感谢老师!所以这一次我又有了很大的信心,继续加油吧!

高波老师点评:好的教育一定是打动人心灵的,只有感动自己才能感动孩子。所以,我理解你的感受,你是将自己的感动融入备课,才能在课堂中与孩子实现心与心的交流与碰撞。这是一种融入了爱的教育!真棒,给你点个赞!

周志（第 12 周） 这个周很快结束了，放松了心情，回顾这个周都发生了什么事情吧。这周觉得身体上累，精神上也累。身体累是因为我值了两天的长白班，又赶上周五的大检查，导致我腰有点痛。但比起精神上的劳累这些都不算什么。"团结就是力量"，如果团队人心不合就是一盘散沙！为什么这么说？因为我从分班以来一直跟着这个班，班里的孩子也是从一开始带起来的，我是一个没有脾气的人，所以和班里的宝贝们玩得很好，也都很合得来，他们也非常喜欢我。可是当这些孩子们在表达他们喜欢我的时候，明显地看出配班老师对我的不满，于是让孩子们做其他的事情，或者直接说："我生气了啊。"我真不知道为什么她会计较这些，他们只是一群孩子，他们表达的方式就是这么直接，孩子们又没有错。然后在班里我值长白班的时候她不会帮我一下，上课也不配合我，班主任也是睁一只眼闭一只眼。

我时刻告诉自己：要出头先埋头，要出气先受气！这是我们园长开会时曾经说过的话，我觉得话语虽少但很有道理，我还需要继续加油！

高波老师点评：不是每个人都大度，遇到一个小心眼的老师的确挺烦的，你可以将这个老师的行为理解为对优秀者的妒忌。你的处理方法总体也可以：先忍一忍再说。要出头先埋头，要出气先受气嘛。但凡事有个度，要知道人善被人欺、马善被人骑，有时一味退缩也不是好办法。如果占住理，可以适度表达自己的不满，但在表达自己不满之前，要先评估一下：如果冲突，会有什么严重的后果？并且反击一定要做到有理、有据、有节。

周志（第 13 周） 高老师好，和您分享下我们这周六一个有趣的活动。我们这周在古德广场组织了一场"奔跑吧，孩子！"的活动，模仿现在电视上热播的"奔跑吧，兄弟！"

说到这次的活动，家长和孩子们真的是一直都在奔跑着，穿梭于古德广场的每个楼层，为了得到每个任务的通关碟一直努力奔跑着。老师则在各个负责的店铺等待他们的到来，帮助他们通关。当时真有想和孩子们一起奔跑的冲动，肯定很好玩，很刺激。每位孩子都很努力，家长也都很给力，积极配合孩子，共同完成任务。活动结束后，每位小朋友都得到了自己的一份小礼物——圣诞树。拿到礼物后孩子们脸上都洋溢着开心的笑容。突然想到：让孩子们开心真的很简单，一句话，一个动作，一个拥抱都可以深得孩子们的心，因为孩子们的世界很简单。我喜欢他们的笑容，喜欢孩子们的世界，喜欢孩子们像纸一样干净。

园里组织这次亲子活动，是想让家长和小朋友们增进感情，拉近距离。有些家长忙工作，陪孩子的时间少之又少，不断的忙碌导致孩子一点点疏远家长。回家后陪伴孩子们最多的是电脑、平板、游戏机。我觉得这样的亲子活动应该多多举行，和之前的"跳蚤市场"一样，无论是家长、孩子还是老师都是乐在其中的，愿孩子的笑声一直陪伴在家长和我们老师左右。

高波老师点评：这是一项非常适合幼儿的活动，孩子发展了智力，锻炼了体质，得到了快乐，也增进了孩子与家长的情感。家园密切配合，在准备充分、确保安全的前提下，可以多搞些类似的活动。

周志（第14周） 这周才开始两天我就光荣地负伤了，之前是嗓子上火、牙痛、感冒，紧接着就是现在的腰伤。昨天由于刚拖了地，我走路一急，一拐弯，惨叫了一声，就倒下了。老师和小朋友们都跑了过来，当时是不能动，我痛得眼泪都快要掉下来了。几个老师一起把我扶了起来，我听见我们班的几个小朋友说："小凤老师，你没事吧？小凤老师，你没事吧？"当时痛得顾不上他们，后来我进了医务室，园医给我检查，然后冷敷，后来因为没有喷药，张主任立马骑车出去给我买了药。张主任是我来园以来一直对我很好、很关心我的一位领导，昨天潍坊这边还很冷，我很感谢张主任。后来她时不时地过来看我，又帮我去班上把水杯和手机都拿了过来。一会园长和其他主任也都纷纷来看我，我的班主任一直到我喷上药才离开。我的那几个小伙伴一个是听到我惨叫立马跑来扶我，得空就进来看看我；另外两个知道后也都从楼上跑下来看看我。这么多的人来关心我，真的觉得自己好幸福。好人真多，真的很感谢他们。

回到班里，孩子们纷纷问：小凤老师没事吧？痛不？还有我的小暖男什么也没说直接过来把小手放到我腰那摸摸，我说："没事了，快去洗手准备吃饭吧。"他就一直蹭我的手又亲亲，我说："快洗手吧。"他给我来了句："你也洗洗。"我的小暖男一直很贴心，我一直很喜欢他。一位老师说："你们班的安妮上楼第一句话就是我的小凤老师摔倒了。"安妮回来见到我也是在问："老师，你好点了吗？还痛吗？"今早我们班的刘刘也发语音问候我。看到我们班的这一群萌娃们，觉得他们关心起人来是真暖心，疼痛也好了一半了。明天就可以见到他们了，我亲爱的宝贝们。

高波老师点评：为你的不幸表示同情。不过，坏事变好事，祸兮福之所倚，福兮祸之所伏，孰知其极？不摔一跤，怎么知道那么多人关心你？怎么知道你在他们心中的分量呢？所以，尽快从受伤的阴影中走出来，变得开朗一点。当然，毕竟身体是自己的，平时还是应该多注意一点，不要毛手毛脚的。祝早日康复！

周志（第15周） 又是忙碌的一周，我整个人都忙到虚脱，每天脑子里都是孩子的节目应该怎么样组织。孩子们也不听话，这样的生活让我感觉很累。最近流行感冒特别厉害，我们班 20 个孩子现在就剩 9 个，班主任周四也病倒请假了，我又担任起了临时班主任，领导还不定时地抽查。孩子们的一日常规要抓好，查到不好的立马扣钱，真是伤不起。一三五上午我要抽空排练迎新舞蹈，班上还要上课，幼儿园还催着排节目，我的脑袋都快大了。给孩子们排舞蹈你着急孩子们不着急，领导在这边催，那边孩子们又不给力，不是今天这个生病了就是那个有事。最近心情特别不好，什么事情都不顺，每天都有忙不完的事。过得那叫一个充实，充实得我都受不了了，真怕自己坚持不住，好累好累。今晚好不容易把孩子们送走，我又发烧了，三十九度多，好在有伙伴几个陪着我，陪我去打针，买吃的给我，要不然自己真的要垮了，我真的觉得遇到这几个伙伴很幸运。谢谢！

高波老师点评：真的很累，我看着都替你累，别说你这个当事人了。生活不易，且做且珍惜。

周志（第 16 周） 今天是星期三，应该是上班的第三天，而对我来说却是第一天，之前因为发烧我直接回家了，回家后就打点滴，又贴着膏药治腰。爸妈让我在家休息，真心觉得累，也想好好休息下。在家的四天每天都是家和诊所两边跑，手背也被针打青了，好累！四天很快就过去了，真没有休息够。昨晚回宿舍后，同来的伙伴们就开始告诉我改制度了，下个月要考核，我之前排的迎新舞蹈还不行，需要重新改，领导明天就检查。一回来这么多的事情就扑面而来，好想立马买张票再回家去！我在逃避，而不是去想办法解决这些问题，我现在的积极性明显没有刚来的时候高了，也没有之前认真了。可能我现在真心觉得幼师这个职业不好干，从心底抵触。今天排了一上午的舞蹈，看到孩子们也是非常的累，觉得苦了这群孩子们了，但还是希望我们的这个舞蹈最后可以获得演出成功。加油吧，孩子们！下午我去销假，领导问我有没有病例，我说没有，她就直接给我写上了事假两天。后来他们告诉我事假的话是一天扣 210，病假 110，哎，真的觉得假都请不起了，挣的还没有扣的多，自己只能硬着头皮一天一天地工作，跟一个机器一样。工作了没有一点自由，感觉像是签了卖身契一样，自己的自由别人说了算，再苦再累领导也只管结果。伤不起！

高波老师点评：做幼儿教师真的不容易。如果你以为幼儿教师就是鲜花和掌声，就是面对孩子们可爱的笑脸，那你一定是对这个行业缺乏了解。但是，开心也是一天，不开心也是一天，还是开心一点吧。我建议：不要因为一时的不好就影响到对你所在幼儿园的判断，努力做好现在的工作。坚持住！不过，通过前面的交流，我觉得你是一个执着的人，一定会在幼教的道路上走下去，而且能够走出自己的精彩！

周志（第 17 周） 老师新年快乐哦，2015 年新的一年开始了，祝老师新年新气象，工作顺顺利利！由于计划改动，我们还需要继续提交周志，对我来说挺好的，可以继续和老师好好地畅谈一番。

上周元旦的演出孩子们很给力，再加上所有老师、家长的共同努力，这次演出取得了成功。很感谢领导给了我这次锻炼的机会，虽然付出了很多，但我在这次排练中也收获了不少。如何和孩子们沟通让他们听从于你，如何做才可以达到更棒的舞台效果，舞蹈动作怎样才规范，自己没有上台演出过又没有和孩子们一起排练过，这一系列的问题在老教师的帮助下都迎刃而解，谢谢他们一直在背后默默地帮助。

今天是新年第一天上班，怀着轻松的心情开始一天的工作。上午班主任开会回来就说创意美术以后一周上两节，配班老师取消了，改成班里的老师帮忙收拾。当时我就想一周一节的创意美术就很累了，现在又加上一节，听完后心情瞬间不美丽了，一下午都感觉心里堵得慌。下午我去了趟办公室顺便一提，我们的保教园长告诉我，会再安排一位老师和我一起分开上创意美术课。这样我不致于太累，因为我负责中班以上的班级，他们相对比较听话。转念一想，是不是我负责的创意美术课没有上好呀？不清楚是领导不想让我这么累，还是我的能力没有达到领导的要求呢？既然领导现在已经安排了，我就好好干吧，好好学习别人的优点！

高波老师点评：你的成功说明一点：人只有经历事情，才能得到锻炼，才能尽快实现成长。所以，对美术课的事情，不要介怀，将之看作是另一场历练就好。

另：我也喜欢与上进心强的孩子交流，显然，你属于此类。

周志（第18周） 老师好，打算听完音乐会再和您一起分享的，可是昨晚我心情很不好，委屈了一晚上。我想昨晚发生的一件事情可能这辈子都不会忘记的。

活动时要举着各班的牌子去，在大厅准备入场时，因为我先到了，就举着牌子在那等，另一位老师也到了，在和家长聊天，班主任还没有到。领导说先组织入场吧，我就给班主任打电话，她说先准备入场吧，没有票的等一下。因为我的票在班主任那，让我和家长换票换的，于是我想让另一位老师先带着进去，我在外面等。我就跟她说了，她态度很不友好地说："什么？什么？你说什么！"我又解释了一遍，并且说："如果我能带孩子进去，我不会麻烦你的，我班孩子的家长先跟着张老师进去。"她也姓张。没想到她在前面说了句："怎么带呀，我不会带，要带你带。"这时所有家长，都往这边看。我直接蒙了，真没想到在公共场合且当着那么多的家长她竟然不留情面地对我那么说，平时对我再有意见也用不着在那种场合给让我难堪吧。当时我第一感觉就是你凭什么那么说我，我怎么惹你了，一点面子都不给，我刚要张嘴回她，旁边的领导给我使了个眼色走过来，说小凤你先带着进去吧，我就忍着内心的委屈组织家长入场。我当时特别想哭，从来没受过这样的侮辱，且当着那么多家长的面。心里不断告诫自己：这是公众场合，不能给幼儿园丢脸。我真的不知道她是怎么想的，那是公众场合怎么可以那么说！

感觉我已经忍到极限了，之前老师也对我说过：人善被人欺。我不想再忍了，从她来班里这么久以来，我一直忍着，我来这里是为了学习提高自己，而不是整天一忍再忍一个看不起自己的人。我想好周一去找领导谈谈，我和她不能再在一个班相处了。

高波老师点评：职场有个定律叫作"蘑菇定律"，意思是一些新人常被欺负，如同蘑菇一样，要忍受脏水、见不得阳光，蘑菇才能长大。但是凡事有一个度，对于过分的老师，小事不要计较那是我们的大度，但如果她们不知悔改，可抓住有理有据的时机，适度反击！要知道，过分的忍耐就是助长其嚣张之风。我认为，可以找领导反映问题。

周志（第19周） 时间就这样过去了，这是最后一次写周记了，不能继续和老师诉说每周的心情了。工作时间久了事情也多了，做什么事情都要三思而行。不知道什么时候就会惹到那个老师。真是觉得心好累，我身体上再怎么累我也能接受，但是心累好痛苦。

还有一个月就要过年了，在这里祝老师新年快乐哦！感谢老师这四个月的陪伴，聆听我的心事，给予我意见与建议，感谢老师在这四个月里悉心开导我，我会更加努力工作，做出自己想要的成绩，不辜负老师对我的期望。当学校老师来园巡回的时候老师来看我们了，虽然不是自己系的老师，但是还是很开心。新的一年我会加油，突破所有难关！

高波老师点评：有人、有利益的地方就有竞争，有竞争的地方就难免有这样那样的事情。你要做的是成长，当你成长到一定的高度，成长到别人都觉得你的优秀是天经地义的时候，就行了。我理解你的感受，也知道你们在幼儿园打拼得辛苦，但让我自豪的是你得到了锻炼，实现了成长。最后一周周志点评！真心为你在实习期间取得的进步感到高兴，并祝你在今后的日子里工作顺利，永远开心。收拾心情，重新扬帆起航吧！！！以后常联系，我就在青州，就在你的母校。

月总结（第一个月） 我很珍惜这份靠自己努力得来的工作，我珍惜领导给我的每一次机会，每一份工作我都认真地完成。在这里我的价值得到了体现，我的专长是不织布手工制作，当时园里的所有布置都是采用不织布装饰，我的这一专长也派上了用场，真的好高兴，终于可以得到别人的认可了。我一直很喜欢舞蹈，曾经想过可以在舞台上展示自己，大学里没能实现，这里有一位舞蹈老师愿意让我跟着她学习舞蹈，且愿意让我上台演出，现在我在学习带舞蹈课。这是对我极大的提高，我不但实现了自己的愿望，还学习了很多的本领。我体会到那句话：千里马终会被伯乐发现的。现在的工资以及工作环境都是不错的，我必须好好珍惜，更加努力，学习别人的长处来弥补自己的短处，学习别人的同时也要学会创新。

我觉得创新是非常重要的，人无我有，人有我优，这样你才可以在圈子里立足。我现在是所有老师里最年轻的，我需要有自己的特色，这样我才会超越他们。说起来容易做起来难，做事情之前都必须有一个目标，我要加油，和我们现在的园长一样优秀！不求更好只求最好！下月计划让自己上课更有条理，更加吸引孩子们的心。

希望下个月的演出可以圆满成功，争取下月拿到更多的奖金。

高波老师点评：发挥专长，全面提升！人无我有，人有我优，这是每个人的立身之本。珍惜领导给的每一份机会，每一份工作都认真地完成，尽快发展自己，一定能在下月拿到更多的奖金。

月总结（第二个月） 一个月的实习时间即将结束。回想自己这一个月，先是悠闲后是崩溃。国庆节之后自己每天基本上干着同样的工作：上班，上课，吃饭，午休，上课，吃饭，打扫卫生和舞蹈排练。一天下来身体非常劳累，时间较晚了，我们几个人还要一起准备做饭，吃饭后总会习惯性地在饭桌前聊聊各班上的趣事，对于我们来说这是每天工作的一种解脱，聊天能让内心的压力释放很多！

上上个周我们幼儿园要进行"钢琴弹唱"考核，我又进入到了紧张的准备中。因为白天一直都是围着孩子转的，有时放学了班上可能还有一两个孩子没有走，还要陪着他们。一天繁忙的工作结束后，还要抽出下班后的一点点时间练习钢琴，班上还有两位老师也要进行考核，我练习钢琴的同时，另一个老师也需要练习，而班上仅一架钢琴，有时可能练习不了。我的嗓子国庆节回来后，说话一直都是哑着的，更不用说唱歌了，加上没有很多时间练琴，就感觉到各种的不耐烦，静不下心来，特别浮躁。班主任姐姐还有其他的姐姐们告诉我："这样的考核在幼儿园里很平常，不要把自己弄得太紧张，要摆正心态，以平常心对待。领导这样做在检验你水平的同时也在锻炼你的心理素质，园里一个小小的考核你就担心成这样，那以后你在社会上遇到更大、更正规的考试怎么办。有时越在意它，结果就越不会好，好好准备，不管结果如何，努力了就会有收获，不一定是成绩上的收获，也可能会有其他方面的收获呢！"

姐姐们的一席话很在理，想想自己的心理素质真的不是很好，很容易紧张，多些这样的考核对自己未必是坏事。因为嗓子哑了这次弹唱比赛我只得了第五名的成绩，还是有点小失落，不管怎样下次一定好好努力，争取更好的成绩！

高波老师点评：班主任姐姐们说得对，一些事情是需要以平常心来对待。我常说，做一件事情，先不要管结果如何，只要努力过就不后悔，学到就是赚到嘛。即使一时的结果不理想，又有什么呢？对于职业生涯来讲，你现在经历的仅仅是一个片段，遇到坎爬过去就是了。从提交的周志中，我发现你是一个有抱负的孩子，要强是一件好事。但是，什么事情都要辩证去看，有时体验过程也很重要，只要平时多积累、多体悟，你想要的结果可能不知不觉就来到你身边，水到渠成就是这个道理。

月总结（第三个月） 我的实习平台刚弄好。自己忙碌了好几天，很着急，庆幸有高老师、王老师和程序员的帮助，我的程序才能得以恢复，很感谢老师们。让我没想到的是高老师还记得我的名字，对我的周志也有印象。真的很感谢高老师，您辛苦了！

11月是感恩月，国外很注重这个节日，因为这个节日可以感恩身边的人，感谢帮助过自己的人。感恩月对我来说也很感动，因为我们班的宝贝们也时刻带给我不一样的感动，觉得自己好幸福。班上的一个宝贝叫赵鹏翔，那天早上他吃完早饭之后来到我身边说："张老师，你看我拿着钱。"我一看是好几张一块的，于是问哪来的钱，他笑笑说："我自己的，我拿来了。"我怕他弄丢了，就告诉他我帮他保存，放学再给他，可是他不乐意。后来他突然告诉我："老师，给你钱，你中午买饭吃。"给我钱就跑了。后来在外面上早操时我看见他口袋的钱都快要掉了，就过去对他说："鹏翔，老师突然想起来，你给我的钱不够买饭的。"他很爽快地把钱掏出来说："给你。"我说："我们一起数数吧，一共是6张。"后来这孩子还告诉我："剩下了，再给我。"我当时觉得这孩子太可爱了！中午午休了，我在哄他睡觉，他突然问我："你饿吗？"我说："饿了，你快睡觉，这样我才可以回家买饭吃。"他立马闭上眼睛睡了，然后我就走了。下午上班，他在穿衣服，他看见我问我："老师，你去买饭了吗？吃饱了吗？"我说买了，也吃了，你的钱老师不能花，但老师仍然要谢谢你，说完我摸摸他的头，他笑了。

班上的孩子给了我太多的感动，累的时候想想孩子们就不太累了。孩子们是天真无邪的，他们不经意的一句话、一个举动，都会让我们觉得很感动。真的很感谢宝贝们带给我的这些感动，感谢有你们，可爱的孩子们！

高波老师点评：懂得感恩才是一个真正的人。虽然我对中国人过西方的洋节颇有微词，但是对感恩节却没有异议。从字里行间发现你是一个懂得感恩的人，所以，你教育出来的学生一定也懂得感恩。孩子们的言行感动着你，你的爱心也感动着孩子们，这是多么好的一种状态！继续努力！

月总结（第四个月） 时间过得好快，七月份开始实习，现在已经工作半年了，回想半年的工作时间我也是在不断变化的，但是从开始的不适应到现在的适应，虽然每天的工作都很累但很充实，可以从老教师身上学到了好多经验，有谁会在开始的时候就一帆风顺呢？有谁不会遇到点挫折呢？不管多难、多累，我都一步一步走过来了。必须坚持下去，时刻提醒自己：不要在吃苦的年纪选择安逸！

园里聚餐过平安夜，在饭桌上大家玩得都很开心、很嗨皮，我也收到了来自远方朋友们的祝福。感谢朋友们的祝福！同样祝福你们：平安夜快乐！好人一生平安！聚餐结束后我们几个结伴而行回了宿舍，心里空落落的。其他同事有的结伴去继续嗨皮了，而我们却想回宿舍好好休息下，下班回到宿舍感觉是最大的安慰。我觉得我是最不坚强的、最感性的一个。难过时，都是她们鼓励我、劝我，可是我难过时难道她们就不难过吗？她们就不想家吗？我觉得自己好自私，有时只想自己的感受没有去顾及她们的感受。今后，我一定要控制好自己的情绪，不能那么矫情，不能老拖她们后腿。如果让我说实习期间的最大收获是什么，我一定会说：朋友！我结交了一群知心朋友，相见恨晚！她们不会因为工作的事打击我，而是帮助我想办法，视我的事为自己的事，生病受挫的时候更不用说了。如果哪天我离开这里，我们就要分离，那将是一件不敢想象的事情，希望那天不会发生。感谢你们，我的朋友们！

高波老师点评：欣赏你的理性与坚强：没有谁在开始的时候都会一帆风顺，没有谁不会遇到点挫折，令人高兴的是，你咬紧牙一步一步走过来了，而且走出了自己的风采。

也欣赏你的感性与真情，只有真性情的人才会交到真挚的朋友，令人欣慰的是你结交了一群知心朋友。

理解但不赞同你的分离观点："如果哪天我离开这里，我们要分离，那将是一件不敢想象的事情，希望那天不会发生。"

我要说的是：人生有相聚就有分离。从小到大我们经历了无数次这样的场景，在聚聚合合中，我们学会了坚强，懂得了珍惜；从幼儿园到小学，到中学到大学，再到幼儿园这个小社会，我们完成了不同的角色转换，学会了成长。但是不管是分还是聚，真正的朋友，即使远隔万里，依然是朋友。

以后常联系，祝一切顺利！

第二篇 入园适应篇

——适应从改变自我开始

适应中我成长

来到启明星幼儿园，领导们把我分到了小班，让我跟着白老师学习。第一天上班的时候既害怕又兴奋，我心里明白，从今天开始我的身份变了，不再是学生，不再是孩子，我已经是大人是老师了，我身上有了责任。在这里，开始了我的教师生涯。第一次教孩子们唱歌，第一次给孩子上一些简单的课，都是那么新奇，从孩子们身上看到了自己小时候的影子。还记得，班里有一个小女生叫我"妈妈"，当时我呆住了，不知道该怎么反应。后来白老师告诉我，小班的孩子都很可爱，他们思想单纯，谁对他好，他就会叫谁妈妈，说明他们喜欢你。当有孩子再叫我妈妈的时候，我就会特大声地回应他们。

赵振华老师评语：你们是孩子在幼儿园里最信赖、最依靠的人，一定要担当起"妈妈"的责任，照顾好孩子们。

我还深深地记得我们幼儿园第一天开学的场景。第一天开学几乎所有的小朋友都哭了，和我搭班的班主任于老师负责站在教室的门口迎接新生，并把新生父母的电话号码记下来，我负责把还在抱着父母或者拉着爷爷奶奶的衣角哭不愿意进教室的小朋友抱进教室里，慢慢地哄他们不要哭，给他们玩具玩。有的小朋友很好哄，看到玩具之后就不哭了；可是有的小朋友特别难哄，躺在地上打滚，有的甚至打老师，我就被一个小孩打得特别想哭。我深刻感觉到幼师这个职业想要做好真的不容易！

李莹老师评语：三百六十行，行行出状元。正所谓干一行爱一行，干哪一行都不容易，但是我们既然选择了，我们就要有信心有毅力，相信自己坚持走下去！

经过这段时间的相处，老师和孩子之间建立起了感情基础。随着熟悉程度的加深，孩子也越来越依赖老师的帮助。许多小孩子在经过了最初的新鲜感之后，这段时间开始出现哭闹现象，孩子不再愿意待在教室里面，更多的是想妈妈，想要回家。有一些孩子把在家里面养成的一些很不好的习惯带到了学校，说脏话的现象也时有发生，打闹更是家常便饭。许多小孩子在对老师熟悉以后，不再害怕老师。让他们做的事情不愿意做，做事拖拖拉拉，做完自己的事情不收拾，上厕所不积极，经常尿床或者是尿裤子。这些情况都会在家长来接孩子的时候向家长反应，有些家长会认真听取老师的建议，有些家长却不听。我认为孩子的教育不光是在学校，家庭教育也很重要。

高波老师点评：随着时间的推移，出现新的问题是正常的，教育的过程就是不断发现并解决问题的过程。因此，不要灰心，也不要给自己很大的压力，不要试图一下子解决所有的问题。要发挥幼儿园的主导作用，多与家长沟通，家园共育，促进孩子健康成长。相信你会越来越好！

❧ 天气一天天变冷，宝宝们每天早晨来幼儿园的时间也在一天天推迟，有的宝宝晚上睡得比较晚，所以早晨有些赖床不想上幼儿园，有些则是因为家中有事不能来幼儿园，总的来说这一周所期望的全勤，就这么被无情地打碎了。家长们总是有很多稀奇古怪的不让宝宝来幼儿园理由，就是因为这种不坚持，有的宝宝刚刚适应了幼儿园的生活，结果在家呆了几天后又出现哭闹的情况，真是让我有些不知所措。说太多我又害怕家长会对我有意见，以后不支持我的工作，总而言之就是很难办。

高波老师点评：家长的做法虽然不符合教育规律但是很普遍，也可以理解，毕竟幼儿园不同于小学，比较松散，没那么正规。对于家长的做法，不要太着急，也不要太苛求，更不要自己扛所有的压力，觉得有种负罪感。你一定要认识到：任何一个老师都不可能解决孩子的所有问题，你要做到的是调整自己的心态，将心态放平和。你大胆去做，即使有点小瑕疵也不要紧，只要认真总结经验教训，实现在反思中成长，在行动中进步就可以了。

❧ 紧张又忙碌的一周就这样过去了。回顾这一周，我觉得很累。本周的主要工作有两个：第一，省里要来我们幼儿园进行验收，对此，园长和教师们特别重视。安排每班把教室环境和区角材料布置到位，做到万无一失地顺利通过省级示范园验收；第二，借省级示范园的验收工作来对每个班级的区域活动进行评比。本周存在的问题有两个：第一，由于省里来我园验收，所以这周幼儿园没有为幼儿提供午餐，导致班级的出勤率明显下降，通过这一现象可以看出家长们都喜欢方便；第二，在省里来验收之前教师们努力工作，可是面对这么多的东西需要改进，真的是无从下手。我们每天加班到很晚，却没有加班费，因此，老师们觉得很不公平。改进的措施：对于第一个问题，这其实属于特殊情况，平时没有特殊情况，幼儿都要在园吃饭，也是为了家长和幼儿们的方便。从这一点可以看出幼儿园的伙食是非常好的，幼儿很满意；第二，本园属于公办幼儿园，加班应该给加班费，这样老师们干起来才有劲。

杨世诚老师点评：熟悉教学活动的各个环节，面向全体，家园共育，因材施教，应该成为顶岗实习的重要内容。顶岗实习的重要目的，就是为你们更好地就业、高质量地就业，这个宗旨不能忘！实习期间，还要坚持复习，为毕业之后的教师资格证书考试做好准备。

❧ 又是一周过去了。上个星期天我休班了，回去上班时感觉很想这些孩子们，可能这段时间和孩子们有感情了吧！但是有时候又觉得幼儿园生活很无聊，这可能就是所谓的职业倦怠吧！我会慢慢调整自己的心态，在工作中寻找乐趣。在幼儿园实习的这段时间我发现了一些问题，例如：现在不主张幼儿园孩子学习认字之类的，可是我们幼儿园偏偏就有这方面内容，并且把认字作为重要课程。我们有一个学做魔法玩字的课程，就是教孩子认字。我们班是小班，有几个特别聪明的孩子学习比较好，也有不到三岁的孩子，话都说不清楚更别说认字了。我很犹豫到底教不教他们认字呢，我决定想学的孩子就让他们学，学不进去的孩子也就不强求他们学，顺其自然吧！

杨世诚老师点评：认字不是问题，关键是怎样认字。要快乐认字，不能将认字作为幼儿教育的唯一目标，更不能将幼儿教育小学化。教书育人，为人师表，这些都是对教师岗位提出的要求，可在工作中好好体会，用心实践。顺其自然，这是许多事物发展的必然，人生和事业何尝不是如此？

这周是我实习的第五周了，感觉我已经融入了这个大家庭，在这里很温馨。孩子们现在都和我熟悉了，他们很喜欢我，我感觉很幸福，我多希望这种幸福能够一直保持下去。但是最近发生了一件事，让我有点不喜欢这里了，感觉这里好陌生，有一种不安全的感觉，好像随时都会有大事件发生一样。

上个星期四，我们班的一个小男孩把一个小女孩的脸抓了一下，有点严重。当时我正在和一个小男孩说话，这时我们班的一个男孩跑过来对我说："老师，翔翔把丝丝脸抓破了，流血了。"我赶紧跑过去，看后吓了一跳。此时我们班的主班也在，她说手抓的有毒，以后留下疤就麻烦了，家长肯定会很生气的。我原本以为孩子在幼儿园玩时抓伤是很正常的事，再说幼儿园有那么多的孩子呢，有时确实顾不过来。快放学了，家长们都来接孩子了，那个小孩的家长也来了。这时我们主班过去道歉，说孩子玩时脸被抓伤了，都是我们不好，没有看好他们，实在是不好意思。这时她妈妈的脸色一下子难看起来了，说你们整天是干什么吃的，把我孩子看成这样了。她骂了好多难听的话，我们的主班还得陪着笑脸道歉。通过这件事，我觉得我们是有过失，但是现在的家长真的不好惹，以后得时刻注意着。

田广庆老师评语：幼儿园中小孩打架出现小伤，我个人感觉挺正常的，反而是一些家长的反应有点过了。当然，在平时的工作中，要更加细心、耐心，看护好每个孩子。调好心态，继续努力。

小孩子上幼儿园有一个适应期，刚开始哭着喊着找妈妈，不上幼儿园，不睡觉，随着时间的推移，孩子变得喜欢幼儿园，喜欢老师，喜欢小朋友，喜欢吃幼儿园的饭菜……这就是小孩子的生活。星期六我们幼儿园辅导蒙台梭利教育，老师说，蒙氏教育注意形体美,我不懂。学了一会后,我的感觉就是给大家闺秀上课,怎样守礼仪,难道这就是蒙氏教育?我觉得蒙氏教育应该是教给小孩子怎样做,怎样感知……求解答,什么是蒙氏教育?我们幼儿园还开设了奥尔夫音乐、米罗可儿美术,我都不会,都没听到过。

杨世诚老师评语:蒙台梭利教育法的独特魅力源于对儿童的充分研究与了解,尊重儿童的敏感期,激发儿童潜能,在宽松、愉快的环境中发展孩子的独立、自信、专注、创造等能力,为将来孩子的成长打下良好的素质基础。

8月5日是第一批孩子入园的第一天,我也正式开始了我的实习生活,这天对于我来说是忙乱、头痛的一天。面对孩子天真的笑脸,我心里有说不出的开心,可是当孩子哭着找妈妈时,我自己都有想哭的冲动。还记得一个孩子说:"老师我不哭,不哭,妈妈一会儿就来接我了。"那种强忍的坚强,让我心疼。第一周孩子入园的时间是在哭闹中结束的。回想当初孩子入园的情景,种种画面如过电影般在脑海中回放。接新班带新生的工作是辛苦劳累的,一周下来自己病倒了,才明白幼儿园工作不是想象的那么简单,才知道孩子就是孩子,你永远想不到孩子下一秒会做什么,才懂得每一份工作都不是说说那么简单。

郑清老师评语:老师觉得你很有耐心,幼儿园就是需要有爱心、耐心、责任心的老师。你要努力向老教师学习,一点一点地进步,相信你会慢慢提高的。

毕业后我选择了在学校应聘成功的那个幼儿园上班,一周的实习让我学到了很多。刚去的时候觉得那一群小孩好乱,简直无法忍受,总想让时间过得快一点,整天盼着星期六,这样我就能清静一天了。这第一个星期让我度日如年,本来非常喜欢小孩的我,竟然也会厌烦小孩。但是在一休博雅幼儿园的这第一个星期也让我认识到原来自己要学的东西好多。那些老师教学水平很高,原以为自己已经学得很好了,跟他们比还是自愧不如,这让我非常有压力。刚来幼儿园实习,工作只是打扫卫生,哎呀,那是一个累啊!要擦桌子、拖地、喂小孩、洗杯子,竟然还要真的给小孩子擦屁股,简直让我崩溃。我觉得我从小都没有受到过这种委屈,不过渐渐地我却喜欢上了这里的小孩。从最开始的烦恼,到越来越喜欢,是那群小孩给了我希望,因为他们说喜欢我。可能是我刚去没怎么凶过他们的原因吧。这一周有烦恼也有开心哦!

赵妍老师评语:幼儿教师的工作就是这样,刚开始肯定觉得不是那么得心应手。希望你能通过自己的努力慢慢喜欢上这份工作,也让班里的小朋友喜欢你。

第一次接触幼儿园,知道了幼儿教师工作不容易,在园里接受辅导一个月,了解了好多,也明白了好多。这时候才发现在大学里学的简笔画、手工制作、幼儿歌曲弹唱、音乐活动课是多么重要。就拿手工制作来说，在学校学的全都用上了，得到了园长老师的肯定。有的资料跟在幼儿园用的资料差不多，可惜的是在学校学得不精，现在才知道学习的重要性。9月2号快要来到了，马上就要开园了，心情好忐忑，但是我准备好了。我的新生活即将开始……

杨世诚老师评语：学用结合，对学生来说很重要，对老师来说也是如此。你的周志写得很好，对我们的专业也有用处。细心观察，用心体会，处处留心皆学问！

刚开始，我怀着特别紧张、特别激动的心情，踏进幼儿园。在家的时候还在想，幼儿园的小朋友会不会喜欢我，我要怎么跟他们打招呼。

在学校的时候老师对我们说，我们面对的是一些什么事都不懂的小朋友，对待他们要温柔，不要对他们大声吼叫。可是到了幼儿园里我才发现，原来在幼儿园里，并不是只要温柔就可以的，在适当的时候也要对他们严厉一点，否则的话，就没有老师的"威望"。

在学校里，老师告诉我们，幼儿园里最主要的、最常用的就是技能课学习的内容，比如说钢琴、舞蹈、声乐、绘画。可是到了园里才发现，最最重要的不是那些技能，而是如何能让小朋友听你的话，如何跟家长沟通交流。要在课堂上及时发现小朋友的一些问题，然后及时跟家长沟通交流，争取在最短的时间内使其得到改正。

赵振华老师评语：在学校里学的知识不是没有用，而是需要你们在工作中活学活用，自己学会从课本知识向实践转化。有了在学校学习的内容做基础，工作也会越来越顺手的。加油！

我刚来到幼儿园的时候，和其他同学一样，面对一个全新的环境，承担新的角色，心里总是会有或多或少的担心、迷茫，不知道在班级里应该做些什么，应该注意些什么，感觉什么也不知道、自己做得也不够好，心情也会跟着受到影响。当意识到自己不再是一名学生、一个孩子，而是作为一名老师出现在这充满快乐的校园里时，心里所应装载的不应该是担心害怕，而是应该以积极乐观的态度去工作，面对崭新的每一天和每一张笑脸。

来幼儿园的第一天，老师安排我们去花园里拔草，当时感觉心中一冷，内心很失落，从兴奋的山顶跌落到低谷，心里所期待的与现实生活中的经历差距如此远，有点伤心，认为需要自己做的不应该是这些，而应该是在教室里和孩子互动，或者和老师交流经验。但转念一想，这也是对自己的一种锻炼。和其他的老师一样，在不同的岗位上各负其责，他们面对的是幼小的孩子，我们面对的是杂草，虽然身处不同的岗位，但我们的责任都是把他们修剪得更好，为了共同的目标不断奋斗，所以我不断告诫自己越是不起眼的工作，越要做得更好，给自己一个满意的答复。

虽然所懂的、所知道的甚少，但我有一颗求知的心，我会不断完善自己，争取成为一名优秀教师。我对未来的自己很期待！

李媛老师评语：看得出来，你对工作有很多切身感受。能够这么用心地体会工作，相信你是一个很努力的人。一口吃不了个胖子，慢慢来，加油！

又一周过去了，对幼师这个职业有了更深的了解。幼儿园的工作是琐碎、细小的，又是十分重要的。幼儿是初升的太阳、祖国的希望，保证幼儿的安全是工作的重中之重，因此，在往后的工作中，一定要以安全为第一重心开展保教工作。

对于幼儿教师来说，每天的作息时间是一成不变的，但对于幼儿来说，每一天都是新的成长，每一天都期待着认识新的事物，所以作为幼儿老师，我每天都要激情澎湃地面对生活、面对幼儿。"孩子是脚，教育是鞋"。我想，虽然我就要离开学校了，但是以后我一定要继续学习新的知识，拓宽视野，使自己在幼教事业里获得好成绩！

辛帅老师评语：实习是进入工作岗位的一个热身，在这个环节中先要看到理想与现实的差距，关键还在于后期能不能缩小这个差距。幼师工作固然累，但是累并快乐着是这个职业的特点，且行且珍惜。

踏进幼儿园的那一刻，感受到我的身份由此改变了，走进教室，一张张稚嫩的面孔、一个个小嘴巴用"老虎"的声音喊出的"老师好"，让我充满了力量，满怀信心地用微笑回应他们每一个可爱的小人儿。当时我还没有看到后面的荆棘坎坷，原来一切没有那么得心应手：不是每一个小女孩都温顺听话，不是每一个小男孩都活泼开朗，也不是我耐心就可以得到安慰，原来在他们面前很多理所应当的事情都不会得到相应的答案。我开始措手不及，我不知道怎样才可以让他们更好地在我的掌控范围内发挥他们的热情、好奇，我担心我的关爱不能及时合理地出现，让他们感受不到幼儿园比家里还更有乐趣；我也隐忧我不能顾及到每一个幼儿，造成不必要的麻烦；我也总是在思索我如何在他们具有足够热情的配合下，给予他们各方面的提高。

有时候，我想过放弃，可是我也知道，自己选择了就要努力争取做到更好，这是一个转变，也是一个全新的开始。现在只是一个开端，会辛苦，会妥协，可是不能放弃，奋斗的年纪，必须竭尽全力。

王璐老师评语：既然你选择了这个职业，就要坚持下去。没有一条通往成功的路是没有坎坷的。要记住，每当你感觉很苦很累的时候，那就证明你正在走一个上坡路。

离开了美好的校园，走上了工作岗位，有了属于自己的第一份工作，充满了兴奋、好奇。刚来到这里心有远大抱负，感觉会有更好的职位向我招手。经过这些日子，逐渐褪去了懵懂、稚嫩，心变得踏实下来。当孩子陆陆续续在家长的陪同下到园时，脸上带着灿烂的笑容，但当家长离开孩子时，哭闹声就阵阵传来不想上幼儿园要回家，这样的场面让我手足无措。虽然想去哄孩子，但却不知道用什么方法，看着有经验的教师与家长熟练地交流，成功地转移孩子的注意力，不由得佩服他们。以后要学习的东西还有很多，在磨练中不断让自己慢慢成长，渐渐走向成熟，稳重做事。

张晓艳老师评语：因为是新老师，所以需要多向有经验的老教师请教，只要坚持你的爱心、耐心，相信孩子们会慢慢感受到的。加油！

这是进入幼儿园工作的第一个周，第一天上班的时候，我的心是忐忑的，因为我不知道要面对的是怎样的情景，怕教得不好小朋友们不听课，还怕小朋友们太调皮，我拿他们没办法。但是，当我进入教室，看见小朋友天真无邪的眼睛时，感觉之前忧虑的一切问题都是多余的，我的眼里只剩下纯真的小朋友们。当小朋友们异口同声地叫我老师时，我的心就在那一瞬间颤动了一下，那种感觉是无法用言语来描述的。我不敢相信，不久之前还坐在教室里听老师讲课的我，现在也是别人的老师了，心情激动，难以平复。

刚开始的这段时间是跟着老教师学习的阶段，我认为首要任务是要以最快的速度记住幼儿的姓名，记住幼儿园一天的作息时间。因为当小朋友和我交流的时候，如果叫不出他们的名字，我觉得他们会伤心。对于幼儿园一天的作息时间我觉得这是必须要记住的，记得第一天的时候，我不知道哪个时间要做什么事情，有时候还要小朋友们告诉我，一整天我都处于茫然加措手不及的状态，全然跟不上老教师的步伐。所谓万事开头难，虽然这样，但是我会努力的，我相信自己一定可以做好的。

周季老师评语：万事开头难，不用担心，老师相信经过你的努力，一定会收获颇丰。

转眼间又过了一周，今天下午接到消息，明天开始让我去幼儿园的第四分园帮忙一个星期。听到这个消息，我很不高兴，幼儿园这么多老师，干嘛非得找我呀。园长似乎看出我的不情愿，说就当去学习，学习一些我们幼儿园没有的经验。还说像我这样年轻的幼儿教师，就应该去多个不同环境的地方去适应、去学习。既然园长这么说，我就不能再说什么了。不管什么样的新环境，相信我都能很快适应的。而且，我也不可能一辈子都不接触新环境，多适应适应也是有好处的，只是有些舍不得我们班那些可爱的孩子。不过没关系，我一个星期之后还会回来的。开心一些吧，说不定会有意想不到的惊喜呢！

高波老师点评：人真的不可能一辈子都不接触新环境，所以，要将换个环境当成多一个锻炼机会，多适应适应总是有好处的，人挪活树挪死嘛。

🌱 新的一周又结束了，明显觉得累了，比以前累了。因为又来了二十多个小朋友，觉得好累。一周下来也算是适应了很多，慢慢习惯就好了。班里来了个很懂事的小朋友，老师不用说什么他都会懂，如果能多来几个这样的小朋友就好了！

高波老师点评：怎么可能都像那个孩子那样呢，每个孩子之间都有差异，有自己独立的内心小世界。不管什么样的孩子，都是我们的教育对象，我们都有责任教育他们。

🌱 我在带班的过程中遇到了很多难题，高畅小朋友就是其中一个。也许是家中独子的原因，爸爸妈妈爷爷奶奶对他都特别宝贝，几乎有求必应，从未受过委屈。在学校里，高畅和小朋友们抢玩具、争吃的，特别任性霸道，稍不如意就会掀桌子、扔椅子，无视老师的劝说和警告。老师怕他会伤到其他小朋友，对孩子的这种状态也感到很焦虑。作为老师，我们应该教育孩子学会分享、团结友爱、互相帮助、懂礼貌，面对孩子既不能打也不能骂，只能耐心地告诉他们道理，但是效果很不理想。我们及时和家长进行了沟通，家长只是说在家也这样，便置之不理。对于家长这种消极、不配合的态度，老师也很无奈，更多的是对孩子未来成长的担忧。虽然这样，我仍会继续努力引导孩子走上正确的道路。

高波老师点评：对于这样的孩子，转化是一个长期过程，急不得；而且需要家园同步，也急不得，要慢慢来。有时教育也不是万能的，只要尽到心意，无愧于良心即可。你可以多查阅一些关于"孩子攻击性行为"的资料，能够对你与高畅小朋友的交流有所帮助。

🌱 每个礼拜五我们都会开会，给我印象最深的一句话就是：好老师都是坏学生教出来的，如果每个孩子都很聪明，一点就会，也就失去了老师的价值。对于大一班的每个孩子我也都是一视同仁，或许偶尔会去偏向某个孩子，对于孩子我真的是尽心尽力了，当了老师才知道教学生有多么难！想当个好老师更难！

高波老师点评："好老师都是坏学生教出来的，如果每个孩子都很聪明，一点就会，也就失去了老师的价值。"赞同该观点，因为越是调皮的孩子，越能激发老师的创造力。只是建议改一个词，将"坏"改成"调皮"或者"不同个性"。不同个性的孩子，教育策略也就不同，这正是教育的挑战性，也是教育的魅力所在。

🌱 我现在可以理解有些老师对孩子特别严厉的原因了，因为个别孩子你不对他严厉点,他就不能和其他孩子一起共同活动,甚至还会扰乱其他孩子活动。我开始对一些不听话的孩子大声说话,可是说过之后又怕伤到孩子的自尊心。可能因为太累,很多时候我会做得不太好,现在想想,一定要控制好自己的情绪,让每个孩子都在快乐中成长。我决定制定适当的奖惩措施,在不伤害个别调皮孩子的情况下能让他们好好学习。我终于明白老师为什么每周让我们写周志了,不仅可以总结自己的工作情况,还可以及时发现工作中遇到的问题,积极改正,才能不断进步。

高波老师点评:作为老师,应该是奖惩分明的,一味的温柔笑脸,不是和孩子相处的好方法。教育是智慧,不应该是迁就。反思能使人进步,但真正能做到的有几个呢?很欣慰,你做到了,加油!

班里有个孩子不知道为什么总是尿裤子、尿床。刚开始是尿床,出现这种情况两次后,我们就会在午睡到一半时叫他起来小便。这周已经三天了,天天户外活动回来坐下没多久就尿了,衣服裤子全湿了。问他为什么也不说话,告诉他如果想小便就告诉老师,他也只点点头,但是每次都会尿裤子。今天居然三次,吃水果时一次,吃完饭时一次,刚睡觉时一次,时刻问着他去不去小便,但他转身就已经尿了,真不知道该怎么提醒他了。

辛帅老师评语:学前儿童大多年龄小,排尿机制没有形成,加之很多小朋友发育稍缓慢一些,除了要提醒他下次怎样做,还要在相对固定的时间主动带他去厕所,就像你提到的这个孩子每次户外活动后都尿裤子,就应该在户外活动后及时带他去厕所,并趁机教育他每次户外活动后都自己上厕所,慢慢地帮助孩子形成相对固定的排尿机制。

说实话我很感谢我当初做的决定,来到小天使班,这里教给了我很多东西。曾经一度在苦恼,为什么自己没有很大的进步,没有学到很多东西,后来仔细一想,欲速则不达,要慢慢来。只要每天、每周积累一点,积少成多,最后肯定会收获很多。在与孩子相处时我总是觉得很紧张,害怕孩子不喜欢我,害怕孩子出现意外情况,虽然说孩子天真无邪的,但是我觉得他们目的很明确。我想唯一的办法是取得他们的信任,可我到底又该怎样做呢?有点头疼,让孩子慢慢适应我,得给他们时间,并且还要讲求一点技巧。幼师这个职业,真的能让我好好学一辈子,活到老学到老,永不停止……继续学习,继续进步。

杨世诚老师点评:不要着急,慢慢来,还在实习期嘛!岁月会教给我们许多本领。

今天下午园里发生了一件很不愉快的事。下午放学的时候,浩浩妈妈来接他，发现他的衣服裤子是湿的，就拉着脸找他们班老师要个说法。李老师一个劲道歉，说是自己下午忙着周末清扫卫生疏忽了，实在是不好意思，希望家长谅解。说了好一会儿，浩浩妈妈还是黑着脸骂骂咧咧地走了。李老师是跟我一起来实习的，不过她在大班，我手头的事忙完了就过去安慰她。李老师说，大班的小朋友很少会尿裤子，而且就算尿裤子了也会跟老师说，不知道今天浩浩怎么没跟老师说。李老师觉得，自己打扫了一下午卫生已经累得够呛，还要承受家长的指责，很委屈。

想想也是，我们园规定周日休息周六下午要打扫卫生，活多人少，所以很难顾及到班里的每个孩子，觉得委屈也是正常。现在的孩子都是家里的宝贝，孩子在幼儿园受一点委屈都不行。通情达理的家长还好点，要是遇到不讲道理的家长真是倒霉呢。唉，幼儿教师这个职业真是有点费力不讨好，可是整个社会都是这种状况，我们能做的也只有尽力做好自己的本职工作，尽量照顾到每个孩子的状况。唉，任重而道远。

鞠楠楠老师评语：做好自己的本职工作，尽自己所能，让每个孩子得到最佳教育，获得成长，这就是教师的任务。幼儿教师工作中，偶尔伴随着幼儿的受伤、磕碰，老师受到家长责难是在所难免的。既然选择了这个职业，就要调整好心态，坦然面对。

在这段时间里，我一直属于流动的老师，正是因为这样，我接触过不同年级的孩子，看到了孩子每个年龄段的特点和闪光点。

其实小班的孩子还是比较容易带的，他们年龄大多数在三岁左右。孩子年龄小，好奇心强，非常容易被新鲜事物吸引。只是吃饭的时候比较让人费心——有的小朋友根本就不吃饭，一说吃饭就大哭。我觉得中班相对而言是最容易带的年级了，他们上了一年的小班，有了纪律性，也比较听老师的话。大班是最难带的，大班的孩子都有了独立的思想，不想让别人约束自己，特别是男孩子身强体壮，喜欢追逐打闹，容易摔着碰着，他们脱离了在中班那种不敢动、不敢闹的心理，一下子释放出来了。所以大班的老师一般都比较严厉，能镇住孩子。

高波老师点评：对不同年龄段的孩子观察细致，总结得也很好。每个孩子都是一本有趣的"书"，要想读懂这"本"书并不容易，但只要有一颗童心，持之以恒去读，总有一天，芝麻会开门的。继续努力！

当初刚刚入园时，中心学校的校长对我说："你有三个月的试用期，这期间不仅是我们对你的考验，也是你对我们的考验，如果双方觉得满意的话，那么你就可以在我们这里工作了。"听了他的话，我着实很紧张，这三个月我过得很充实，很高兴自己最终通过了试用期，不用再提心吊胆的了。

虽然过了试用期，自己仍然需要努力，继续保持这三个月的精神状态，可以放松心态，但是不可以懒惰，自己该做的事情还是要认真完成。时间也可以改变很多东西，短短三个月，我已经改掉在校时的那些不好的习惯，不再怕做作业、早起床、打扫卫生，逐渐适应了自己的工作。很高兴自己已经有所改变，不再以学生的身份来要求自己，因为现在还有学生等着我来教育。以身作则，完成蜕变，自己肩上更多了一份责任，对自己负责、对家人负责、对领导负责、对孩子负责、对同事负责，只有做一个有责任心的人、耐心的人，才能够学会稳重，学会担当。要想扩大自身的影响力，就要建立自己的威信，现在的我正在往这方面努力，相信自己会做到这一点的。现在的我确实稚嫩，与老教师是无法比的，多多与她们沟通交流，学习他们的长处，弥补自己的不足，不断摸索学习，不断努力向前，才能一步步靠近目标、实现目标。

高波老师点评：有人说，教师与单位的关系如同恋爱，相爱容易，相守很难，且行且珍惜，但是，你做得很好，关键一点是你的心态很好。的确，虽然过了试用期，但不可以放松心态，不可以懒惰，因为我们还要继续发展，所以任何时候都应努力，任何时候都不要忘记自己肩负的责任。能够负责的人一定是一个好人，你就是这样的人。继续努力！

又一周过去了，从本周上课时自己以及孩子的表现来看，我和孩子们在共同成长。第一周我的工作主要是锻炼孩子们的常规意识，第二周的工作是重复班级常规还有学习常规。我觉得教孩子知识之前一定要告诉孩子怎么去学习这些知识，我现在教的是农村的孩子，可能与以前接触过的城里的小朋友最大的差别就是城里的孩子都是"圈养"，而农村的孩子则是"放养"。就是因为这个差别，所以在教育方法上也要因人而宜。我觉得现在这两周最重要的就是强调规矩，锻炼孩子们的常规。

事实证明我的工作计划是对的，我能保证中班的孩子上课和下课都是快乐的，都有规矩和礼貌。这周比上一周好多了，上一周我最大的感觉是累，而这一周我的感觉是开心幸福。这一周气温骤降，引发感冒，在班里面上课我都不敢靠近孩子们，告诉孩子们老师生病了不要靠近老师，而孩子们特别懂事，下课的时候有个孩子拿着他的小杯子端了满满一杯水，小心翼翼地走到我面前说："老师，我妈妈说感冒要多喝水，那样就不用打针了。"我很感动。我要对得起我的好学生们，做一个好老师，下一周加油！

王晓丽老师评语：李老师真棒，短短两周就赢得了孩子们的心。爱与尊重是相互的，将这份感动化作今后工作的动力，继续加油吧！常规固然重要，但是鉴于幼儿的年龄特点，常规培养也不能操之过急。

这几个月来，酸甜苦辣也算都尝过，委屈也体验过，我还算是个接受能力强的，至少恢复得很快。幼师是个服务行业，需要坚强的意志和不屈不挠的精神。这个月发生了很多事情，让我明白幼儿教师的言行举止很重要，稍不注意，就会发生意想不到的事情，所以，我把语言放在了第一位。其次是态度，态度决定了家长及孩子对你的印象，孩子们都喜欢亲切、有爱心的老师，这点，我觉得我做得还算不错，至少在家长眼中，我是一个温柔的小老师。最后，也是最重要的一点，既然选择了这个工作，就要表里如一。前一段时间，又有新闻报道幼儿老师打孩子，看了之后觉得挺寒心。同为幼儿教师，真心觉得这是幼师界的耻辱。孩子本身就像花一样娇嫩，他们需要用更多的爱来呵护成长。好的老师不只是知识的传授者，更重要的是品格和行为习惯的塑造者。

每一天都是新的成长，每一天都期待认识新的事物，所以作为他们的老师，我每一天都要激情澎湃地面对生活，面对幼儿。

高波老师点评：是的，老师不只是知识的传授者，更重要的是品格和行为习惯的塑造者。所以，教师一定要谨言慎行。每个孩子都是一朵花，十年树木百年树人，所以，幼儿需要耐心去呵护。加油！

我想，这一个月是我最需要反思的。首先，老师的一言一行，时时刻刻都影响着孩子，所以老师之间的配合非常重要。老师如果很开心，心态很好，那么孩子也会和老师一样很开心，很快乐。老师的每个动作、每句话，甚至每个表情都随时随地感染着孩子。所以在以后的工作中，我认为老师之间也要保持一颗快乐的心，无论是沟通还是协作，都要保持微笑，笑一笑，让自己变得开心、快乐。

其次，对待孩子要有足够的耐心，有了耐心才能更好地教育孩子并和孩子成为朋友。家园沟通和家园共育是一件非常重要的事情，我充分利用了晨接和放学的时间和家长交流，让家长了解孩子在园的情况，及时向家长反映幼儿在园的表现，及时获得家长的密切配合。在与家长沟通时应注意热情有礼、对待特殊情况要冷静、有条理地处理。对于一些在幼儿园中有进步的孩子，老师要给予奖励，比如说小红花和小贴画之类的。

再次，既然已经从事教师这个职业，就要热爱这份职业，最主要的一点要对孩子充满爱，这样孩子才会爱你，这也是我现在的一点小小体会。我觉得要学习的东西没有止境，要不断地积累经验！

高波老师点评：总结得好。教师首要的是要开心，因为情绪会传染的，只有自己开心才会给孩子带去开心；教师需要耐心，只有耐心才能将工作做得细致；教师需要爱心，对孩子充满爱，这样孩子才会爱老师。教师还需要"一意"——对孩子和家长一心一意。做一个"三心"、"一意"的老师吧。

🌱 天气渐渐转凉，在幼儿园的时间说长不长，说短也不短了，生活和教学的节奏仿佛定格了一样，一如既往地和孩子们每天学习、玩耍，千篇一律的教案和教学，真的让我有点倦怠。现在慢慢适应了在私立幼儿园里的生活，好像停止了前进的脚步。真的要好好想想曾经对自己和孩子们许下的承诺了。加油。

辛帅老师评语：其实你们前几周的周志满满的都是兴奋和豪情，怕的就是几个月后热情褪去，没有耐心继续。任何事情都有一个"高原期"，即使你明天选择了其他职业，也是一样，所以，战胜了这段时间，你就战胜了自己。加油！

🌱 幼儿园开园两个多月了，一切都步入了正轨。园里的孩子也都稳定了，慢慢熟悉了环境，不再需要家长的陪同。我有一点不太明白，园里为各班安排了课程表，分科教学，我记得之前学过，幼儿园里是不能分科的，全部都由带班老师代课。孩子的世界是一个整体，他们把事物也都看成是整体的，不能分开。所以我认为园里这样分科教学是不科学的，不利于孩子的身心健康发展，应该由一位老师教授课程，把课程融会贯通起来。

杨世诚老师评语：祝贺你的进步！发现了问题，可以试着与园长沟通，积极解决问题。比较先进的幼儿园，现在都是生成课程，也就是说，每天的幼儿园课程是不能事先排好的，而是每天根据孩子需要情况生成。

🌱 这个月的事还是一如既往的多，一件接着一件，每件事都是第一次接触，身心俱疲。每年一次的运动会也安排在这个月了，园长说因为某些事情运动会确实安排得很仓促。我们在一个星期内学了一个开场舞、一个亲子操，我们学会倒也没什么，难的是让孩子们学会，且一周为限。运动会的游戏也是临时想出来的，先是我们班里三个老师商量讨论，然后各个班进行交流，讨论通过之后马上开始做道具。用孩子们拿来的露露牛奶瓶做梅花桩，还有个游戏要把四十多个麻袋缝起来，并且还要涂上颜色，还要把好多油桶装满沙子，还要给他们做胸牌，总之非常麻烦。不过运动会开展得非常顺利，家长和孩子们玩得都很开心，我也看得很开心，感觉像是在看现场版的《爸爸去哪儿》一样。

运动会刚结束，本以为可以松口气，但是新教师讲课比赛和冬天教室主题墙设计紧接着又来了。我讲的是一节音乐课，幸亏当时的音乐素养老师严格，一节课也没落下，所以准备这节课倒不是很费事。主题墙的设计却要现想现做，手工课上让孩子做了小雪人、小雪花，剩下的又要开始加班了。上大学的时候总觉得时间太多、太不充实,现在倒是每天都有的忙,但心里还是觉得空空的,不像高三那种忙碌,觉得动力满满。现在总觉得很茫然,虽然每天都有事可干,但是以后的日子每天都是这样的话,再也没有别的目标吸引我,我会感觉一点动力也没有了。希望可以快点找到自己奋斗的目标,加油!

高波老师点评:忙是一件好事,得到锻炼,增长了才干。但是忙不能瞎忙,不能仅仅被动完成任务,那样会很累——心累,因为不知道为什么忙。所以,你才会出现心里空荡荡、茫然的感觉。解决这个问题的唯一方法就是确立新的追求,有了目标就有了动力。建议做一个几年规划,明确一下每个阶段要达成的目标,用目标引领你的行动。

这是我实习的第二周,感觉自己已经开始慢慢适应了这里的工作环境,和孩子们也越来越熟悉。每天从家长手里接过孩子,然后和孩子一块玩耍。有的孩子早晨来了还会和我拥抱,我很开心,因为这说明孩子们开始喜欢我了。有的孩子在我刚来的时候叫我阿姨,现在都叫我老师啦,我觉得这是孩子们对我职业的认同。其实并不是每个孩子都会听话,每个班都有那么几个顽皮的孩子,有时我真感到束手无策。还有个别孩子爱打架,我已经收服了一个爱打架的孩子。虽然现在的我还只是一个刚来实习的老师,在很多方面还不够成熟,不够干练,相信经过不断的学习和努力我能够更好地和孩子交流沟通。有了这两周的实习经历,接下来我会更努力地去实践,我会坚持下来,努力让自己成为一名优秀的幼儿教师。

张小仪老师点评:真心祝贺你已经顺利进入工作状态,并能很好地完成工作任务。工作中的坎坎坷坷才是你进步的阶梯,克服前进道路上的困难,才能通往成功的目的地,继续加油。

作为学前教育专业的学生,第一次来到幼儿园实习。在这一个星期里,感觉幼儿园的工作好繁琐。作为幼儿园教师,不仅要有专业水平和基本素质,还要有一个健康的体魄。一旦感冒,就害怕传染小朋友。在这里,不仅要看护好他们,拎饭、拎水、刷碗这些体力活也要不在话下。在这一周里,我发现孩子们的想象力好丰富,他们会凭借自己的想象力捏出一些小皇冠、小眼镜以及用简单的积木搭出一个美丽的家。他们学东西也非常快,一首儿歌教四五遍就学会了,这是我在学校里没有想到的,他们的聪明才智彻底让我震撼了。孩子们就是可爱的天使!

辛帅老师评语:实习的好处,在于改变我们在课堂中的一些空想。很多时候,我们课堂中假想的孩子是幼稚的、被动的,但事实上,正如你所言"是在学校里没有想到的"。他们的想象力,他们对于世界万物的看法,他们手中创造出的东西,都会冲击我们的思想，会令人震撼。孩子是可爱的天使！他们身上很多人性本色的东西，都值得我们学习。

这是我成为一名幼儿老师以来，迎来的第一个开学季，早上看着孩子们陆陆续续由爸爸妈妈送到幼儿园，哭声一片。有的孩子还没下车就开始哭，一直哭到教室都不停，这可难为了小班和托班的老师们了，还好我带的是大班的，很少出现孩子哭闹的问题，但是今天却碰到了。明伟和明萱是一对兄妹，差一岁，姐姐要上一年级了，可他还要再上一年幼儿园，所以来园的时候一直哭个不停，而且不下车，好不容易妈妈把他抱下来，硬是不往幼儿园里走。他以前的主班老师过去抱他，他直接下口咬人了。我震惊了，孩子你怎么可以这样啊。终于进了教室，无论我怎么劝说他都不吃早饭，真愁人呀！最后还是在主班老师的教育下才开口吃饭喝水了，真不容易啊。以后还要多和这个孩子交流，才能让他重新走进我们班的新集体。

王璐老师评语：良好的师幼关系是儿童适应幼儿园生活的重要前提，而要建立起良好的师幼关系，就需要教师像父母那样付出真诚的爱，才能赢得孩子的信赖与尊重。孩子入园时的这些现象，随着时间和孩子对幼儿园生活的兴趣，会逐渐消失的，所以要想办法让孩子对幼儿园生活感兴趣。

两个月的时间，我对这份职业有些信心了，老师给了我很大鼓励，幼儿园里的带班老师和园长也给予了我很大帮助。这个周还没有到教师节就已经有家长对我说教师节快乐了，我很开心，因为自己的工作得到了认可。我所在的幼儿园规模并不是很大，可是要求的东西不比大规模的幼儿园少。现在每个班都是固定的老师，不可能再换，我也就成为了不可缺少的角色，我会好好努力的。

幼儿园工作不是很累，可是很繁琐，所以我会更加注意孩子的安全。孩子在幼儿园一共就三年，不求孩子学到多少知识，只求孩子们的健康与安全能让家长认可并放心。两个月的时间一结束，我就是幼儿园在职的正式老师了，任何行为规范都要按照标准执行，不达标就要有一定的惩罚措施——扣钱，这就是社会，我要学着适应。干好自己的本职工作，保护好孩子的安全是我最大的责任。要开始严格要求自己了！

丁名夫老师评语：麻雀虽小，五脏俱全！再小的幼儿园想要发展下去都要有规章制度约束，所以你想再和大学一样，想着一有时间就玩就不行了！带孩子，安全当然是第一位的，但是重要的是你要知道怎样在保证他们安全的同时，让他们学到更多的知识！好好干！

这个星期发生了一些不愉快的事情。一个孩子的家长来学校找老师，说我们往她孩子嘴里塞饭，那位当事的老师很委屈。之前也在我身上发生过这种事，同一个家长，同一个孩子。因为只有这一个孩子没被接走，我就边打扫卫生边陪她看动画片。孩子在我刚拖过的地板上乱走，所以我让她到没拖的地方走动，被她妈妈看见了。当时她妈妈没说什么，第二天找到幼儿园园长，说我吼她女儿，把她女儿吓得都没听见妈妈叫她。我当时如果真的吼她了，我不委屈，关键是我没做过的事硬是被家长说得有模有样，我心里就很难受。这个星期又发生了类似的事情，我更加深刻地认识到了幼师身上所担负的重任。自己安慰自己，这个事情过去就过去了，不用斤斤计较，有些事是在所难免的。

选择学前教育这个行业，是因为我喜欢这个职业，喜欢和孩子相处。无论做什么，我都会用心对待，只求问心无愧。

高波老师点评：不是每一个家长都会通情达理的。遇到这样的家长，不要抱怨，因为这样解决不了问题，要学会沟通，多向老教师请教。相信随着经验的增多，一切都会好的，加油！

这是我实习的第四个周，但是我只带了两周的孩子，因为扩招班级我去了新班，主要工作是打扫卫生。新班，这星期是试入园，有些小朋友以前没有上过幼儿园，第一天来的时候各种哭闹。指导老师告诉我尽量不要抱孩子，要用游戏吸引孩子。有一个小男孩哭得特别伤心，他张开双臂，泪眼汪汪地跟我说老师抱抱，我有点看不下去，就抱起那个小男孩。之后他对我产生了依赖，我走到哪里他就跟到哪里，像个小尾巴，我这才意识到自己的做法是错误的。指导老师跟那个小男孩说："别跟着你唐老师，坐到自己的小板凳上。"开始他还不愿意，慢慢地他才乖乖坐到了自己的位子上。

高建群老师评语：对特别没有安全感的孩子确实需要多一点关爱，帮助他们尽快适应幼儿园生活，不是天天抱着他们，而是要让他们体验到幼儿园的乐趣，喜欢主动上幼儿园。

现在刚刚过了九月份，有很多小朋友是新入园，我每天站在门口接小朋友的时候都像在看一部惊心动魄的大片。很多小朋友因为第一次离开家长，害怕、担心、不舍、不习惯等因素围绕着他们，导致幼儿园门口哭声连连。有些家长更是不放心孩子，已经走了，过了一会又回来偷偷在门口看，本来好不容易不哭的小朋友一看到家长来了就又开始哭。我问其他老师是不是每次开学都这样，他们说是这样，可是又没有什么好办法。想到这里我觉得干什么都不容易，我羡慕那些小孩可以无忧无虑地上幼儿园，说不定他们也在羡慕我们可以早早长大。

赵妍老师评语：适者生存，适应能力强的人能迅速调整自己与新环境不一致的行为习惯，在新的生存环境中发展。幼儿新入园出现这样的情况很正常，要注意通过游戏等方式吸引孩子，让他们主动喜欢去幼儿园。

🌱 这一周我的主要任务是配合主班老师上课——配班长师，照顾小朋友们的生活起居，工作中我感触良多。虽然配班老师不给小朋友们上课，不教小朋友们唱歌、跳舞，但是配班老师在一个班里面也很重要。配班老师每天都要早去开窗通风，帮小朋友们打水、拿饭，在主班老师上课的时候管理上课秩序。开始的几天，我觉得这些都是小事，很简单，但真正做起来却不是那么顺手，一点都马虎不得。每天回到家，我都回想一遍今天干什么事情了，想来想去干的事情就那么几样，但还是浑身疲惫。或许真的需要一个适应的过程，到了周五的时候，感觉已经习惯了，不觉得那么累了。

丁名夫老师评语：配班老师很重要。一个班级中也少不了很多杂事，这些事情大多数都是需要配班老师去完成的。可能有部分人或者是园里的老师对配班老师有成见，但是园长、主班老师都是从这个角色里走过来的，工作不分高低贵贱，先把这份工作完成好！很高兴你能用自己的爱心、耐心、宽容心去对待他们，好好工作。

🌱 这段时间挺忙的，不过有一个事情还是值得高兴的——涨工资了，工资涨了，精力也爆棚了。我虽然不知道这种满足感能坚持多长时间，但我现在对工作还是很有信心的。

因为幼儿园很忙，基本没有时间去学习，加之周末回家，不想学习，至今没考出教师资格证，虽然压力也不小。2015年证书考试又改版了，心里更没底了。已经从事幼教行业了，终归该有一个证书，如果没有证书，总会被这个行业淘汰。在这个看证件说话的工作，总感觉教师资格证就是自己的归属，有了教师资格证就有了依靠。而现在的我就像迷航的小船找不到方向，看不到岸边。我也不知道有多少像我这么想的同学，不管怎样反正就必须努力，要被这个自己喜欢的行业所认同。

幼师这一行业有苦也有甜，只要自己用心去体会其中的乐趣，你就会很开心。既然选择了这个行业，我就会用心做好，证明一下自己的选择和付出是正确的。

高波老师点评：教师也需要奖励，涨工资也属于这个范围。甭管多难，一定要克服困难，将教师证考出来。你说得对，有这么一个证件，才能感觉自己是属于这个行业的。更重要的是在这个看证件说话的年代，有没有这个证件，身价大不一样。

🌱 第一次感觉与家长不好沟通，尤其是爷爷奶奶级的，跟他们沟通起来简直比登天还难，这是我经历的职业生涯中第一个关卡之后的感觉。跟我发生口角的是一帆的奶奶，不是什么大事：早上一帆来上学的时候老师没有去门口接她，她奶奶感觉好像受了冷落，说我们老师不关心一帆。我就跟她说："阿姨，一帆很棒，她自己可以进园的。"结果因为这么一句话，她奶奶认为我对她孙女有意见，就问："一帆，你怎么得罪张老师了，你看老师对你都有意见了。"我认为孩子大了可以自己做一些力所能及的事情，大人没必要多加干涉。不管我怎么跟她奶奶解释她都不听，还说要么换园，要么换老师，她认定我对她孙女有意见。无奈，我只能向园长求助。园长说，她就是在托班待习惯了，托班的时候三个老师看不到十个孩子，老师基本都抱着搂着孩子，现在上小班孩子多了，老师看不过来所以就会这样，过几天就好了。真希望一帆的奶奶能理解。

王璐老师评语： 都说隔代亲，也许正是由于这种亲情，爷爷奶奶才会对孙子孙女过于溺爱。老师对你的做法还是认可的，不管家长态度如何，都要有礼有节、耐心解释。这种事情在工作中会遇到很多，放平心态，做好你该做的。

来幼儿园已经一周了，感觉时间过得好慢。这一个星期是一个适应的过程，虽然很累但是却学到了很多。刚来幼儿园的时候，园长告诉我们新老师要逐步适应幼儿园的生活，首先要记住每一个孩子的姓名，了解每一个孩子的性格，这样才能与幼儿更好地相处；其次与幼儿说话要蹲下，这样才能更好地交流，让幼儿感觉亲切；最后了解幼儿园的时间安排，什么时间干什么工作。等这些都熟悉了之后，就注意观察其他老师怎样与孩子交流，怎样讲课，如何与家长交流。通过一个星期的实践，我记住了班里百分之九十多的学生，其余的百分之十有时会叫错或是叫混，相信第二个星期我绝对都会记住的。

丁名夫老师评语： 在幼儿园里面可以学到很多在课本里面学不到的知识。园长的讲话是有道理的，多向老教师请教。好好加油，好好表现！相信你能做得更好。

这是来到大拇指幼儿园这个大家庭的第一个月，刚来到这里，我就被分到了小托班。面对这里的新面孔、新环境，开始我有一些不适应，不知道该怎么去教这些还不到三岁的孩子，但我努力让自己适应。由于之前没有什么工作经验，在刚来幼儿园面对一群活泼的孩子时，我很无助。每天都不知道该做些什么，遇到一些事情也不知道该怎么去处理。在学校学习的备课方式，也不适合小托班的孩子，不知道该怎么去给孩子们上好每一堂课，也不知道该怎么去跟家长介绍孩子的一日生活……

所以，在开始的一个月里，我努力去学习、去适应、去改变。我从孩子的一日常规开始学起，根据时间表记住孩子几点该做什么，同时在这个时间段我应该干什么。不到一个星期的时间，我已经记住了孩子什么时候吃早餐，什么时候吃加点，什么时候喝水，什么时候上厕所，什么时候进行课程教育……这些收获使我更有信心在这里做好每一件事，我相信，我能行！

这些活泼好动的孩子们，有时候也会使我手足无措。小托班的孩子有的正处于牙齿生长阶段，所以会经常出现咬人现象。我每天都要好好看护他们，每天安全这根弦我都要绷得很紧，生怕他们出现任何安全事故。关于安全问题，我也学到了很多处理方法，使我受益匪浅。现在我觉得学到了很多在学校没学到的知识，相信在我的努力和同事们的帮助下，我会做得越来越好。加油！

李媛老师点评：一个月了，老师看到了你的进步，希望你能继续努力，迎接每一个月、每一天的新挑战！明确目标，继续努力。

俗话说，万事开头难，刚到帝中海儿童之家的时候，我感到很困难。刚刚走出校门的我没有任何工作经验，面对一个陌生班级里二十几个陌生的孩子总觉得没有任何头绪，不知道该从哪里下手，只能站在旁边看着老教师们轻松地带着孩子们开展各种活动。我们园是蒙台梭利园，没有过多的教材可以参考，对我而言更加觉得困难。虽然我只是助教，但是也有一定的教学任务，我负责的是舞蹈和绘本。

新教师面临的一大难题就是不知道怎么上课。我的第一堂舞蹈课是在网上找了一段与本月主题相关的律动教给宝宝们，可是效果不是很理想。因此，一有机会我就去看其他老师怎么上课，逐步掌握了一些上课的技巧。这次实习虽然我做的更多的是保育工作，但是在教学过程中也认识到了自己在组织活动时的一些不足：语言、动作、表情都不够丰富，可能是自己还放不开的缘故；对于孩子们的突发问题和行为不能迅速灵活地回答和处理。希望经过一段时间的磨练，我的这些不足能得到改进。作为一个实习生，我最大的优点就是抱着一个良好的学习态度向老师们学习经验，在平常孩子们做游戏的时候，我也会留心看班主任老师怎样给孩子们示范，努力提升自己的专业能力，争取早日成为一名合格的蒙台梭利教师。

辛帅老师点评：有人说，"每个孩子都有自己的内心世界，他们好比一把把锁，老师就是开启那把锁的主人。"但是要真正做好开锁的主人却不是那么简单，幼师工作琐碎、辛苦，希望几个月以后热情褪去，你依然能够真心呵护他们。

这周我们班又来了一个单亲家庭的孩子，父母离婚孩子跟着母亲，母亲来的时候说了一句话："我想让我的孩子过正常人一样的生活，请你们多给他一些爱。"通过短时间的接触，发现这个小男孩很调皮也很霸道，同样他也很孤单，母亲一步不能离开他的视线。正当我万分头疼的时候，他的妈妈又说了一句话："别的我没什么意见，但是必须保证不让他爸爸见他，更不能让他抢走孩子，他爸爸来了一定要给我打电话并且把孩子留住，只能我来接。"听完这句话我很心酸，更多的就是对孩子的怜爱，孩子很无辜，本该幸福的像花儿一样在阳光一样成长的孩子从小就有了阴影。我会努力的，让孩子不再怕陌生人，让他感受到大家的爱。

高波老师点评：这个案例具有典型意义。单亲家庭的孩子更需要温暖，他们表现出来的霸道、对外人很凶都是缺乏安全感的反应，更是爱的缺失。麻烦的是在于孩子需要父爱，但既然孩子妈妈嘱托在先，只能她来接，那就不能让孩子爸爸接走，否则会导致纠纷。唉，可怜的孩子。努力让他感受到爱，像幸福的花儿一样在阳光下成长吧。

迷茫中我成长

亲爱的老师：这周我很不开心，心情跌倒了谷底，什么都不顺利。孩子们也似乎对我不再顺从，突然感觉自己不知道该做些什么，好迷茫啊。本来都定好班了，可以安安稳稳工作，可以好好做幼儿老师。可是天有不测风云，我突然出了交通事故，有个新老师顶替了我，也许是领导怕我累着，也许是领导怕我受伤工作力不从心，也许是那个老师很优秀，我也就从一个已经定岗的老师突然间又回到了最初的起点，哪里需要到哪去，成了一个备胎。这件事情我很郁闷，但是我觉得没关系，经历了、磨练了，也就成长了，一切都会好的。因为哪里需要到哪里去，孩子们也基本都认识我了，唯一欣慰的是孩子们见了我都会喊声"张老师好"。

但是有件事却是我一直想知道的，在孩子们的心里我是什么呢？彤彤是我最喜欢的一个孩子，平时嘴很甜，在他们班里待了三天，第四天去的时候，她说："张老师，你怎么还不回自己的班啊？不是每个班里都有三个老师吗？你来我们班，你们班的孩子怎么办啊？"听到这句话，我的心里说不出来得难过。是啊，每个班里都有三个老师，突然就感觉自己成了多余的。我真的是郁闷了，不开心了。有时候想想自己真的是为一点小事而郁闷，不开心，我该怎么调整自己的心态呢？

马金祥老师评语：你突然出了交通事故？现在身体怎样了？遇到了一些不顺心的事，很不开心，这也是正常的。人生本来经历最多的都是小事，所以一些小事也会影响情绪、生活、工作，这需要一点时间来调整才可以。要学会放下，给自己减轻负担。社会是复杂的，不一定事事都如愿，即使你做得很好，也未必有预期的结果。只有坚持自己的信念，踏实做好眼前的事，当自己本领过硬了，变得强大了，在单位里不再是可有可无的人了，烦恼就会少了。希望你明白这其中的道理！

不知不觉到了学期末，总是感觉有些不舍和莫名的不安。不知道是对自己学习的不安,还是对未来未知的不安。感觉我一直都在成长,也一直在犯错,也许这就是成长的过程吧。但在成长的过程中有老师和大家的陪伴,我感觉很幸运。学前教育的学习,我从未怀疑过,我想我会成为很好的幼儿老师。但是在学习了这段时间之后,我对自己产生了怀疑,我不知道自己有什么能力。我也想成长,但是我却不知道自己怎样才能成长,感觉很奇怪,迷茫让我感到恐慌,但这不能成为停滞不前的理由。我会阅读更多书籍,让自己的知识更加充实,也许我只是太焦虑了。

辛帅老师点评:任何事情都会经历一段"高原期",在这个阶段人会对自己产生深深的怀疑,很多东西都感觉停滞不前,这个时候需要的就是坚持,过去这段时间一切都会"雨过天晴"。加油!

又是忙忙碌碌的一周,元旦将至,这也就意味着大班的孩子将要面临叛逆期了,听其他老教师说每年的这个时候,孩子们都会出现各种不良表现。在其他老师的提醒下,我很快发现了这一现象。殷晓雯是我们班里非常内向的一个孩子,平时也不怎么说话,即使老师问她她都不一定说话。但是最近她的变化让我们四位老师目瞪口呆,每天上课她总是和别的孩子说话,老师提醒她一下,她还会瞪老师,撒谎要去厕所成了她的习惯,看到她现在的种种表现,我心中生出各种疑问,难道就没有什么好的方法让大班的孩子能快快乐乐地升入一年级吗?

张小仪老师评语:孩子有时候也像我们一样,到了一定时间内心会比较浮躁,所以,这时候就需要老师的引导了。可以适时和家长沟通,采取家园合作的方法。加油,老师看好你。

这个星期感觉是熬过来的,真不知道我当初为什么选择了幼师这个行业,现在的我有点飘忽不定,我真的要在这个行业继续待下去吗?我真的适合做这个工作吗?当初挺喜欢孩子的,为什么现在觉得孩子很烦人呢。在这里,我找不到任何可以宣泄自我的途径,陪伴我的只有空虚和寂寞。这里的老师都是表面一套背地一套,我和这里的老师关系一般,没有可以说话的人,所有的不满我也只能忍着。我班的孩子都是"精英",那些孩子都是别的班挑选出来不想要的孩子,或许是因为他们太调皮了,或许是他们的年龄小,不太懂事,我尽最大努力去教他们,可是我的能力还有待提高。自从当了班主任,我每天晚上都睡不好觉,本来就瘦得跟猴似的,现在才不到90斤,想想就心疼自己。

我想申请调换岗位,现在是心有余而力不足,我想积累经验,等我学会了怎样代课、怎样管理之后,再接任班主任工作。工作不顺,真不知道该怎样度过这个时间段。我真的不想干班主任了,有没有什么办法可以解脱,或者说我想摆脱这份工作。

我不知道未来会怎样，迷茫……虽然我知道这样做对自己很不负责任，对孩子也很不负责任，但是我现在只有选择逃避，或者说好听的是以退为进。只是希望在我走之前，日子会好过一点……

李莹老师点评：再轻微的工作也有它的意义，再不听话的孩子在父母那里都是个宝。不要给自己太大的压力，尝试着从中学习，找到工作的乐趣，加油！

转眼间一周又要过去了。这一周里，孩子到课率在逐渐减少，发烧、拉肚子、咳嗽、感冒，各种疾病蔓延了我们班。或许是环境的影响吧，我们三个老师也都感冒了。上班之后才发现，生病不起，请一天假就得扣260元，这也让我认识到了健康的重要性。所以不仅孩子，包括我们也要注意身体、按时休息，多喝水、多吃水果蔬菜。有的孩子或许在家里受爸爸妈妈管教被束缚着，到了幼儿园里就喜欢大声吵闹，这些老师都能理解。有的孩子在受到老师的批评后反而笑，我真不知道他在笑什么，是笑老师还是笑自己，遇到这样的孩子我真的不知道该怎样教育他。毕竟是大班的孩子了，已经到了懂事的年龄，我想这样的孩子真得好好教育一番了。

辛师老师评语：身体是革命的本钱，一定要保重身体，照顾好小朋友。也许那些受批评的孩子会笑是因为他开心终于得到老师的关注了，要了解原因，不要盲目批评。

时光匆匆，两年的大学生涯不知不觉就这样结束了，一想到我已经不再是一名在校的学生了，还真有点不习惯。刚步入社会的我，对生活充满了好奇，对未来有着美好的憧憬！在校时，就想着步入社会是美好的，心情是高兴的。可想象很丰满，现实很骨感。这一周，我来到了奥乐优国际儿童教育中心。没来之前我还想，这还不简单，下点功夫就行了。现在觉得这个想法太天真了，在早期教育里，不但要有专业的知识技能，还要有专业的职业道德和职业素质，这不单单是下点功夫就可以的，更重要的是对孩子的教育。我们这里的孩子都是六个月到三岁之间的。在这一周里，我每天都干着又脏又累的工作，有时还会萌生想退出的念头，可是每当看到这些孩子天真的笑脸，我所有的疲惫都消失了，这大概就是这个职业的魅力所在。在这一周里，我很茫然，不知道自己该干些什么，总觉得在这里自己是多余的，工作之余，我就努力找原因，想马上适应这里的工作环境。可这是需要时间的，我相信我可以，我一定可以。我要努力学习老教师和家长沟通的方式，跟他们学习经验，为以后的工作打下坚实的基础。认真学习认真倾听，尽自己最大的努力做好每一件事情。

李娜老师评语：虽然想象和现实有差距，但一定难不倒你。能够进入早教这个行业，可以学到更多新鲜的知识，这么长时间都坚持过来了，相信你一定可以，继续加油。

🌱 这几天与幼儿零距离的接触，让我体会到了这份职业的崇高，还有责任。孩子是新的，老师是新的，我们要一起认识对方，小班的孩子第一次踏入学校的大门，肯定会害怕，哭着找妈妈，一个哭，两个哭，三个哭，都在哭。这让我感到了不知所措，一群孩子在一起闹腾，乱糟糟的。午饭还是挺省心的，吃了午饭后孩子脱了鞋子跑到小床上又开始乱了起来，一会累了就都睡了，这时候终于可以静一静了。可有的孩子从早哭到晚，一会儿也不消停。

进园的第一天园长就告诉我，刚刚来的孩子要想办法镇住他，以后就好了。可问题又来了，应该如何让他们听话，镇住他们呢？我感觉吧，慢慢积累工作经验就不会盲目了！

高波老师点评：想办法镇住孩子也许会成为一名合格教师，但很难成为优秀教师。你要有自己的特色，需要在实践中慢慢探索。

🌱 已经一个月了，我开始有一种迷茫、疑惑、不知所措的感觉。开始怀疑自己的选择是不是错误的，是不是不应该回到家乡实习。实习了一个月，每天都在上课，语文课（教拼音 a、o、e……）、数学课。在学校里学的钢琴、简笔画、手工等，什么都用不上。没有课外活动，没有音乐课，小朋友们每天在学习小学生的课程，一点点娱乐都没有。难道这就是幼儿园吗？这明明就是再正常不过的小学生生活嘛。我很害怕，害怕在学校里学的专业知识都遗忘掉，害怕这种安逸会使我变得懒惰，不再喜欢同学们正在经历的忙碌的实习生活。不知道我是不是应该换一个地方实习呢？

苏敏老师点评：亲，为什么不试着将自己的所学与现在的所教相结合呢？也许 a、o、e 也可以用更丰富的形式得以表达。音乐、游戏、简笔画、手工等，孩子们一定会喜欢，也会更有价值和趣味。也许因为你的存在，幼儿园的教育模式会发生改变！加油！

🌱 这周感觉发生了很多事情。之前跟同学们聊天得知有个同学由幼儿教师变成了美容师，并且年底就要定亲，这对我触动很大。时隔5个月，我们已经有了不同的生活轨迹，有的还在努力学习考试，有的则被孩子围着，而有的则已经开始为自己的终身幸福做准备。短短的几个月足够让我们看清现实，开始思索现在的岗位是不是适合自己，是不是就是当时追求的梦想，也让我们觉得当初聚在宿舍一起谈论未来是多么荒唐无知。自己当初来幼儿园的目的不再那么重要，重要的是月薪多少，我承认，我们都变得现实了。今天领导查午睡，问我知不知道几个孩子没睡，我说3个。即使再怎么努力，也总有几个不睡觉的孩子。或许最近压力确实大吧，我已经失去了之前的那份斗志，剩下的只有被孩子磨练出来的深呼吸。不知道这条路我还能走多久。

辛帅老师评语：每一份工作都有表面的光鲜和背后的辛酸，我们打交道的对象是不谙世事的孩子，要教授的东西很多，责任也很大，因为我们是"人师"，面对的是有血有肉有思想的个体，比起与机器打交道的"技师"来说，我们的工作更生动。她们可能也会羡慕的。

现在在园里算是适用期，过了适用期就跟普通教师一样了。现在对我来说，已经适应了幼儿园的节奏，无论是不是周末休息我都会在六点半之前醒来。但是适应下来的我，又有一些迷茫。

我觉得自己刚开始的那种积极性在一点点消失，有时候会对孩子失去耐心，我找不到一种好的办法让他们"服从"管教。跟他们成为好朋友吗？可是三十个孩子，我怎么能完全顾及到并且都得到他们的认可呢？这就跟深宫里的帝王一样，他怎么可能顾全到后宫里所有妃嫔的感受呢！

这些问题隐藏在我内心，我想把最好的一面留给孩子们，让他们开开心心的，所以，之前我基本都是笑呵呵地允许着他们的各种玩乐。可是，这样一来他们就变得特别不怕我了，这让我有深深的挫败感。之后我便开始质疑自己的做法，渐渐地对他们也就不那么放任了。我不知道这样做是不是合适，但至少他们的表现告诉我，有点儿成效了。我也不是绝对的强势，只是在他们犯错误的时候，严厉地进行说教，然后再给他们讲理解范围内的道理。当然，也有几个本身就特别顽皮的，属于那种左耳朵进右耳朵出的那种，他们犯错多，认错也非常及时。有时候，真觉得对他们无语又无奈。

高波老师点评：想象与现实之间肯定有反差，出现困惑和迷茫很正常的，但你已经意识到了，这就是进步。听不如看，看不如做。你不但做了，而且还悟了，相信一步步地做，扎扎实实的，总有一天会做好。

磨砺中我成长

到了实习期，找工作、签合同，经过一个月的培训走上了工作岗位。9月，开学月，我们也开学了。每天7点半上班，中午不能回家，晚上回到家都7点了，一天几乎十一二个小时，每天都特别累。从开始上班到现在，周末休息了两次共四天，几乎天天加班，做各种手工，布置小、中、大班的主题墙、各个区角，去街上做调查问卷，发传单，开展亲子活动，等等。

开学第一天各种忙乱，因为不熟悉孩子，不了解发生的很多状况，第一天就被投诉了。原因是一位家长抱着孩子在玩积木，一男孩抢玩具推了她孩子一把，我们在哄其他孩子没有看到，那位家长抱起孩子到院长室投诉说有人欺负她孩子老师不管，我们还不知道发生了什么事。第二天，推孩子的小朋友又把一个孩子咬了，脸上八个牙印，主班朱老师都吓哭了。后来了解情况才知道，那个孩子一个人独处惯了，只要是他看上的玩具他就要，喜欢急、爱咬人、打人，我们这才意识到问题的严重性。这两天还好，他没惹事。

孩子哭闹，我一手抱仨都抱不过来，嗓子也喊哑了。今天好多了，孩子不哭了开始皮了，给他们放动画片，他们忘了哭。刚步入社会，进入单位，还有很多不懂不熟悉的地方需要慢慢学习，我会尽快学会处理孩子点点滴滴的事，做一个好老师！

辛帅老师评语：幼儿教师因为教育对象的特殊性，决定了该职业的特殊性：一方面要面对不谙世事的孩子；另一方面要接触初为父母的年轻人，尤其是现在80后、90后年轻父母的增多，他们对于孩子的期望、要求、疼爱都远胜60后、70后的家长，甚至于有很多80后、90后父母本身就是被溺爱的一群人。我们要学会灵活应变，既尊重维护他们的利益，又不让自己受到伤害，这也是我们初入社会，要学会处理人际关系的一种。坚持就是胜利。

不知不觉已经成了一名教师，度过了人生的第一个教师节。初出茅庐的我，在教师节这天也成了备受瞩目的对象。一支支芳香的鲜花，一句句老师节日快乐，萦绕在心间，满满的幸福感。"幼儿教师=清洁工+保育员+服务员的多功能机器人"，这几天这句话成了我们之间经常说的玩笑话。

新的学校一切都在完善中，这就需要我们发挥吃苦耐劳的精神了。中午吃饭的时候，配班老师要先去餐厅为孩子分午餐。10个老师给接近400个孩子盛两菜一汤，不仅要保证每个孩子都能按时吃上饭，还要分工合作、配合默契。也曾在心里暗暗不满过，但是一忙起来就全都忘了。几度中午都忘记吃饭，看着孩子们快吃完了才想起自己还没吃，狼吞虎咽的，匆匆扒几口饭就要安排孩子们回休息室休息了。回到家，爸妈问一切都还好吗？我只能说很好，因为向来都是报喜不报忧的。

今天我们班有一个家长打电话来说，他的孩子已经交学费了，但是一直没报到，因为家里的原因不能在这里就读了；而退学费需要开一个没有来学校报到的证明，问我能不能开。我说应该能吧，我可以帮忙问一下。走到园长办公室，一位老教师问我怎么回事，我说了之后老教师说了一句："上面又没有通知，你听学校的还是家长的？"我点点头，似乎明白了点什么，默默地走到一个小角落，和家长打电话说不好意思，自己说了不算。家长没埋怨，但是心里总是觉得不得劲，说不出的难受，心里也有些堵。

张小仪老师评语：对于这样的事情，你是新人，又是热心肠且单纯的新人，你没有做错。不要因为这样的事情，而对自己失去信心，加油。你是很棒的！知道回家报喜不报忧，是个孝顺懂事的孩子。

第七篇周志了，这也意味着我的幼师工作已经近两个月的时间了。在这段时间里，不论是开心还是不开心，是辛劳还是疲惫，都给我的人生留下了精彩的一笔。工作中，免不了不愉快，更是会有各种困难，但是，只要抱着一种无畏的心态，再苦再难也都能挺过去。刚开始的时候，我很不适应，诸如早晨很早就要起床，孩子们不听话、尿床、打架等，各种各样的问题在工作中出现，让人有种手忙脚乱的感觉。不过，当这些困难被一一克服，感觉很美妙。经历过各种曲折后，依然能站在幼师的讲台上，这本身就是对自己最好的肯定。渐渐地，我发现自己喜欢上了这种感觉。早睡早起，每天早早来到学校，精神饱满地迎接每一位小朋友的到来；傍晚，在余晖中送走每一张笑脸，期待着明天的再见，一切都是很美好。其实，当工作变成一种爱好的时候，就是一种幸福！

周季老师评语：看得出来，在实习的这段时间里，你学会了很多，懂得了很多，也变得更加勇敢和热情。生活和工作固然艰辛，但我们说"生活中不是缺少美，而是缺少发现美的眼睛"，以适当轻松的心态去看待生活和工作中的问题，你一定会收获不一样的精彩。希望你以后更加努力，能有更大的进步。

感觉和孩子在一起的每天都是快乐的，喜欢看着他们笑，偶尔会偷听两个孩子的对话，那会儿觉得他们就像个小大人儿。有一天班上有个小女孩从厕所出来，说她屁股上有便便，我看她当时是提着裤子的，心想孩子可能是拉肚子，赶紧去教室拿纸给她擦干净了。可是快放学的时候，她跑到前面来说手上有便便，我一看确实是，周围也弥漫着臭味，我心里一慌：这是拉裤子了。第一次碰见这样的事，手足无措，先带她去洗手间洗手，正好在洗手间碰见班上的姐姐，我跟她说了这个情况，她让我回去拿纸，然后她把孩子裤子里的便便擦干净了。说实话当时我确实下不去手，看着已经是两个孩子母亲的她这么熟练地处理这个事情，真是自愧不如，我不是一个合格的、尽职尽责的幼师。周末去办公室的老师家做客，她给我说了一些话，让我受益匪浅，我要多多学习同事的优点。要有梦想，不断准备，提升自己。

辛帅老师评语：遇到这个情况很现实，对于未做妈妈又初入工作岗位的你们来说，孩子的便便啊、鼻涕啊很多污秽物都会让你们感到恶心，这也是对年轻教师的一个心理挑战，不能过分苛责，日子久了，慢慢习惯了就好了。

🌱 考核结束了，但本周四有一个教师集体会议。在这次会议中，参加考核的老师要进行一个三分钟的自我演讲，就是要自己评论自己的公开课。说实话我又开始紧张了，但我会尽量克服，因为战胜别人首先要战胜自己。

还有就是，这一周算是我的一个挑战——我跟幼儿园签署了一年的劳动合同。我觉得这是对我能力的肯定，我也会更加努力，不辜负领导的赏识。还有就是学姐辞职对我说打击很大，之所以来这所幼儿园是因为有学姐在这工作。学姐的离开对我是很大的考验，但我总得学会独立，总得成长，不能依赖任何人。

辛帅老师评语：记得我妈妈曾经跟我说过："人，尤其是一个女人，一定要学会独处"。工作以后，每个人的情况都不一样，不会像在学校一样周围有很多同学陪伴，独处而不寂寞是一种智慧，也很考验一个人的自制力和静心能力，对于一个人的锻炼还是很有益处的。希望你再接再厉，做一个"耐得住寂寞"的女子。

🌱 最近两周一直在生病，38.2℃的高烧还在坚持上班，让我感到生活的艰辛。但当烧到39℃时我真的坚持不了了，无奈，我妥协了，请了假，到晚上8点多还没有退烧，那种酸痛，无法言说。

当我重新回到幼儿园时，面对的是由于没有县级以上医院的三种证明而将病假改成事假的现状，我只能安慰自己说，260块钱就当给自己保养了一下，否则我还能怎么安慰自己呢？这是我将近一星期的工资。我不知道这么高强度的工作量和这么高的请假费能让我坚持多久，一年，两年，还是一直坚持下去？这一周，我们取消了中午吃饭的时间，从7点多到幼儿园至下午将近6点下班(不加班的话)，这期间要一直呆在幼儿园，吃饭都没有空，突然发现幼儿园，至少我们这个幼儿园是有多么锻炼人！

曾经我抱怨很累，幼儿园的班主任告诉我：没有人强迫你留下，你可以走，但是，既然你选择留在这个幼儿园，就应该听这个集团领导的话，没有什么好抱怨的。想想也对，没有人强迫我。从学校里毕业做了这一行，明白了一个道理：无论做哪一行都不容易，每个人活着都不容易，尊重所有的人及所有的任何职业也是对自己的尊重。

李鹏老师评语：无论做什么，都要好好保重自己的身体。幼儿园的制度是有些苛刻，但既然其他同事能够坚持下来，相信你也可以做到。也许是刚到幼儿园不久，本来就不太适应，再加上这么高强度的劳动你才会感到担忧，相信随着时间的流逝你会适应现在的工作的。多一份努力，少一份抱怨。继续努力，加油。

🌱 第一天上班，一大早我便来到了幼儿园，穿上美美的衣服，一副办公室白领打扮，但是她们让我做保育。保育，这个词在我未踏入幼儿园之前脑子里的概念就是带孩子，纯粹的带孩子，帮他们脱衣、喂饭、上厕所。但是现实的工作强度让我遭受了一次重大打击。擦桌、扫地、打水、拿点心、焐牛奶、晒被子、收被子，急急忙忙吃午餐，然后取饭，穿过长长的过道、阶梯，艰难地送到托班饭堂。那时，食物还未到达自己的胃部，就要开始给孩子喂饭，时不时地还有些小朋友在你面前不停地哭泣。吃完之后给他们擦脸、整理餐具、倒泔水，重新穿过重重阻隔来到食堂。这其中的艰难困苦是不能用几个字能完全表达出来的。终于吃完饭了，真正的苦力活儿才开始。桌子用洗洁精擦一遍，再用84消毒液擦一遍，扫地、拖地、扫厕所、拖厕所、打水、拿毛巾、整理毛巾。干完活了，别人还能休息一下，我却要到门卫那边帮着看门。2：20，小朋友起床，我还要协助老师帮孩子们穿鞋子、铺被子，然后拖睡房、拿点心。4点了，拖地、拖厕所、洗杯子、擦杯子、消毒。下班的时候，我已经累得没有走路的力气了，打电话让爸爸来接我，这其中的心酸是无法用语言表达的。至今回想起来都有些恐怖，幸运的是配班老师是个热心能干的人，有她在我就能稍微休息一会儿。认识她是我之大幸。

贾素宁老师评语：保育员的工作琐碎、辛苦，在这样的过程中很容易磨灭掉一个人的耐心，但越是单调重复的工作你越要学会做得不单调。工作之余，要注意观察老师上课的过程、管理孩子的方式，争取早日成为配班，甚至是班主任。希望你苦中作乐，享受到工作的乐趣。

今天我们中班举行了开放日活动，为了这一堂公开课我精心准备了一周，做教具，写教案，等等，感觉特别忙碌。上课之前我有点紧张，因为我从未面对这么多家长上过课，心理压力很大，但我学会了鼓励自己，上课的过程中就当家长不存在，注意力全部放在孩子身上，所以也就没那么紧张了。课进行得还算顺利，孩子们都非常喜欢听我讲故事，而且借助丰富的教具吸引了孩子们的注意力，课堂氛围也挺不错。但是也有不足的地方，就是发言的时候没有顾及到所有的孩子，以后我会注意，争取给每个小朋友展示自己的平台，努力提高自己上课的技巧，增强自己掌控课堂的能力。经验是慢慢积累的，相信我会越来越棒！加油！

王璐老师点评：现在的你，花一周准备这一堂课，能够上得很精彩。可能以后的你，只需要两三天就能拿出一堂很好的课。这与自己的经验积累是分不开的。把握住每一次的学习机会，每一次的经验都是收获，规划好目标，一步步去完成吧。相信你会有更大的提高，加油！

时间飞快地划过，眨眼间一个月又过去了！时间总是匆匆流逝，我们的实习时间也已经过半了！一个月的时间虽然短暂，却让我们在不知不觉的工作中学习和成长。虽然工作很辛苦，但是我们学会了珍惜与同事、同学之间的友谊，以及感恩父母。在幼儿园已经整整呆了两个月的时间了，在这期间我们经常加班，抱怨连连，但是当我们停下来仔细想想，在加班的同时，我们也在成长和收获。加班很累，没时间休息，更没有时间常回家，甚至有了放弃的念头，但是在加班的过程中，我们学会了很多的知识，同时也开阔了视野。虽然累，但是累得很值。

李莹老师点评：不要把加班当作负担，你可以把加班当成是对自己的锻炼，换一种心态来面对，很多痛苦的事情都会变得美好！

🌱 不得不说，时间是个神奇的东西，我已经渐渐融入到了幼儿园这个集体。每日的工作流程熟悉了，知道什么时间做什么事情；每个老师的名字也记住了；在这个园里开始有自己的朋友，不再是独自一个人不怎么说话，可以说一切都已经在走入正轨了。小朋友们开始渐渐地听我的话，我也知道对什么性格的小朋友要用什么样的方法了。空余时间我会观察其他老师怎样管理一些"难缠"的幼儿。刚到这个班级，说话是没有小朋友听的，他们该疯的疯，该闹的闹，有时候都觉得有点尴尬。现在他们已经把我当老师，会跟我亲近，也会害怕我，有什么事情会征求我同意，有什么骄傲的小事情都跟我说说，我也有点做老师的感觉了。用心去对待孩子，用心去对待这份工作，努力得到他们的认可！

丁名夫老师评语：熟悉了就好，在熟悉的基础之上再去针对孩子的教育做一点功课，多和一些有经验的老师交流，充实自己！希望你在幼师的道路上越走越远。

🌱 新学期的第一星期只有一个感觉——累。特别是入园第一天，小朋友和爸爸妈妈高高兴兴有说有笑地来到幼儿园，可等到爸爸妈妈要离开的时候，就像一场"生离死别"，一个个哭得撕心裂肺。

记得入园第一天，有一个小女孩来到幼儿园就哭，爸爸妈妈一走她就非要上寝室睡觉，一睡能睡上一天，不管你让她干什么，她就只有三个字"我不要"。不过经过几天的适应，她慢慢能和小朋友坐在一起了，一起吃饭，一起喝水，一起玩耍，听她奶奶反映她在家都不怎么吃饭，但是在幼儿园里她吃得可真不少。还有一个小男孩，也很能哭。不过他很懂事，哭的时候看到我给别的小朋友擦眼泪，他就哭着跟我说，老师你快给我擦眼泪嘛。午休完之后，他又跟我说，老师我爸爸妈妈去上班了，我在幼儿园不哭。

哎，真是让这群孩子弄得哭笑不得。吃饭时，很多小朋友饭菜撒了一桌子，有的还会撒一地。今天中午吃的是米饭，有的小朋友撒在地上之后，还用脚踩踩，这样一来，米粒全都粘在地板上了，我们要用很长时间去清理。托班就是这样，毕竟这是小宝宝走进社会的第一步，离开依赖已久的爸爸妈妈分离焦虑在所难免，这就需要我们做老师的耐心引导。相信时间会让他们慢慢适应幼儿园的生活，会让他们喜欢幼儿园的。

张丽丽老师评语：幼儿教师引导幼儿时要有耐心。孩子的理解思维能力和接受能力是有限的。很多事情都要反反复复，不厌其烦地去教育、引导他们，他们才能接受，才能养成良好的习惯。把幼儿当作自己家里的孩子，无奈的情绪就会减少，会越来越喜欢他们。

由于最近天气变冷，气候干燥，这个星期每天都只来二十几个孩子。平时站两队如厕，现在只有一队，教室里空荡荡的，排的节目也不定人数了，谁来谁上，都练。星期三下午的时候，李恩泽妈妈来送他的时候说他中午吃得不舒服，来园的路上吐了，让我们下午多照看着点。下午进行活动的时候，李恩泽突然哗地一下吐在地上了，吐的全是馒头火腿，我赶紧把他拉过来擦身上的呕吐物，正擦着又吐了一地。刘老师赶紧拿簸箕去装了一些炉灰来打扫。又过了一会，我问李恩泽："上厕所吗？"他说："去"。刚出了教室又吐了，衣服上也弄上了很多呕吐物，我学着刘老师的样子去锅炉房铲了一些炉灰来打扫。看他那么难受，就给他妈妈打了电话，接他回家休息。这件事很小，但让我印象深刻，因为是第一次经历，我能应付得了，真好。

辛帅老师评语：生活的历练让你们面对幼儿能够真正用心对待。也许以前遇见这些呕吐的"污秽物"你们会掩鼻躲开，但是现在因为这份职业、因为爱，即使再脏你们也能接受，这就是成长中的你们。你的进步让我觉得很放心，也让我更加相信踏实努力用心的你一定会有所成就。

不得不感叹时间的强大。现在除了经常觉得没钱花之外，生活还是挺美好的。我当然也知道物有所值和物超所值的道理，在这个强者如云的幼儿园，我的身价还是合情合理的，这说明我的发展空间超级大。

处在这样的环境里，分分钟钟都能让我们感到竞争的激烈与荣誉感的迫切。这周刚下通知，本月要进行技能大赛。不得不承认，我们园里每年通过在编考试的大批才女就是在这种环境下历练出来的。听我们班里的老师说，我们园里像这种考试每年要进行两次，跟在编考试的技能考试差不多，不过这个你没得选，舞蹈、钢琴、声乐、美术，你都得全部参加。我在想，在学校学的像样的舞蹈也就那么两个，我以后还得努力钻研。这都是后话，目前来说，我需要的是放平心态，正确看待这个活动，练练自己的胆量也是好的。

高波老师点评：喜欢你的乐观，羡慕你的环境！只有与狮子竞争才会使自己变得强大！与绵羊竞争即使胜了，又能说明什么呢？珍惜这种机会，多向周围的同事学习吧。

我觉得我好像已经适应幼儿园的节奏了。因为，从这个星期开始我发现时间过得非常快，这都让我产生了一种错觉，好像昨天刚刚过了周末，而明天又要双休了。

这两周我开始上课，渐渐习惯了那种为了上课而去紧张忙碌备课的日子。只是一到讲课的时候，各种问题便会突如其来。我需要一种能力，一种能吸引小朋友注意力的能力。在这之前，是不是小伙伴们都有脑细胞被摧残的这种经历呢？

现在我也说不清自己是被同化了，还是性子被磨没了，有时候我也会忍不住冲孩子发脾气。但是，当我静下来又会想，小孩子都是这样不断犯错误，不断纠正改过的。只是，有些小孩子犯的错误实在是让我很着急。不过，我有时候耐心劲上来了也是很惊人的，我想这应该感谢我承受的那些磨练吧。

也许成长了，现在我已经不那么纠结与班里老师关系融洽与否的问题了，因为我觉得就是那么回事儿，不该听的就不去听，这样就少了很多不必要的不良情绪。

高波老师点评：为你高兴！终于适应了幼儿园的节奏了。任何成长都离不开磨砺，对于自强不息的人来说，挫折、磨难就是一块磨刀石，"宝剑锋从磨砺出，梅花香自苦寒来"，看得出，你已经初步找到做幼师的感觉了，很好，继续努力。

一天又过去了，把孩子交到父母手里那一刻，我觉得心里一块大石头落地了，整个人也放松了不少。从开学第一天的历史记录没有孩子到今天的两个孩子，个人觉得也是蛮好的了。跟同学说起自己班里只有两个孩子时，她们言语中更多的是羡慕嫉妒，但是她们不知道，虽然孩子少但每天的繁琐小事却很多。

这里没有市区的繁华，到处都是施工的楼盘，总让我觉得自己身处一个遥远又偏僻的地方。刚开始吃饭都成问题，不知道去哪里吃，走上很长一段路也看不到可以吃饭的地方。同样，幼儿园也处于施工状态，每天上班的工作就是打扫卫生，有时同事间开玩笑说我们现在就是民工，学会了刮墙、刷墙，但是在我们每天的努力下，幼儿园也在一点点地变化着……

现在看来一切都是值得的，把幼儿园当成家去爱护，在这个大集体中和每一个成员和谐相处。作为一个新老师我会虚心学习老教师的优点和发光点，使自己能够更快地成长起来。常告诫自己要多看多做少说话，每一件事都要认真地去完成，做事有始有终。

高波老师点评：只有经历了才能明白什么叫作毅力。对于自强不息者来说，逆境就是一块磨刀石。努力拼搏，每天进步一点点，终有一天会到达成功的彼岸。虽然幼儿园的建设是你现在的困扰，但当过一段时间，你看到在自己和同事的合作下，在自己的见证下，幼儿园发生变化时，你会感到莫大的欣慰。

在实习之前，我信心满满，认为游戏只是玩，认为玩很简单。但去了之后我才发现，原来我那满怀的信心有一半是不该存在的。没错，游戏是玩，但这个玩却不是普通的玩，在幼儿园这个特殊的环境里，玩也变得不一般。在幼儿园里，玩是最重要也是最合适的教育方式。幼儿园看似随意自由，小朋友在幼儿园里一天到晚就是玩，事实却并非如此，幼儿园里的玩其实是非常有讲究的，这一点我深有体会。在不同的时间段，玩的游戏就不同，方式方法和目的也不同。拿我自己的例子来说吧，实习第二周，在一次晨间锻炼中，我选的游戏叫爱的抱抱，这个游戏进行得安静，所以晨间锻炼结束后，很多小朋友都还是迷迷糊糊的。相对于晨间锻炼的大活动量，在午餐前的游戏活动就应该是安静的，但是当时的我还没有意识到这一点，于是又选错了游戏，选了蹦蹦跳跳，自然效果也不好。这次的保育实习是一次锻炼，是我做好教育实习的参照。有了这一次的不成功，才会我使我进步，我会做好保育计划、教案，积累更多的知识。

赵妍老师点评：感悟深刻！能够找到差距、有进步就好，以后也要注意在工作中多观察、多积累经验。

我去幼儿园做老师了！是该兴奋还是该难过呢？早就听说幼儿园的孩子特别不好带，偏偏这次我被分到了小班。小班的孩子都还太小，初到幼儿园对环境还不适应，哭闹是再正常不过的事了。还好我的脾气在这几年里得到很好磨炼，应该说，我是非常有耐心的，而且连我都不知道自己竟然可以有那么大的耐心。

每天到幼儿园听到的就是孩子的哭声，找妈妈找爸爸找奶奶找姥姥找爷爷的，我会抱着孩子哄他们，几天下来抱得胳膊酸痛。在这几天里，我渐渐发现了小班孩子的一些特点：容易哭但不难哄，动画片是他们的最爱，只要放节目他们就会慢慢安静下来，暂时忘记回家的事情。有的孩子呢，上厕所还是问题，要么不会脱裤子提裤子，要么就是一些小男孩尿尿的时候容易尿在裤子，我还特地教他们如何尿尿。擦手擦脸发饭我都干过，其实并没有觉得有多苦多累，毕竟自己曾经做过小学的代课老师，所以我还是有足够的耐心去做这些的。

没有想到我还挺会哄孩子的，其他的老师都说我比较温柔。我想孩子们就是需要个温柔的老师吧。他们还小，许多事情需要慢慢教给他们，不能吼不能训斥，他们听不懂大道理，如果训他们会加重孩子们早上不想来幼儿园的想法。这几天我发现孩子们的表现一天比一天棒，接下来等他们差不多适应了，我就会准备一些课程，做一些简单的游戏，我想自己会做得越来越好的。我实习的主要目的是为了积累更多的经验，为以后在幼儿园做得更好、更出色做准备。我打算教完小班再去中班大班试一试，这样实习才更有意义。加油！

周季老师评语：你能留心观察孩子身上的特点，并根据幼儿的年龄特点采取灵活的教育方式，非常好！从你身上老师看到了正能量，希望你保持一颗童心，走好职场第一步。

第七周可谓是状况百出，小朋友尿床、抓破脸、流鼻血，千奇百怪的状况都出现了。最让我担心的就是乔智文小朋友一直流鼻血，事情发生得很突然，看到小朋友流鼻血我立刻举起了他的胳膊，并且按住了他的食指，很快就止住了血。很庆幸我记得流鼻血应该这样做，不然我会手足无措不知道该怎么办。但是午睡起来的时候乔智文小朋友又开始流鼻血了，我立即帮他止了血，但是刚止了血又开始流了，让我很是担心。总算是下班了，心里还是放不下，给家长打了个电话告知了这个情况。第二天看到了小朋友很开心地和我打招呼，我才终于轻松下来。以后再遇到这样的事情我会处理得更好的，但是我更希望以后不要再遇到这样的事情。

高波老师点评：你看，学校学到的东西还是有用的，你可以帮助孩子止住流鼻血了。遇到问题一是保持头脑冷静，及时正确处理；二是根据情况及时与家长沟通。你能够做到这两点，很好！

这周发生了一件让我想想都后怕的事情。星期二的下午，我们班的一名幼儿发烧了。开始我没注意到，但在喝水的时候，我发现他接水的时候一直打颤。我问他怎么了，孩子一句话也不说，水喝完也吐了出来。我没经历过这类事情，有些害怕，于是给他量了量体温，一看吓了一跳，体温38.5摄氏度。我拿了花名册，给他父母打电话，但是无人接听。我越着急，他父母越是不接。孩子难受得直哭。我抱起他，哄着他给他敷了凉毛巾，采用物理降温，慢慢地，他的情绪才缓过来。晚上自己躺在床上，想一想当时怎么那么害怕呢，应该冷静下来啊。以后如果再发生类似的事情，不能再慌张了。

张丽丽老师评语：幼儿园的日常工作是琐碎和平凡的，同时情况又是复杂多变的，有时孩子的行为会出现问题，有时孩子的生活又需要教师特殊的照顾。在这样艰巨的工作下，许多教师不免会出现烦躁情绪，而这种情绪会传递给敏感的孩子，使他们感到焦虑不安。所以教师应该对幼儿教育工作的特点有一个正确的认识，有充分的准备，坚定信念，保持一颗执着的事业心。这次事件你表现得很棒，继续努力。

🌱 实习第三周遇到了点麻烦。我们幼儿园下午四点是舞蹈课，由带班老师把小朋友们送到舞蹈房。有些教师不送，我就得去领，中班大班一共有十多个班，我得一个一个领过来。后来就出现了问题，我把中班的孩子送到舞蹈房，就去叫大班，回来的时候就开始点名，有一个孩子没有跟我上来，自己跑到楼下玩了，我也不知道，现在想想都后怕。后来园长开会就要求，带班老师必须要把孩子们送到舞蹈房上课。现在上课每个班的老师都会送过来，这样也方便我查清人数。以后我还得细心细心再细心，在做好分内工作的同时，还要细心观察，避免再次发生不必要的麻烦和危险。

苏敏老师点评：安全无小事。其实幼儿园的安全规定很齐全，只要按章执行就能降低安全事故发生的概率。但是，在实际工作中，因为沟通不畅、偷懒等原因，可能会引发安全事故。能够一直认真做好每一件小事，就会发现自己提高了一大步。

🌱 一天中午吃过饭之后，我带着孩子们去跑步晒太阳。领着孩子们围着操场转了几圈之后，我带他们在阳光最好的地方坐下，让孩子们休息一下。担心他们感觉枯燥无味，不愿意坐着玩，就教给他们好玩的《左右手》手指律动。我班最调皮的凯凯一开始很听话，但做完两遍之后，他就坐不住了，开始乱晃身体。我时不时地去提醒他，提醒一次就乖几分钟。我安排乖孩子坐在他旁边，就是为了让他老实一点，他旁边的孩子不愿意跟他说话，他就越过旁边的昊宇去和张恩瑞说话，还要和昊宇换位置。一开始我阻拦了几次，他听了就坐下了。但我不能只盯着他一个孩子，他趁我不注意的时候，非要和昊宇换位置，昊宇不和他换，凯凯一用力把昊宇的胳膊拉脱臼了。昊宇大哭起来，我当时吓坏了，简单询问了受伤情况就抱着孩子去了医务室。从此我对待孩子不敢再大意。幼教工作不容易，只有细心细心再细心。这件事给了我一个教训，在完成教学任务的同时一定要看好孩子，不能再让这种事情发生。

赵振华老师点评：对待孩子要十二分的小心，一定要把可能发生危险的每一个细节都考虑到，任何时候都不能疏忽大意，这样才能避免安全事故的发生。在你工作的初期发生这样的事情，可以尽早给你提个醒，今后工作可要细心了。

🌱 来幼儿园实习已经好几周了，可是有些事情我还是不会处理，不会自己想办法。这周三，我们班的一个孩子不小心被热水烫了一下，不过一点也不严重，我感觉用药擦擦应该就没事了。我当时没有想那么多，就简单地用凉水冷敷了一下。过了一会儿，我们一起的一个老师说，不能那样，给家长打电话让接走。我说小事情就不用了，在园里处理了就行了。她说，烫伤不及时和家长说，等家长来接就更不好了。我赶紧打电话给家长，家长来看了看，我说明了原因，是孩子自己不小心烫的。家长也知道小孩子喝水难免会烫一下，也不严重。经历过这件事，就算以后再遇到类似事情我也不会害怕，也知道怎样和孩子们一起确保他们的安全。

田广庆老师评语：这次事件对幼儿没有造成大的伤害，是幸运的。但是，我觉得你认为孩子伤得不严重，而且是自己造成的，有推脱责任的倾向。你有没有从自身角度反思一下这件事情呢？发生了这样的事情，今后具体应该怎么做呢？希望你多向老教师请教，把工作做得更好。

这一周似乎又回到了刚开始实习的忙碌。因为这一周园长要对每个班级的环创及区域活动进行检查，这可把我们忙坏了，每天除了正常的上课之外，还要忙着充实区角，有时加班到晚上八点多。最近身体不好，总是感冒发烧，有时觉得很累，甚至想放弃，但是咬紧牙关撑过来了。吃得苦中苦，方为人上人。奋斗了一个星期，功夫不负有心人，我们中一班的环创得到了众多老师及园长的夸赞，并获得了第一名。我非常高兴，自己的付出没有白费，并且得到了相应的收获。希望自己能有更大的进步。加油！

冯永娜老师评语：吃得苦中苦，方为人上人。实际工作中，很多人往往在离成功一步之遥的时候，坚持不住放弃了。付出会有回报，事实证明，你的坚持是对的，你的努力没有白费。加油！

这个月中旬就要进行钢琴考核了，对于我们新来的老师，50首儿歌自己配弹出来也不是很容易的事情。我唯一能做的也只有加班练习了，虽然是新老师但还是想拿好名次。考核过程是首先在自己园里考核一次，再去总园考核。我在园里的考核成绩还是可以的，主任说不错，去总园一定没什么问题，我挺高兴的。心里想着这几天的练习没有白费，继续加油吧！

中班的孩子啊，真是没法说，下午我教弟子规，也真是无语了，不管我的声音多大，有的孩子就是不张嘴。他们就想着啥时候能看动画片、唱歌、跳舞、玩，对其他的一点都不感兴趣。

高波老师点评：首先祝贺你取得好成绩。弟子规很有教育意义，但你的教授对象是中班的孩子，所以，不能单纯地教授大道理。你不是说他们就想着啥时候能看动画片、唱歌、跳舞、玩吗？何不改进方法，比如结合讲授内容上网搜一些图文并茂的视频等等，可能效果会更好。

个别家长还是不怎么信任我，可能因为我来园时间不长吧。那天，我正好在园门口站着，来了一个孩子，他书包里有药，但是他的妈妈却不和我说而是跑到教室里和我们班的班主任说。当时，我心里很难受。我安慰自己，可能是来得时间短，家长对我还不怎么信任吧。

我可能暂时还做不到让每个孩子都喜欢我，但是，我却会尽力去喜欢每一个孩子，做好与家长之间的沟通，把孩子在幼儿园的表现告诉家长。我会一直努力下去，认真对待每一个孩子与家长，争取早日成为一名合格的幼儿教师。

周季老师评语：因为家长对你不够了解，所以才会不放心。遇到这种情况，要从内心理解家长，但不能灰心。只要你在以后的工作中，一如既往地认真照顾孩子们，就能慢慢赢得家长的信任。加油吧。

因为家长的投诉，园长向我施压，这周我忙得焦头烂额。周一一大早，当我们两个老师满心欢喜地接孩子时，一个家长怒气冲冲找到幼儿园，说有老师打孩子，然后一天都在园里调监控，但是监控并没有显示老师打孩子。孩子偏说老师打他了，问他谁打的，他也说不出来。家长抓住这件事咬住不放，而且要求老师们给他们道歉，否则就要媒体曝光。园里也有压力，就向老师们施加压力。园长说，孩子不会说谎，你们肯定是在盲区打孩子了。幼儿园面积不大，又有那么多监控，哪里会有盲区？再说我们至于找个盲区打孩子吗？因为这件事，我们崩溃了。道歉，我们打孩子，为什么承认？不道歉，园长就一直找我们。问孩子，也说不出个所以然来。后来，不知园长怎么处理的，才算平息了这件事。但是对我们老师来说这何尝不是一个伤害，委屈、气愤、无奈。我欲哭无泪，还不能让家人知道，不想家人为我担忧。后来转念一想，就当是个教训吧，幼儿园相当于一个小社会，要面对各种各样的家长。我以后不管在教学还是其他方面都会更加谨慎，以免被家长抓住什么不满意的地方，对我造成更深的伤害。

陈汝敏老师评语：在工作中难免会有委屈和无奈。教师是个良心活，只要对得起自己，对得起孩子和家长就行。碰到无理取闹的家长，要从大局考虑。经过这次事件，关键是要吸取教训，不要让类似事件发生或者减少这类事情发生的几率。吃一堑长一智，学会成长，加油！

最近我和一位新老师被调到中班了，令人郁闷的是家长们掀起了轩然大波。家长们不同意换老师也在情理之中，但是孩子总要成长，总要接受挑战，不断适应。家长们认为同一个老师教孩子是对孩子好，恰恰相反，孩子总跟着一个老师有很多的弊端。试问各位家长，你们口中那么爱孩子，除了溺爱之外，你们真的了解自己的孩子吗？孩子也是需要交心的。爱他不是全部，给他生存的能力才是首要，家长不是老师，但要配合老师。就像我们园里，园长之所以要换老师，首先是从孩子的角度出发的，不然为什么要顶着这么多家长的压力，坚持最初的决定呢。虽然我现在不是很优秀，但我可以给孩子不一样的教育，有些教育虽然不是必须，但却很重要。家园共育还需努力，我需要做的就是做好自己该做的。

杨世诚老师评语：多与家长、园长沟通，我想她们会理解你的心思的。学会与人沟通很重要哟。另外，要不断充实自己，尽快成长起来，用自己的实力赢得家长的认可。

不知道此刻怎样来形容自己的心情，我深深地体会到了一个老师的不容易。昨天，我跟一个孩子的妈妈吵了起来。因为他儿子头上被小朋友打了一个包，我跟她解释了，可是她没有听，说老师没有尽到责任，非要找院长，在园里大吵大闹，后来她说话很难听，我就跟她吵了起来，我被气哭了。她又去园长家里了。今天早上园长找我，想让我跟她妈妈道个歉，这事就算过去了。今天孩子的爸爸也来了，说了我很多，我感到很委屈。难道老师就应该让你们指来指去随便批评吗？他一直说我，我也没有还口，后来就这样结束了。放学的时候，园长又找我，说知道我受委屈了。我不知道该说什么。虽然我也有错，可是责任也不全在我。唉，以后千万不能再那么冲动了，不该跟家长有争执。好好努力吧。

李媛老师评语：既然意识到了自己有错，为什么没有和家长道歉呢？不管孩子受伤是因何而起，和家长争吵是不对的。这说明你与家长沟通的方式缺乏技巧。在今后的工作中，照看孩子要更加细心，尽量避免小事故的发生；要注意克制自己的情绪，不要与家长发生正面冲突；要学会如何与家长沟通，让家长理解自己的真心。加油！

我该怎么办

不知不觉参加工作已经快一个月了，真心感觉很累，但每天听到孩子们说"老师我想你了"、"老师我喜欢你"之类的话语时，又感觉付出都是值得的。

我们班有个小朋友叫朱洪跃，我叫他小悦悦。和我一起到班里的另一个老师，比我大很多，爱把调皮的孩子揪到墙角站着。因为她上课的时候我要打扫卫生，所以我一进教室就看到小悦悦站在一边。我问他怎么了，孩子哇一声就哭了，说没好好听老师的课。小班孩子不会倾听，没有意思的课就会乱糟糟的。我就告诉小悦悦，以后要听话，并让他快点坐下。结果当天区域活动，小悦悦又被罚站了。他告诉我，老师不喜欢他，我听了很心乱，小悦悦不算很调皮的孩子，但是他很敏感。我告诉他，老师不是不喜欢你，只是不喜欢你不听话而已。孩子当时哭得很伤心。

第二天孩子妈妈和我说，孩子很内向、敏感，希望老师能帮孩子锻炼得外向一点。妈妈和孩子解释了很多遍，老师是喜欢他的，只是孩子自己太敏感了。我很反对体罚，园里也不让体罚孩子。当同事体罚孩子时，我该怎么办？老师，我该不该说说那个老师呢？

张小仪老师评语：首先，对于体罚孩子特别是小班的孩子，我也是不赞成的。类似小悦悦这样的孩子，更应该注意对待他的方式方法，你可以私下开玩笑地跟那位老师说说你的想法，态度要诚恳，还要注意说话的语气。她如果摆出老资格跟你说她就这样改不了了，你也不要生气，你最好再和这位老师相处一段时间再说也不迟；或者可以让班主任说说她。和同事相处要稍微动点脑子，想清楚才能说，说话要慎重。不知道给你的建议管不管用，但是要记住少说多做，先思后行。

孩子喊我一声老师，我就必须对孩子负责，对孩子的家长负责，做一名有责任心、有爱心的合格老师。中秋节放假回来开始的这几天，幼儿园里的珠心算课程陆续开课了。9月10日，我开始了真正意义上的实习，第一次去园里上课感受很多。其中最让我头疼的就是孩子的纪律问题。少于二十五个孩子，纪律还能控制，讲课也没问题；可是孩子一旦多于二十五个，纪律就很乱，自己一个人上课既要管纪律又要讲课，还必须让孩子学会教学内容，保证教学质量，确实有点难。如何控制课堂纪律，虽然其他的老教师也给我提了很多建议，还是有点迷茫，老师有什么好的建议吗？

苏敏老师评语：如你所说，班级规模会直接影响教学效果，但是若要有效教学，也不一定非要要求所谓的"安静听课"，安静不代表认真，也许我们教学内容的丰富和有趣也可能导致学生纪律很"乱"——围绕教学内容的中心开展的讨论和交流。所以我觉得不要把眼光局限在外在的表象上，而要真正从自己的教学设计出发，观察孩子们感兴趣的问题，大胆引发孩子们的自由讨论，从而进一步引入到自己的课程内容上来。相信你一定会设计和组织好的！加油！

唉，我被分到了托班。唯一庆幸的是托班班主任是我们学校的教研主任，在她身上能学到点东西让我很欣慰。既然是托班的孩子，可以想象刚入园的时候是什么样子。两个老师看着大约二十个孩子，还要打扫卫生，真累啊，真心想转园。有两个老师已经转园了，我不知道我在托班还能坚持多长时间。我认为，累不累没关系，主要是能学到知识就行。可是在托班我又能学到什么呢？没正儿八经上过课，上课的一些基本流程到现在还是不会——我就是个看孩子的。现在我跟孩子、家长已经差不多熟悉了，我想她们也不会给我调班了，我该继续留在托班吗？我必须认真思考下一步的去留问题。

张小仪老师评语：这样的幼儿园在中国还有很多，所以不要放弃，你已经学会解压了，老师为你感到高兴。上课其实没那么难，好好跟孩子和家长相处，是你现在工作的重点。生活处处皆学问，在托班有托班的保育知识，有适合托班的教学方法。虽然你现在不能上课，但是可以多听老教师们的课。学习不是别人给你提供好条件，而是要学会自己创造和争取条件。老师相信你，你一定会慢慢适应的。加油！

辛辛苦苦一个月又过去了，终于发工资了。满心欢喜地领工资，也算是对我辛苦一个月的一点安慰，不料我又受打击了。这个月我都已经带班了，可工资却还是按实习期发的。当我和园长说出不公时，她却说我实习期还没过，找一些冠冕堂皇的借口敷衍我。园长曾说，你的劳动和回报是成正比的。可现在看来真的成正比吗？我和同事们说起来，她们都说你开始就应该和她说清楚。但她当初只是口头说给我涨工资，空口无凭，我现在只有失望和一肚子无处宣泄的委屈。我不想告诉家里人，因为我不想让家人陪着我难过。

我想换幼儿园，但我舍不得与我相处了几个月的孩子，还有那些对我信任的家长们。我很矛盾，是走还是留下？像这种只顾自己利益，以营利为目的的幼儿园能维持多久？这几天我一直纠结是走还是留的问题，当我看到没事就围在我身边的孩子们时我犹豫了。我并不是为了钱，而是幼儿园不尊重老师的态度让我难过。我要忍耐着继续留下来吗？

陈汝敏老师评语：工作中要注意保护自己的权益。老教师也提醒你，一开始就要说清楚，空口无凭。这次就当作是初入职场的一个教训，以后注意就是。工作不只是为了工资，还要考虑工作经验和职业发展。老师认为暂时工资低不是问题，只要经验和资历有了，工资也会上涨的。加油！

我班里有几个孩子特别调皮，有时候犯的一些错误真的让我束手无策。今天早上，我领着全班孩子户外活动，大部分孩子很听话，跟着老师走，个别孩子很调皮，他们在后面东张西望，对路边的东西特别好奇，无论什么东西，都想用手去触摸。我知道这是孩子的好奇心萌发了，不能随意扼杀掉，但是在户外活动期间，我必须把他们的人身安全放在第一位，所以我不停地去阻止他们，告诉孩子这样是很危险的，花草树木也是有生命的，要保护它们，不能随意践踏。孩子们似乎也能明白我要表达的意思，一直应和着说是。可是只要我一转身，他们还是各玩各的，而且哪里难走走哪里，看着他们走路磕磕绊绊的样子，整颗心都在悬着。面对调皮的孩子，我应该怎么办呢？

辛帅老师评语：我觉得首先要找到他们调皮的原因。有些孩子是为了求得关注，越去管理他，他们越会放肆，这时装作无视他、转而关注和表扬表现好的孩子，他们会为了获得关注不得不去好好表现；也有的你可以观察他做得好的地方去表扬鼓励他，小奖励、小拥抱，让他分清对错，并向好的方向努力。

实习快两个月了，和孩子们越来越熟悉，各种问题也随之而来。我渐渐感觉到，对于课堂内容，有些孩子能很快理解，有些孩子完全听不懂。我认为中班的孩子已经有能力画一些简单的常见的蔬菜、水果和生活用品，可班上的孩子一半以上都不太会画，这让我很头疼。在我讲课的时候，课堂纪律也比较乱，孩子们没有养成良好的习惯，很难纠正过来。大多数孩子不知道举手回答问题，而是乱喊，课堂乱成一锅粥，我什么也听不到。每次上课，我都强调好几遍，但是回答问题的时候，还是各喊各的。这样上课很浪费时间，讲课时间还没有控制课堂的时间长，而且我讲话总是被打断。我本来准备得很好的一堂课，搞得乱七八糟。什么时候我才能真正做课堂的主人？我想快点让小朋友们改掉这个不举手就回答问题的坏毛病，希望丛老师能给我一些建议！

丛娜老师评语：在幼儿园的美术教育中，"像与不像"不是衡量孩子绘画水平的唯一标准，更多的是创新能力的鼓励，所以，组织幼儿美术课程时应该多引导孩子联想，一些具体的造型的学习，内容枯燥，造型也会限制孩子想象力的发挥。对于上课的组织，可以给孩子一个悦耳的钢琴声，规定琴声之后谁的手举得最快谁来回答。秩序是组织课堂的保证，严肃的纪律对孩子也是束缚，所以，要建立孩子能够愉快接受的一些约束才会起到良好的效果。

国学幼儿园就是以国学课程为主，每个周六领导都会给我们老师培训，每个星期都在学习。自始至终觉得这所幼儿园不适合我，当初的选择现在自己也有点难以理解。经过这么长时间的体验，觉得自己还是喜欢普通园的教学模式，喜欢那种氛围。如果在普通园，实际教学中肯定会学到不少知识，积累很多经验。可是在国学幼儿园，一个周能接触到孩子的机会只有我给他们上绘本课的时候，一个星期才两节课，其他时间我都在托管班。我该考虑一下我以后的选择了，到底是否应该留在这个幼儿园。

苏敏老师评语：现在很多幼儿园都通过主打一些特色课程吸引社会和家长的注意力。搞一些特色课程是好的，但是如果丢掉了幼儿园教育的本体就要不得了。如果你觉得在这里能学到东西，当然是苦点也要坚持。但是如果你觉得每天没有收获，惶惶不可终日，就要适时反思一下了。反思两个问题：一是不是自己的问题；二是不是选择的实习单位的问题，想清楚了再做决定。加油！

🌱 这一周感觉很漫长，这群小朋友真是越来越不听话了。学校里学习的知识也没有告诉我怎样让小孩变得听话，更没告诉我有的知识在幼儿园根本用不到，学校没教我们怎样给小朋友上课，只教了我们一些理论知识。现在想想我们那时候的课堂模拟就是自己在哄自己玩，幼儿园的上课情况和我们模拟的根本不一样，小朋友们没有那么配合你，你想他们配合你的前提是让他们都安静，可是这也好难。小孩子的注意力很难集中，而且自控能力差，总之就是很难，我都要崩溃了。

苏敏老师评语：实际的工作确实更为复杂，我刚刚走上工作岗位时也是这样的体会。不过出现问题还是要更积极地去面对，平凡的生活中善于发现闪光的经历，平淡的琐事里敢于反思不一样的问题。学校里学到的知识是理论，真正用到实际工作中还需要个人的理解和融会贯通。谦虚谨慎、善问好学，加油吧！

🌱 开学两个月了，我们中班的小朋友表现都非常好，但是有一个小朋友让我们这些老师甚至园长都很头疼。他是南方人，来自福建，由于来自不同的地方，他和小朋友基本不沟通，每次来到学校就一个人坐在木马上玩，吃饭的时候怎么叫他回教室他都不回去，有时候把他惹急了还出手打老师，真是一个让人头疼的孩子。开学两个月了，他依然不在教室里待着。面对这样的小朋友请问老师该怎么办呢？希望得到老师的帮助。他每次来到学校都会哭一阵子，这让我们班的小朋友看到都情不自禁嚎啕大哭。希望老师给点建议，怎样让他和小朋友正常交往，然后成为好朋友。

高波老师点评：这个孩子之所以这样，可能有多种原因：比如语言不通，从而把自己封闭起来。对此，也没有特效药，需要有耐心，更多关爱他，慢慢打开他闭锁的心扉。也可与家长沟通一下，详细了解问题，共同制定方案。

🌱 好怀念在学校的日子。最近班里不是发生这个事就是发生那个事，嗓子哑了，嘴也烂了，真是让那些调皮的孩子给气死了。他们上课坐不住，总是到处跑，要不就和旁边的小朋友说话。这些孩子打不得、骂不得，幼儿园有监控，又不能训他们，万一训哭了园长又要找。有的小朋友还不让老师大声说话，一大声说话就吓哭了，但是有时候真心让他们气得不得了，又不能发脾气，真心愁得慌。调皮的孩子如何教？还望老师给支个招。

高波老师点评：孩子调皮捣蛋是正常的，孩子就是孩子。他们有时不听话，不要太着急，也不要太追求完美，更不要将所有的压力自己扛，觉得有种负罪感。你一定要认识到：任何一个老师都不可能解决孩子的所有问题，你首先要做到的是调整自己的心态，将心态放平和，否则会影响自己工作的积极性，甚至会产生职业倦怠；其次，要找寻有效的教育方法，有时教育的力量并不体现在声音的大小上，你可以引进一些小技巧，比如比一比谁最好，找几个正面典型，多夸夸孩子，小孩子是喜欢模仿、攀比的，表扬与批评相结合，可能比一味的发脾气效果更好。

这周总的来说还是很不错的，但有一件事情让我有些不能理解。我们班有一位宝宝生病都已经好了，还是不来幼儿园。来了之后我在全班小朋友面前表扬了他，第二天开开心心又来了。第三天，家长打电话说又生病了，第四天又好好地来了。后来奶奶说，前一天是孩子说太冷了不想来，所以就在家休息了一天。今天又打电话说生病了，来不了。家长工作我们也做了，可就是改变不了这种局面的反复发生，这真是让我很头疼。溺爱孩子的家长该怎么办？希望老师能给我可供参考的宝贵意见，谢谢老师啦。

高波老师点评：有的家长可能认为幼儿教育不那么正规，因此一次两次不去很正常，殊不知这样做不利于幼儿良好行为习惯的养成。当然，要想转变一个人的观念是不容易的事情，特别是对奶奶这样年龄的人。你不必惆怅，一些问题不是教师一个人能够解决的。你可以尝试与家长认真沟通，要是他们还是我行我素，就由他们去吧。

最近我想让宝宝和家长们一起完成一幅美术作品。但是布置下去三天了，只有部分家长带来了，还有一半家长似乎很不情愿做这件事情，对于这种现象我很是苦恼。该怎么做才能让他们更支持我的工作呢？我想听听老师的意见。

高波老师点评：许多家长不热心参与，可能有以下原因：一是思想不够重视，如果幼儿园经常布置任务，家长可能就会产生厌烦感；二是不具备此类技能，觉得做出的产品不好看、丢面子。不管哪种原因，都要热心与家长沟通，让他们认识到与孩子一起做事情的意义，并留出足够的时间，因为许多家长平时工作也是很忙的。

在工作很充实的当下，我在考虑该什么时候学习，我的教师资格证有没有把握考出来，这让我有些不能静下心来工作。我们每天几乎12个小时是在幼儿园里度过的，回到宿舍收拾一下就睡觉了。时间过得越快，我的危机感就越强。马上教师资格证考试就要报名了，在学校里学习的知识也忘得差不多了，我的保教知识书还没开始看，真是有点烦躁。有时候工作干烦了，也想回家学习去，但是学校又要求实习。总之，这段时间有点纠结，不想工作，又不能不工作。我真是不知道该怎么办了。

一周一周过去，之前的激情也消失殆尽。不知道什么原因，我也不想给孩子上课了，只是在熬时间，可能是因为我的付出和回报不成正比才这样的。我知道这样对我一点好处都没有，也知道上好课对于考教师资格证有很大帮助。可是和以前比起来，我根本就没有尽最大的努力，我的耐心、爱心似乎都已经变成了现在的不耐烦。以前感觉把一个哭闹不止的孩子哄好会很高兴、很有成就感，现在明知道抱一抱那些爱哭的孩子他们就不会哭了，可我还是等到她哭得我烦了之后，才把她抱起来哄哄。感觉自己很焦虑，可能也是着急把教师资格证拿到手才这样的吧。听说教师资格证很不好考，心里真是压力山大啊！工作学习难两全，我该怎么办？

高波老师点评：幼儿教师每一天都要面对繁杂问题，每天都有压力。压力之下容易产生焦虑，特别是感觉压力无从解决更容易产生焦躁。焦躁之下又容易产生职业倦怠。职业倦怠极端的表现是：工作满意度降低、工作热情丧失、情感疏离和冷漠。

职业倦怠的表现：

生理指标：自己有被掏空的感觉，每天起来缺乏精力，经常感觉累、虚弱。

情绪症状的表现：①经常感到莫名的恐惧、焦虑，弄不清原因。对周围世界失去控制感。②罪恶感。又要上课，又要到学校，又要见学生（倒霉蛋），一想到就烦，但做老师的不见学生是不可能的！一边想一边觉得不应该，总在这个矛盾当中。③易激怒，对周围环境的灵敏度降低，神经质、反应过敏，对普通的声响、别人的讲话有过度的反应。④脱离现实，情感冷漠，出现幻想、妄想等严重的心理现象。

人际关系的表现：人际关系恶化，以一种消极的态度对待自己的家人和学生，对他人没有信任可言，经常对他人冷嘲热讽，经常任意贬损学生、打骂学生，在家里面迁怒自己的孩子，人际摩擦、冲突多。

做老师都会有这样的时期：工作非常投入、情绪很高；对人都很友善，对学生充满关心和爱护，觉得做教师很光荣，有成就感，解决一点小问题就觉得自己很不错，工作效能很高。当我们感觉到情绪饱满、对他人充满关爱、无私奉献的时候实际上是自己投入得太多了。当持续的长时间的投入工作之后，就会感觉到累。很有可能进到倦怠1期。

倦怠1期：个人情绪不高但对学生很好，对工作也觉得挺有价值和意义，但是自己情绪很低落，这个时候就是倦怠的开始。如果不重视，长期处在这种状态后就会进入倦怠2期。

倦怠2期：情绪衰竭，侮辱学生、打骂学生，这种就比较严重了。

倦怠3期：情绪消极度高，感觉自己的工作根本没有价值，想辞职，马马虎虎对待工作。

倦怠4期：前面是硬暴力，但现在却是冷暴力，不理学生，当学生不存在，冷漠对待。从行为上看，还没有打学生、骂学生，但上课时只当前面是空的。

倦怠5期：没有情绪，也没有人际的冲突，工作没有成就感。

初步断定，你已经产生了一定程度的职业倦怠。如何矫正？后面细谈。

对于孩子们做错事情的处罚,我不知道该怎么处理。我的惩罚方式一般都是让孩子写数字,我不知道这样做对不对或者好不好,只是找不到更恰当的方法去处理。我感觉自己在这方面缺少经验,很苦恼,每次遇到这样的问题都让我无所适从。孩子做错事可以罚吗?

高波老师点评:孩子做错事情是可以处罚的,教师有合理合法的惩戒权,但是惩罚的时候,首先要考虑是否违法,其次要考虑效果,再次要考虑孩子的承受能力,最后要讲求艺术。至于具体的方法,很难一言以蔽之,因为情况不同,惩罚的方法也就不同,需要你慢慢体悟。

每天面对孩子们的笑容我都感到无比欣慰,当然,时常也会发生一些小状况需要我们做老师的去解决。我们班有一个男生叫小丁,他特别调皮,说什么也不听,上课就到处转悠,爱打小朋友,抢小朋友的玩具。老师批评他时能听进去点儿,但是一转身就忘了。我们班的孩子大部分都能写数字写到50,而他却连1~10都不会写。我和他的妈妈关系很好,他的妈妈也知道孩子很调皮,但是拿他没办法。打也打了,说也说了,就是没有用。在他的世界里根本不知道"静"这个字怎么写。不过他有一个特别明显的爱好,那就是喜欢车,家里什么样的车的模型都有,并且每天早晨都要拿一个去幼儿园。唉,真是让人头疼的小丁啊,怎么办呢?

高波老师点评:小丁的情况建议先了解一下他坐不住的原因,是神经类型过于兴奋还是其他原因。另外,可以制定一个有针对性的训练方案,比如实施代币制,能安静几分钟,给予一个什么奖励,比如玩多长时间的小车,等等。对他的要求不要一开始就太高,要一步步来,及时强化,不断反馈,动态调整,相信会慢慢有转化的。

不知道为什么,我感觉现在的生活很累,身体和心理都很累。这里像皇宫一样,处处都有规矩,充满心机,只要稍有不慎就要挨批,而且还不是直接地批评你,间接地让你无地自容。即便受了委屈,也得承认是自己的错。即使不开心、不满意,也得装作开心、装作满意。我知道这里的每个人都是这样,嘴角虚假地微笑,不过是想赢得权利和地位的表象。每个人都在忍,只能听从安排。工作好难,做人好难,想做完美的人更难!

我是个刚踏入社会的人,也是个有很多缺点的人,我开始对自己失去信心。不知是我还没有脱去学校的稚气,还是因为没有适应社会,总是没有别人想得多。我们班的老师可以从每个人的每一句话里分析出好多观点,可是在我眼里,那只是单纯的一句话。所以只要我一说话,她们就找出好多观点反驳我,好像我做什么都不对,所以我只好选择沉默。我不知道这样做算不算是懦弱,我总是忍气吞声地把火往肚子里咽。

　　我感觉人的脾气性格不能太好，否则每个人都想欺负你，每个人都可以欺负你，该发脾气的时候就得发脾气。可能是我平时对孩子们太好了，现在他们都不听我的话了，他们这么小就已经会欺负人了。在他们眼里，我是一个可以欺负又不会对他们发脾气的人；在领导眼里，我是一个没有能力的人，连孩子都管不了。现在我对孩子们再严厉也不管用了，他们完全不听我的，我不知道该怎么办了，怎样才能做到让孩子听话又让领导器重呢？真的不知道怎样在孩子心中树立威信，怎样才能做得更好？希望老师能帮我想想办法。

　　冯永娜老师点评：老师在你身上看到了好多负面的东西，情绪很低落，这可能是每个初入职场的人都会有的。老师刚踏入岗位的时候也这样。你现在的经历是很多人以前经历过的，这是一个成长的过程，你会不知不觉地成长起来，所以，不要灰心，摆正心态，希望再过一个月后你会看到一个不一样的你。此外，老师觉得你可能因为工作压力有些职业倦怠，要注意调整心态，积极面对问题。

　　现在好郁闷，遇到了在学校里老师没有教的东西。怎样很好地与家长沟通呢？每次面对家长都不知道该说些什么，什么该说什么不该说都不确定。回答家长的问题有时会有些害怕，生怕自己说错了会带来什么不良后果，不敢爽快地回答。与家长沟通的本领应该是我今后需要不断学习的吧。希望自己能不断进步，在各个方面都会有所长进。我觉得我们学校可以开通一下这方面的课程，让师弟师妹们在学校就能得到这方面的指导。

　　辛帅老师点评：这还是你不够自信的表现。从你踏上工作岗位的那天起，大家就把你当成年人来看待了，况且也确实是成年人了，所以你说话做事一定要有底气，把自己当成一个成年人来看待。说话之前可以思考一下，说出来的时候则要斩钉截铁，不要顾虑太多，说出来以后就算不合适可以稍微解释补充一下，但千万不要事后后悔。学校现在开设了公关礼仪的选修课，也准备加入关于幼儿园一日常规的课程，大一的学生还开设了认知实习，应该会有这方面内容的涉及。你的建议很好，老师会转告学院。

　　现在我已经正式开始教学了，每堂课我都变着花样教孩子们，但是在环节衔接上，孩子们会注意力不集中，总是说话。每次上课时都会有孩子跑过来说，老师谁谁谁打我，打断我上课。我觉得我做得还是不够好，一天课下来我的嗓子快受不了了，真是有点筋疲力尽。课堂上应该如何抓住幼儿的注意力，老师有什么好办法吗？

　　苏敏老师点评：正视每堂课的教学，注重方法手段的设计与组织，这是很好的开端。在教学过程中孩子们有的时候会出现注意力不集中，有被打断的情况，这是很正常的呀。别说注意力容易分散的幼小的孩子们了，就是大学生们在上课的时候也容易溜号，是吧？不过如果在教学过程中，更多地注意与幼儿的交流互动，观察孩子们的反应并及时作出回应，孩子们的注意力会自觉地跟着你的！加油！相信你一定能做得很好！

这周开始我当上主班了，有点小小的成就感。回想之前的我，真的是成长了许多。这几天上课也挺好的，很感谢学校给我们模拟课堂的机会，真的是很受用，我即使不备课，也可以临时上一节小课。现在我带中班，一共27个孩子，每次集体活动都会很乱、很吵，这让我很头疼，不舍得大声地批评孩子，真是又气又心疼。有几个孩子上课总是闹，每次单独教育他们，他们都会习惯性地说，我不闹了，我不闹了。但是让他们回到座位上后，就又恢复原样了，是不是给他们的惩罚还不足以让他们认识到自己的错误呢？集体活动该如何维持秩序呢？我是真不知道该怎么应付这样的孩子了。

苏敏老师点评：好动是孩子的天性，不可泯灭。孩子对集体活动的内容主题、材料选择、游戏形式等是不是也参与了，是不是发自内心地有兴趣，是决定集体活动效果的重要前提和保证。所以我觉得是不是先从我们教师自身找问题比较好，有付出就会有收获，相信自己，加油。

新的一周原以为会很开心地度过，谁知第一天就被泼了"冷水"。星期六刚回家，就接到了我们班一个孩子家长的电话，问我说："邹老师，为什么我家昊宇里面的衣服是湿的呢？"我尽力回想今天发生的一切，我回想他今天也没有玩水呀，身上怎么会是湿的呢？后来一想才明白，因为他今天在教室一天都没有脱外套，屋子里的暖气挺热的，中午孩子也没睡觉，玩了一个中午，我也没在意，谁知竟会发生这种事儿。我尽力和家长解释，家长很和气地说没事了老师，你以后再多留意着点儿。谁知星期天家长竟然哭着给我们园长打电话，此事就这样让园长知道了，园长就开始调查，给我们班主任打电话，后来班主任就说她什么也不知道，把责任全推在了我的身上。我承认这件事我确实做得不到位，但是还是感觉自己很委屈。遇到这样的家长该怎么办？

高波老师点评：这件事你确实有做得不到位的地方，应根据温度变换及时给孩子添减衣服。但作为一个新人，特别是孩子那么多，一时照料不到也情有可原。事情过去了，就不要太放在心上了，认真总结经验就是，没什么大不了的。

这个礼拜我感觉很轻松，所有的事情都在有序进行着，但是我们村里的幼儿园给我打电话说，让我回家乡教学，并且每月工资是1700元，还承诺我过年让我当园长。幼儿园有190多个幼儿，学校设施在农村来说还算不错。我有点纠结了，我不知道该怎么选择。我觉得这是个机会，但是我又害怕自己担不起这个责任，觉得自己还有许多东西需要学习。在这里我可以学到东西，但是没有晋升的机会，所以我很纠结。家乡那边催得非常急，还说只要我提条件他们尽力都能满足，所以我希望老师能给我点意见。

高波老师建议：如果村子条件可以，幼儿园发展空间较大，我觉得回村是个不错的选择。世上没有十全十美的事，要学会取舍。我的建议是大胆去！不要前怕狼后怕虎，即使遇到挫折，也没什么大不了，就当交了学费，大不了从头再来。

来幼儿园工作也有很长一段时间了，我抱怨过，怀疑过，也对比过。最不可思议的，也是我从来都没想到过的是，我也可以把孩子吓到，我也可以不再温柔，对于孩子的问题我也变得很不耐烦。可是，我真的是对孩子好。

以前总以为孩子给我倒杯水，或是拿个板凳我会很感动。可是现在这段时间不知道怎么了，我没有了往日的感动，只有不耐烦，我知道我的心态是不对的，可是我怎么才能调整好我自己的心态呢？

星期一又是新的一周，正当我准备更加努力工作的时候，中二班的同事告诉我说，我被调到大二班去了，我当时的心情特别复杂。本以为去大二班我会很高兴，可并不是我所想象的那样。大二班的配班老师，长得漂亮，做事勤快，更重要的是，她很会说话，会来事。可是，她要走了，我是来代替她的，我从心里感觉不舒服。我属于嘴上不怎么会说，但是心里都明白的那种人，以前总以为智商高就可以，可事实却像别人说的那样，情商比智商更重要。我在大二班里，虽说是配班老师，可孩子不听我的，我也不讲课，我还要讨好生活老师，要抢着干活。我其实跟生活老师没什么区别，唯一的区别就是，孩子听她的话，而不听我的。唉……我应该怎么办？

高波老师点评：你能够认识到问题，说明已经开始成熟了。我认为你应该虚心向那个老师学习，既要心里有，也要善于表达，要让他人认识到你的善意。"爱心和耐心是成就自己工作的基础，厌烦和粗暴是工作的结果。"幼儿教师这份职业，心态很重要！工作压力之下，有情绪很正常，但要学会处理负性积淀。这不仅关乎你的工作，还关乎你的生活是否幸福。当怀着一种快乐的心情去对待工作时，你会觉得一天再累也是充实并且高兴的。当心情不好充满抱怨时，孩子越闹你会更厌烦。谨记：不会动怒的人是一个傻瓜，不愿意生气的人是一个聪明人，而一个能够控制自己情绪的人才是一个强者。既然如此，为什么不让自己快乐起来呢？

累并快乐着

> 在幼儿园实习的这段期间，有时很累，但是也学到了很多在学校里学不到的东西。

首先，我学会了如何去和孩子们交流。刚进幼儿园的时候，我不知道怎样去和孩子们交流，他们有时候说的话我都听不懂，肢体语言我也看不懂。说实话，当时真的很累，每天都很累。但是，随着时间一天天过去，我慢慢学会了和孩子们交流。和他们交流很有意思，他们有时说的话让我无语，比如，有个小朋友竟然问我"结婚了吗"。久而久之，他们的肢体语言我也能看懂了。

然后，我学会了如何去照顾他们。照顾小朋友应该细心。他们还小，不会的东西有很多。什么时候给他们喝水、让他们吃多少饭，什么时候睡觉，我现在都知道了。他们不想吃饭的时候，我会想尽一切办法哄他们吃饭，把他们当作自己的孩子。有时候我还会抱着刚来园的小朋友睡觉，抱着他们在院子里走来走去。虽然很累，但是很快乐。

最后，我学会了如何给他们上课。在给小朋友们上课的时候，我们必须预想很多种突发状况，因为随时都会有不同的状况发生。给他们上课有时很累，要想尽一切办法让他们集中注意力，并要绘声绘色地给他们讲课，还要不时给他们点惊喜。

下个月，我要学习如何让孩子们更加喜欢上课，让他们的注意力更加集中。

李媛老师点评：*做得很好！工作和学习过程有目标、肯努力，一点点进步。既然目标明确，剩下的就是怎么具体实践了。努力。*

> 这星期很累，很多事等着我们做，连中午睡觉的时间都没有。刚开始孩子们还很听话，这一周可能是和我熟悉了，特别不听话，作业写得也很不规范。我认为这和老师有很大的关系，也许是我做得不好，是我做得还不够多，但是我尽力了。每天和孩子们相处，说实话有时候特别生气、特别累，但是当晚上躺在床上，脑子里除了孩子还是孩子，他们已经满满的存在在我的生活和工作中了，希望他们每一天都能更开心、更幸福一点。教师节那天，孩子们给我们送了花，还有孩子给我们画了一幅画，我感觉幸福极了。虽然孩子们不会表达，但是我能感受到他们对我们的那份情感。孩子的心是最单纯的，他们简单的就像一张白纸，我就是一名画匠，我有责任把每幅画都画好。我相信未来会更好。孩子们，老师爱你们。

辛帅老师点评：*不在其职，很难理解这一职业的酸甜苦辣，也许上学的时候我们也会抱怨老师不尽心，对老师的辛苦不以为然，只有自己亲身经历了，才能知道其中*

的艰辛和快乐。值得你体会的东西还有很多，期待看到你更多的经历和感悟。

🌱 一路艰辛，我收获颇丰！如果可以附上图片我很想和大家分享我的成长经历，我深深感受到实践的艰辛与困难。没有毕业的时候我曾告诉过自己，我是刚毕业的幼师毕业生，我可以什么都没有，但我一定要有耐心。从接新生的那一刻起我时常心中默念这句话，事实上我确实也做到了。我班有一个多动症的学生，老师一不留神就独自跑出教室，整天就是在楼道里爬，只知道自己的名字，其他的老师说什么也听不进去，拉不起来也喊不动，生气了还咬小朋友，我只能紧紧地跟着他。可今天我发现他也有很可爱的一面，他在楼梯上玩的时候，每下一层都会用手把贴在楼梯上小脚丫上的土擦一遍，我觉得他的本性也不是那种欺负小朋友攻击小朋友的坏孩子，在这方面需要我对他做更多的观察。

张小仪老师点评：对于多动症的孩子，要更多地给他关注，你是对的，老师感受到了你的努力和付出。多动症的改善需要长久坚持，逐渐帮他养成良好的学习习惯。

🌱 被分到了小一班，每当看到胖乎乎的小手小脸，我就会忍不住捏一捏，亲一亲。虽然其他人都说分到小班会很累，但是累也是值得的。刚开始，很多小孩都会哭闹，在妈妈离开后到处找妈妈，有的地上打滚，还有气急了打老师的，小孩子闹起来那个劲仿佛比大人还要大。这时候就要及时转移他们的注意力，陪他们走一走，和他们一起玩会儿玩具，哭闹声就会越来越小，可爱的笑脸就又绽放在每个小朋友的脸上。其实，只要用心了，小朋友就会有安全感，就不会再害怕了，也不会哭哭啼啼了。当他们开开心心地叫我老师的时候，我感觉所做的一切都是值得的，流的汗受的累都是值得的。这不，我又多了个小跟屁虫。我很喜欢现在的一切，可爱的孩子，可爱的老师，可爱的校园，可爱的一切。爱上了这份工作就要为之奋斗！

郑清老师评语：热爱是最好的老师，相信你凭着的这份热爱会干好幼教工作。既然选择了幼教事业就要好好努力了，加油，相信你！

🌱 那天中午午睡的时候，我给小朋友们铺好床盖好被子，看着小朋友们睡觉。可是有一个小朋友就是不睡觉，非得让我给他讲故事，我有点紧张，之前都是那个老师给他们讲的，可是她今天有事请假了，看着小朋友就是不睡，我只好硬着头皮给他们讲起了丑小鸭的故事。没想到才讲到一半他们就开始讨论起来了，有的说丑小鸭真笨，别人说他都不知道还口；有的说做小鸭子其实挺好的，为什么非要做天鹅；有的说天鹅妈妈不要它了，它没有妈妈了。看着他们讨论得这么开心，我忽然觉得做一名幼儿教师虽然有点累，但是过得很充实很开心，这样就值了。

赵妍老师评语：好可爱的孩子呀！凡事都有第一次，你勇敢地迈出第一步并有所收获，值得祝贺。相信在以后的实习中，你会收获更多的，加油！

🌱 来幼儿园上班已经一周了，这一周下来给我的感受就是累，真心觉得当一名幼儿园教师是一件不容易的事情。园长把我分到了中一班，原以为中班的小朋友应该是很老实听话的，毕竟他们已经上过一年学了。可是事实并不是我想的那样，他们很少能安静地坐在那里，哪怕连10分钟都坚持不了。我需要边上课边维持纪律，有几次都被他们吵得头晕晕的，耳朵都听不到了。老师告诉我，他们以前也是这样，慢慢就习惯了。在幼儿园里很少有时间能坐下来休息，小朋友出去玩也要跟在后面看着怕出事。这一周下来让我疲惫不堪，但我很喜欢和他们在一起。

王璐老师评语：良好的师幼关系是儿童适应幼儿园生活的重要前提。要建立起良好的师幼关系，只有教师像父母那样付出真诚的爱，才能赢得孩子的信赖与尊重。要把喜欢化作工作的动力，加油吧。

🌱 眼看一个周又快过去了，我渐渐地习惯了每天都有孩子们陪伴的日子，习惯了每天享受孩子们带给我的快乐，也习惯了陪伴他们成长。我们班的一个孩子因为感冒一个星期没有来幼儿园，当我知道他第二天要来上学的时候，顿时高兴了起来。我从来没想过，我会爱孩子到如此地步。早晨当我看到他来了的时候，便迫不及待把他抱起来，告诉他我有多想他，他告诉我也很想我。每当我看着他的时候，他就冲着我笑，便感到我做的一切努力都是值得的。这份工作是我选择的，也是我愿意从事的，我一定会为之付出我的全部热情和努力，陪伴孩子们更好地成长。

李媛老师评语：干一行爱一行，爱一行专一行，相信你能凭借着这份对幼儿教师工作的热爱把工作干好的，加油！

🌱 这是我参加工作的第一周。当我第一天进入教室，看到孩子们天真的笑容时，心里那份对职业的热爱有增无减。第一天工作对一切都不熟悉，曾经轻视的看起来很简单的事情，当自己真正去体验的时候，却有些手忙脚乱、不知所措。忙完了一天所有的工作，感到从没体验过的累，还有些对未知的烦躁不安。但是到第二天就不再紧张急躁地去做事情了。接下来的几天，一切都越来越顺手，第五天的时候有了一丝成就感，这给自己足够的信心继续努力。

一周的工作忙忙碌碌，每天都在做着重复的事情。如帮忙打扫一下卫生，给孩子倒水，给孩子盛饭，做一些琐碎的小事。虽然累，但一听到孩子们一声声的叫着老师，看见孩子一张张的笑脸，就觉得自己的累是值得的，同时也收获了很多在学校里学不到的经验和知识，很快乐。我相信只要肯努力，没什么事情是可以难倒我的，我也不会因为一时的困难而逃避，选择放弃，我会一直努力到最后的。

郑清老师评语： 你很喜欢幼儿教师这个职业，因而从心里去热爱它，通过这一周你认识到看似简单的事情做起来并不是那么容易，这就要求你细心、认真、耐心地去做好每一件事。

伴着一场秋雨，也迎来了我实习工作的第一周，园里安排先从保育做起。这漫长的一周完全可以只用一个字形容——累！第一天完全找不到头绪，只是先跟着带我的老师了解该做的工作，一天下来一刻都没休息。第二天状态就不一样了，似乎一切顺手了许多，从早上到岗一直到下午离园，都保持着高涨的精气神儿，很高兴自己正在慢慢进入这一角色。在这短短的一周里，小班小朋友真是"事发连连"，我都沉稳解决了，鼓励自己一下。虽然累点，但是也有收获噢！我在小朋友们上课时给他们接水，有个小女生过来偷偷告诉我："黄老师，我好喜欢你！"哇塞，那一刻我瞬间幸福感爆棚。自己的用心和耐心可以得到小朋友这样的一句真心话，真的很满足！

杨民老师评语： 刚开始工作，一切都摸不着头绪，累是肯定的。你要适应这种新的环境，多去学习，孩子们也会教会你很多，你要学会在工作中寻找快乐。

早上去门口接孩子，听见"老师，早上好"的问候，感觉好幸福。照顾孩子们吃饭的时候，我发现有的小朋友吃饭很慢，张安晨小朋友吃饭总是最后一个，一直是我喂他。今天中午看到他吃得好快，我好开心，虽然最后还是喂他了，但是他今天中午不是最后一个哦。今天中午他刚醒来，我走到他床前对他说宝贝去穿鞋吧，他回过头说，老师我知道你对我最好了。我很惊讶，我说："什么？"他又说："老师我知道你对我们最好了，比其他老师都好。"心里真的好开心，再多的累也不觉得累了。中午，看着小朋友一个个迷迷蒙蒙地睁开眼睛，我帮他们收拾被褥，帮他们穿衣服，是一种幸福。下午把孩子一个一个交到他父母身边，讲一下孩子一天的表现，好的地方、还需要改进的地方，认真回答家长提出的问题，这也是一种幸福。孩子每天都在进步，我相信我也在进步。宝贝们，让我们一起加油、一起进步吧！

王璐老师评语： 你做得很好，慢慢地你将会适应那里的环境。孩子们是最纯真的，你对孩子们的好他们都会记在心里，你的耐心会让你成为优秀的幼儿教师。现在是很苦，可是看到孩子们因为你而幸福的笑容，苦点累点算什么呢。

和几位老师一起迎来了孩子们的入园，并同孩子们相处了三天，我第一次真真实实地感受到了一名幼儿教师的不易与欢乐。我实习的幼儿园是一所新建园，各方面都刚刚起步，当前我带苗一班29个孩子，也是全园唯一一个小班，并担任班主任及该园出纳职务，这对于刚走出校园的我来说是压力也是挑战，更是机遇。三天下来，我的感觉是：幼儿园工作又苦又累又辛酸，脚疼腿疼嗓子疼，起早贪黑忙一天，工资只有那一点，粗茶淡饭无滋味，必须细心全照料。真是上有领导，下有家长，中间还有小孩子，难、难、难！不过三天来，我们班的孩子一天比一天表现好，慢慢开始适应幼儿园的一日生活，他们从哭闹到减少哭闹到自己吃饭再到能安静坐小板凳再到慢慢听话，再到不哭不闹地来不哭不闹地走，每天都在进步，都在改善，我很高兴。但是每天也都会出现新的问题。

第一天，午睡时孩子们全部都入睡了，我很欣慰。我们班有一个两岁多的孩子，很听话，我很喜欢他；但是他需要一个人单独看着他抱着他，不然会一直哭，最让人着急的是几分钟小便一次，他自己不会，必须有个人全程照料。班里只有两个老师，而第一天又是幼儿园最忙最累的一天，几乎所有的孩子都在哭闹。他由于太小就像一个累赘，一天下来我嗓子都冒火了，脚都走不动了，腿也跟着疼。

第二天，虽然早晨入园时每个孩子都哭闹不堪，但早餐之后都很好。这天那个最小的孩子长时间在哭，一天下来一二十次小便，下午离园后，我跟园长说我不要那个孩子了，并说明了情况。因为我认为：第一，他年龄不到，小便不能自理；第二，需要一个老师全程单独照顾，小班本来只有两个老师29个孩子压力已经很大了，加上他就更难了；第三，最重要的是目前他不适合上小班，应属托班。

第三天，事情就比较多了。早晨有家长跟我反映孩子在园吃不饱，中午孩子有打架的、争夺玩具的，有把另一个孩子自带的玩具扯坏的，还有男孩招惹女孩的以及午睡吵闹的，各种事层出不穷。还有就是有家长由于过度心疼孩子的字条提示、短信、电话，最后问我老师有没有打孩子，对我极度不信任。这些事都需要我一一圆满地去解决，真的很累。不过看到孩子对我笑、对我的信任，我又很开心，感觉不到太累。

鞠楠楠老师评语： 看来你接触了不少幼儿园的基础工作，也遇到了不少问题。现在孩子入园家长比孩子更为紧张，再经过多一些时间的了解，当家长们看到你的工作能力，相信家长会信任你的。

这周，省领导、众多地方幼儿园教师要来我们幼儿园参观学习。这周很忙碌，突然想起"日出而作，日落而息"，这似乎是农夫的写照，但经历了这么长时间的幼儿园生活，我深刻体会到这也是幼儿园老师的真实写照。为了孩子我们每天不断地学习，不断地充实自己，深知"教师要给孩子一杯水，首先自己要有一桶水"的道理。有人曾经问我：你们既然那么累，当初为什么会选择这份职业呢？我说，因为我们爱孩子、喜欢孩子，特别是看着一个什么也不懂、咿呀学语的孩子，经过自己的教育，变成一个具有良好习惯的孩子的时候，心里特别自豪。苦啊、累啊，在这个时候都显得微不足道。所以，即使自己平常烦躁、发牢骚，当看到孩子们天真的笑脸时，所有的烦恼都会抛到脑后，自己更加有信心把这份值得骄傲的工作做下去，甚至要做得更好。

高波老师点评：想要成为一名好的幼师真的不是件容易的事！做幼师真的很难，但难也要做，这是你的选择，也是幼儿教师的责任。看得出你是一个有责任感的孩子，我相信你能够胜任幼儿教师这份工作。

这个星期好像异常得累，各行各业都在享受着假期的快乐，而我却依然奋斗在自己的工作岗位上，并且每天都很忙。又来了新同事，我又有徒弟了，带徒弟是一种折磨，也是一种乐趣。之所以折磨是因为她们什么都不会，都不懂；乐趣呢，是因为她们身上倒映出当时的自己，还有就是她们打破砂锅问到底的精神。在带她们期间，我只需要示范和动口，其他的交给这些小徒弟就可以了，我也轻松了很多。希望接下来和她们相处更加融洽，也希望她们能在我这里学到很多。每天的忙忙碌碌换来充实快乐的自己，坚持下去便看到了希望及胜利的曙光。

高波老师点评：多年的媳妇熬成婆，都成师傅了。感觉挺爽吧？善待他们吧，因为他们就是昨天的你。

这个周连着上了六天班，感觉好累啊，好想睡觉睡到自然醒。星期六起床上班的时候，忽然好怀念在学校的时光，那个时候我们是多么幸福啊，可惜永远回不去了。

国庆七天假过去了，周一回园打扫卫生，周二开学。开学的第一天小朋友们都可高兴了，看到他们开心的笑脸，心里暖暖的，尤其是他们来到园里抱着我说"老师，放了七天假我都想你了"，感到好欣慰。

高波老师点评：甘心不甘心，"长大"都在那里，不离不弃；开心不开心，每一天也在那里，如影随形。幸运的是，虽然累点，你还是开心的。当孩子抱着你说，老师放了七天假我都想你了，这一刻多开心、多欣慰！这就是一个幼儿教师简单的幸福。

这个周总体感觉一个字"烦"，感觉自己现在一点耐心也没有，看到小朋友做错了事情就很生气，感觉他们这周尤其不听话。凶他们不好使，夸他们也不好使，气得我都不想管他们了，我甚至怀疑是不是我的教育方法有问题。我跟老教师讨论，他们说每个班都有几个不听话的，孩子就这样，要慢慢习惯。

我们班有个小美女果果，是我的小尾巴，特可爱，就是挑食。有一天有个小朋友不听话我很生气，吃饭的时候，果果一直看我，看我不高兴她也没说话，只是一边看我一边说"真好吃"，然后再对我笑笑，那天吃的是她最不喜欢的胡萝卜。吃完饭她就跑过来抱我，叫我妈妈，抱着她心里暖暖的，全是感动。

高波老师点评：多聪明、可爱的孩子呀，多从孩子的可爱处看孩子，你就能得到更多的快乐。

第三篇 奋斗成长篇

——我奋斗，我成长

学习中我成长

时间流逝，转眼又到了九月开学季，我怀着忐忑的心情来到了我的实习单位——中心幼儿园。因为我一直都没有机会去面对小朋友，所以心里有点不安。来到自己实习的班，首先鼓足勇气向小朋友们打招呼，介绍自己，然后跟着带班老师带小朋友做早操，让小朋友们去洗手、喝水。

其实我们每天做的工作都差不多，就是让孩子们充分释放自己的天性，让他们去完成一些自己能够做的事。开始总感觉很累，每天都有好多事要做，但时间一长就能适应、且融入到他们的生活中。看着带课老师给孩子们上课，我认真学习老教师的上课方式和管理课堂纪律的方法。即使这样，我还是遇到了很多在校期间没有接触过的问题，毕竟试教和正式教课的心态是不一样的。听课之后我开始讲课，孩子们如我想象中一样，乱成一团，根本不听我讲课。后来我用小组比赛来管他们的纪律，这样不但可以培养他们的团队精神，还可以为课堂带来一些活力。慢慢地我发现，孩子们开始接受我、喜欢我，这是最让我高兴的一件事了。我发现，对待孩子要非常用心，给他们多一点的关爱，他们自然就会喜欢你，然后黏着你，对你说悄悄话。

苏敏老师评语：非常感谢你将自己的实习心得与我分享。实习工作很不容易，但是看到你的日志为你感到高兴，在其他同学都还在适应新环境新角色的时候，也许你已经在探索职业的价值了。成年人最容易犯的错误可能就是帮助孩子做得太多，或者是太少。但是不管是哪种，无疑都是不好的，做得太多孩子会难以独立，做得太少孩子会缺失关爱。所以我想，作为老师，尤其是幼儿老师，需要做的重要工作就是在教师角色上的把握。幼儿老师应以一种自信、乐观、镇定的心态去面对所有问题，因为幼儿老师是孩子的启发者、环境的支持者、材料的提供者、适时的教育者，也是孩子游戏中的合作者，更是孩子生活上的照料者。幼儿老师每天的工作很辛苦，尤其是在准备最初的教学时，肯定很忙乱，但是因为你的虚心学习和灵活处理，你已经取得了很大的进步，孩子们的喜欢和接纳就是最好的反馈。加油，相信你一定能够做得更好！

实习又过了一周。从第一天的不适应，到现在已经可以每天愉快地迎接孩子的到来。我被分配到了托班，刚刚开学由于孩子不多，也不算很累。如果孩子拉裤子，就要去把孩子的裤子洗了；督促孩子上厕所、洗手，训练孩子自行上厕所；进餐期间，教孩子用勺子吃饭，有不会吃饭或是吃饭不利索的孩子，我会进行一定的指导或是喂饭。两天以后由于大班人手不够，我又被调到大班。相比较而言，大班轻松一些，更加注重品德与知识的教育和自理能力的培养，培养他们热爱劳动、热爱运动的精神。

作为一名幼师，只有以身作则，才能去约束或是督促孩子。不仅如此，还要有足够的责任心和敏捷的观察力，记住孩子在幼儿园的一举一动，才能更好地在离园的时候和家长做沟通。我会在幼儿园好好工作，虚心接受老教师的批评与指导。

辛帅老师评语：一日生活常规活动是幼儿教师必须参与的重要环节，尤其是托班儿童，初入幼儿园，初次离开父母，洗手、吃饭、如厕等事情必然要求我们尽心尽力的去做好。但即使到了大班，保育工作亦是不可缺少。多数幼儿园会对年龄稍大的儿童进行知识的教授，但是，教授不是"灌输"。"灌输"是把孩子当成容器，强调被动的接受。教师应是指导者，发挥主导作用，儿童才是学习的主体。

时间飞逝，离开学校有两个月的时间了。这两个月我一直都在潍坊机关幼儿园滨海园实习，有同学的陪伴，感觉日子过得特别快。滨海园是个新建园，这两个月我一直见证着它的成长，从一开始的起步到现在的完美开园，这里记录着我们共同的付出。看着它一天天壮大，我们心里有说不出的幸福。

9月1号正式开园了，我被分到了小三班，在两位善良温柔的老师的指导下我成长了许多，学会了怎样与小朋友交流，怎样与家长沟通，以及怎样处理各种突发情况等，技能方面也得到了很大的锻炼。每天面对一张张可爱的小脸，听着宝宝们爽朗的笑声，心里暖暖的。我会继续努力，争取成为一名优秀的幼儿教师！

张小仪老师评语：老师已经感受到了，你已经慢慢适应了幼儿园的工作。小班的孩子童言无忌非常可爱，但容易感到害怕，他们害怕离开家人的怀抱，感觉来到幼儿园无依无靠。对于小班的孩子来说现在是最难熬的日子，希望你能像对待家人一样对待每一个孩子，老师相信你一定会做得很棒，加油。

亲爱的老师：离开学校的这段日子十分想念你们，期待了很久的实习周志终于可以提交了，有很多事情想和老师交流。我已经实习一个多月了，这一个多月来收获颇丰。刚开始来的那几天对周围的一切都不熟悉，我觉得我是个慢热型的人，对环境、同事、小朋友不熟悉，有点畏惧，恐怕哪里做得不好。我刚开始的时候进的是蒙氏班，因为蒙氏班不让大声喧哗，不让……不懂得那些规矩，就不敢主动去做一些事情，所以我总觉得这样的蒙氏班太压抑。最后，我分到了普通班，在普通班里教中文和蒙氏，我终于慢慢适应了。不过蒙氏班培养出来的孩子确实很懂礼貌，从蒙氏班到普通班的过程中我最大的感受是，我在蒙氏班受到的压抑没白受，蒙氏的理念运用在普通班里是非常实用的，比如说一些"请"、"我玩一下可以吗"，这些语言很能提高幼儿自身的素质，我们学校可以考虑一下对学弟学妹们的蒙氏教育。

苏敏老师评语：非常感谢你把自己这一个月的实习经历和感受与我交流。我觉得你这个经历很好，蒙氏教育和普通教育是不同的，你能有机会分别去体验一下，我觉得本身就是一个锻炼。蒙氏教育对教师素质和环境的要求是非常高的，不是简单的外在形式，而是深层的理念表现才能更好地实践蒙氏教育。去年在青岛举行的第八届国际蒙台梭利研讨会上感受了蒙氏教育现在在幼儿园的发展情况，虽然参差不齐，但是各有特色。结合我们在校的学习经历，普通园的课程更适合我们一些，你也感受到了吧。相信这一体验也会更好地敦促你去更深入地学习和观察，从最开始的环境适应，到幼儿一日生活常规的适应，再到幼儿园五大领域课程的学习，到自己的独立探索，最后能形成自己的独到见解和实践。相信一年的时间很快就会过去，而你也会收获很多！加油！

至于你提到的蒙氏教育课程在我们专业的开展，我在前年的时候就已经提出过，甚至在我之前领导们也是考虑到的，但是课程的改革非一朝一夕，蒙氏教育在我国的发展状况可以说是良莠不齐，不要在没有深入了解一个领域之前就去盲目地推动，相信我们的这个想法一定会在将来有发展的！谢谢你，我们共同努力。

新学期开学后，我送走了中一班的孩子，迎来了中三班。目前最主要的任务是快速记住所有孩子的名字，熟悉他们的饮食等生活习惯。刚开始还可以，一天下来能认识不少孩子。可是第二天，孩子们一换衣服，我就又不认识了。上课之余，我就拿着点名册挨个叫孩子的名字，功夫不负有心人，终于都认识了。孩子们吃完饭，我们就玩点名字的游戏。我来点名字，小朋友就喊"到"，然后说一句最想说的话，孩子们玩得很高兴。这个游戏不仅让我熟记孩子们的名字，还让他们的语言得到了很好的发展。相信我们中三班的孩子是最棒的，老师爱你们！

高建群老师点评：接到新的班级后，第一件事就是迅速熟悉和适应。你能够自己组织点名字游戏，在与孩子的游戏中记住他们的名字，做得很棒。工作经验是慢慢积累出来的，相信通过实习生活，你会收获很多。

第一次踏上实习岗位，第一次零距离接触孩子，第一次要把所学的东西教给孩子，太多的第一次让我感觉到了压力。到目前为止，我已经慢慢熟悉了幼儿园的生活，从刚来时一个孩子也不认识到现在我记住了一百多个孩子的名字，从一开始送孩子要一个个问家长孩子的名字到现在一看就知道是接谁。自己独立带那么多孩子确实很累，但既然选择了这个职业就应该坚持下去。

在幼儿园实习了快两个月，从孩子、同事、家长身上学到了很多，也懂得了生活的艰辛。累的时候会怀念上学的日子，觉得那真是天堂。上了十几年的学，这次真的要离开学校了。踏上社会的脚步不能停，现在我们能做的就是努力适应现在的生活、工作，把自己在学校学的知识运用到孩子身上。

赵妍老师评语：幼儿教师是孩子的第一个启蒙老师，对孩子今后的影响深远，爱孩子是最主要的。两个月的时间，你能记住这么多家长和孩子，说明你在留心观察。用你所学的知识去培养可爱的孩子，你一定会成为一名好优秀老师的。

在幼儿园的这段时间虽然没给孩子们上过几节课，但是我却懂得了如何和孩子们交流。刚入园的孩子会伤心难过，感觉自己好像是被爸妈抛弃了。我们班里一个叫涵涵的小朋友，每天早上都是第一个来，但是她就是不进教室。刚来幼儿园的时候她还在教室里待着，随着对幼儿园和对老师的熟悉，她就开始耍脾气，又哭又闹，哭着喊着让老师带她出去玩。刚开始的时候，我们为了不让她哭就抱着她出去玩，可是慢慢地我们发现她只要进教室就哭得没完没了。这时候我才发现，我们的做法是错误的，我们不应该在她哭的时候就抱她出去玩滑梯。在她的意识中，只要哭就可以得到自己想要的。从那以后即使涵涵在教室里哭，我们也不会抱她出去，而是让她自己在一个地方坐着，过一会她就不哭了。虽然她现在还是会哭，但是比刚开始的时候好多了。通过涵涵小朋友的事情，我知道了孩子哭的时候不一定要去满足她，而是要慢慢地引导她。刚进幼儿园的孩子是刚从爸妈的怀里走出来的孩子，幼儿园是他们的第二个家，我们就是他们的第二任父母。所以，我们要给他们足够的关心和爱护，让他们在幼儿园里快乐成长。

李媛老师评语：爱心是幼儿园教师必备的素质，但对待小朋友也不能爱心过度，满足他们的各种要求。看来你已经领悟到了这一点，在以后的工作中继续领会，好好运用吧！

上班一段时间了，可能是没有丰富的经验，也可能是还没有找到适合自己的教学方法，总觉得在课堂的控制上还有一定的欠缺。这是一个很大的弱点，也是以后需要努力改进的一个大方面，一定要多观察、多询问，跟经验丰富的老教师多学习，争取让自己的课堂更加富有感染力，并在课堂的控制力上有一定的进步。不过，看到那么多可爱的小朋友，尤其是在听他们说"张老师，我喜欢你"的时候，心里别提多高兴了。以后要好好学习，弥补自己的不足，争取早日让自己成为一名更加合格的幼儿教师。

杨民老师点评：能力的提高需要一个过程，是一个从理论到实践的过程，就像你自己说的那样，多看、多听、多学、多体会，争取让自己的课堂更加富有感染力，在课堂的控制力上有一定的进步,加油!

这一周班里又来了三个新孩子,可能已经适应了孩子刚来时的哭闹情绪,我即便再束手无策,也有了一些应对的方法。因为大多数孩子情绪已经稳定了,带动着新的小朋友很快就不哭了,只是早上来的时候还会哭闹。看到家长把孩子送到老师手里时的不舍,看到他们背对孩子时的眼泪,我知道自己的责任有多大,知道家长对我们的期待有多高,同时也能体会到妈妈的心情。和孩子们相处下来,看到他们慢慢适应幼儿园的生活,慢慢学会排队走直线、拉小衣服,学会起身后把小椅子推到桌子底下等等,看到他们的成长好开心,自己的付出见到了成效,我相信我的孩子们会健康快乐地成长!

丁名夫老师评语:努力不会白费的,你跟小朋友们一起成长,老师可以看到你的进步,继续努力!

在校时,尽管我学习掌握了丰富的理论知识,也曾模拟过各种游戏活动,但当真正作为一名幼儿教师站在课堂上,才意识到儿童的学习没有模式,我们也无法模拟。在机关幼儿园实习的几天中,我获得了很多教育孩子的知识,也意识到只有针对每个孩子的特点,选择好的方法进行教学引导,才能与孩子共同成长提高。

作为一名刚走出校门的大学生,对幼儿园的日常流程、孩子的性格特点、生活规律都不是很熟悉。在这几天的学习中,我观察到孩子们都特别活泼,有个别的小朋友注意力不是很集中,还经常在老师讲课的时候,玩鞋、交头接耳等,可能孩子们天性活泼吧!不过,这可难不倒我们的三位老师,她们采取了多种多样的教学方法。例如,在成语课上,老师们用分组的方式,将孩子们分为西瓜队和草莓队,激发孩子们学习的兴趣;在数学课上,采用"小丽"去学校跨越障碍物的方法;在音乐课上,让孩子们轮流当歌唱之星,还有很多很多表扬的方式、互动的小律动,这些对我而言都是宝贵经验。

在上班的第三天,我在老师们的鼓励下,给孩子们上了一节美劳课。孩子们都非常喜欢这节课,但是,在上课的过程中,由于孩子们特别兴奋,注意力都集中在美劳工具上了。所以,虽然孩子们的手工汽车都做好了,但没有完成我教案中的教育活动。课下我也积极请教了老师们,知道了这节美劳课存在什么问题,并加以改进。很感谢老师们的悉心指导,我会认真分析自己的教学问题,不断进步。

在以后的实践中,我会尝试更多的教育教学活动,丰富自己的经验,了解每个孩子的性格特点,积极揣摩管理孩子的新方法,同时认真向各位老师学习,获得更多知识。

王来圣老师评语："小马过河"的故事你还记得吗？实践出真知。会做才是真正学会了。多向一线的老师学习，吸取他们丰富的教学经验，通过自己的实践、反思，不断领悟、提高。继续努力吧，你会成为一名优秀幼儿教师的。

　　这周是特别充实又收获满满的一周。幼儿园安排我出去学习一个星期，这是幼儿园领导对我的信任和期望。一周的培训每天都有不一样的收获，在那里认识了新的培训老师，她教会我做一名幼儿教师应该拥有的教态、表情、语言、动作等，各方面都有了一定的优化。我觉得自己进步了很多，而且每天的培训都有不一样的教案在里面。我们幼儿园的特色专业是"识字郎"这门课程，适合四到六岁的儿童，让孩子在快乐中边玩边识字，是一门很好的适合学龄前儿童的特色教学课程。在培训中我不仅学到了一些知识和教学方法，还得到了识字郎总部的肯定，获得了荣誉证书，被评为优秀教师，我骄傲。

杨世诚老师评语：祝贺你的进步！你的专业成长起步了，真的为你高兴。赢得信任，还会赢得更多机会，要试着与同事和领导多沟通、多交流，要融入到这个群体中。

　　这一周有喜也有忧。喜的是：孩子们接收新知识的能力又有所提高了，新知识教一两遍，大多数都能记住，理解能力也有明显的提高。忧的是：由于天气转冷，孩子们的抵抗力都有些下降，咳嗽的、感冒的、发烧的，频频不断，有好多孩子都不好好吃饭，吃得都很少，我看着既心疼又着急。

　　这一周对我来说又是一个新的突破。从这周开始孩子们的朗朗逻辑数学课由我负责。对于从来没有带过数学课的我，是一个新的挑战。我精心地准备着，查阅参考资料，学习和观摩其他老师讲课，认真备课，终于迎来了我的第一堂数学课。刚开始讲有些生疏，好多地方都有不足。经过主班老师的指导，我渐渐地喜欢上了这堂课，讲课也自然顺畅了许多。我会继续努力，不断突破自己，争取做到最好。

郑清老师评语：有了第一次的课堂，有了第一次的评课，以后就会越来越好。希望你珍惜讲课的机会，认真准备好每一堂课，并在课后及时总结，不断提高。

　　主要工作：本周由于某班保育员请假，我被暂时调到此班当保育员一周，我真正体会到保育员的辛苦。保育员的工作时间是朝九晚五，一天八小时，到园里就开始打扫卫生，然后10:00之前给孩子拿加餐，组织孩子大小便，照顾孩子吃水果。10:20左右收吃剩的垃圾、洗刷果盘。10:50左右拿餐盘分盘子。11:00与带班老师拿来午餐照顾孩子吃午饭。11:25开始收餐盘，打扫卫生。11:30照看孩子，这时可以先让孩子看动画片。12:00前后组织孩子上床睡觉，给孩子讲睡前故事。14:30孩子起床，给孩子整理床铺。15:30 拿加餐。16:00 组织吃加餐，等孩子吃完刷碗，然后将碗、杯子、小毛巾等物品送去消毒。这差不多就是一天的工作。

保育员工作看似简单，实则不易，很多地方都关系到孩子的健康。以前只是看班上的保育员做，自己没干过，感觉我很多地方都笨手笨脚的，特别是照顾孩子午睡方面，好在班上的老师对我比较照顾。

要做一名合格的幼儿教师，不但要有扎实的基本功，还要有很强的保育能力。不仅要从课堂上还要从生活中学习，了解孩子。保育员就像一个妈妈，给孩子慈母般的爱，孩子将会健康成长！

杨世诚老师评语：祝贺你的进步！经过一段时间的实习，你对幼儿园一日常规已经很熟悉了，难能可贵。我们专业的培养目标就是培养具有教育、保育、保教反思三种能力的幼儿教师，保育工作在幼儿园是极其关键的。体验了保育员的工作，对你自己的工作也会有所帮助的。加油！

安全第一，是每个周开会园长必讲的内容。冬天了，有些孩子穿的衣服饰品比较多，例如拉链、衣服上的小钻、扣子，孩子们可能会拿在手里玩或含在嘴里。这周每天必须要有专门的一小节课堂来讲这些安全问题，避免问题的出现。

冬天的到来给老师和孩子们带来了不便，主要问题是孩子尿裤子的现象逐渐增多。原因就是家长们给孩子穿得太厚，不容易脱，还有的孩子裤子比较紧，以致于自己弄不好，就尿到裤子或裤腿上了。

对于上述问题，要尽量观察每位孩子的自理能力，帮助他们提脱裤子。最重要的一点就是和家长做好沟通，尽量不要给孩子穿得太厚、太紧。

杨世诚老师评语：幼儿的自理能力有限，需要老师的照顾，也需要老师及时把幼儿在园的情况反映给家长。老师认为你针对孩子尿裤子这个问题考虑得很全面、很好。继续加油！

工作两个月了，在这两个月中，经历了很多在学校没有经历过的事情。身份不同，想法就不一样。在幼儿园里我们是孩子的老师，一言一行都要给孩子们做榜样。我所在的大班班主任是我们园的教研主任，我跟着她学到了很多东西。从前不知道教案是怎么写的，只是在网上随便抄一点，但是工作了才知道这样行不通，只是掩耳盗铃。我们班的班主任总是耐心地给我讲怎样写好一篇完整的教案，一篇教案包括几部分，各个部分的内容怎么串联，怎么组织语言，我现在也能顺利写出一篇教案了。在此，我很感谢她，希望我们在一起能够合作愉快，一起把工作做好。说实话，我这两个月的进步有魏老师一半的功劳，我会再接再厉的。

杨民老师点评： 在学校的时候，老师也教过教案怎么写吧，是不是你总是从网上抄写应付了事才没有学到真正的本事呢？到了工作岗位，知道哪些知识真的有用了，要不断充实自己，才不会被淘汰。任何一件事情都要用心去做好，不断学习，给自己充电。

不知不觉已经工作三个月了。在这三个月里，从刚刚进入幼儿园，到接受培训，再到进入班级做配班教师，现在又进入学生的家庭做家访工作，感觉自己成长了很多。虽然说以前也利用假期在社会上工作过，但是比起现在正式上班来说，真的差很多。现在锻炼的机会也多了，学习的东西也多了，在为人处事方面也有很大的改变。虽然说有时也会很累，但是只要坚持下来，就会发现，只要通过考验我会是最棒的。

上班之后我才深刻体会到，幼儿园老师的责任就是孩子，一切为了孩子，为了孩子的一切。不管你在干什么，只要有孩子在，孩子永远都是第一位，这就要求幼儿教师有很强的责任心。我现在非常庆幸自己选择了我工作的幼儿园，因为在这里，我学到了很多东西。每周一的大会，会让我们随时更新自己的想法，不断进步；每天晚上的教研工作，也让我们在工作上有所提升。我会为孩子们努力，奉献出我的一份力量，在工作的同时不断提升自己，把困难当做对自己的考验，不断改进自己的不足，做到最棒。把一切为了孩子作为座右铭来不断要求自己，不求最好，只求更好！继续努力，加油！

李莹老师点评： 想要成为一名好的幼师真的不是件容易的事，但你做得很好，而且已经有了一个良好的开始。这一切源于你的执着和感悟。可以看到：短短的三个月，你学会了很多，学会了工作方法，学会沟通与交流，学会了感恩。只要学习，你就会进步。记住：良好的开端是成功的一半！继续努力！

又一个月过去了，实习也已经有三个月的时间了。在这三个月里我学到了很多东西，不论是在教育教学方面，还是在为人处事方面。刚来幼儿园不久园长给我调班，那时候是一百个不愿意。因为自己太"懒"了，去新的环境要重新认识小朋友，也要和班里的老师交流。现在不了，园长安排我去哪个班帮忙，我已经能够很自然地和宝贝们相处。和老师们也像"自来熟"一样，什么问题都会问，能够很好地交流，相处也不那么费劲，没有觉得尴尬。

在幼儿园里我有很多进步，能够大胆展现自我，敢于表达意见。我很庆幸我在给两位老教师当配班，这样我就可以多向老教师学习，吸取她们的教学经验，她们有很多地方值得我去学习。现在对于孩子们的常规我已经很了解了，大中小班孩子的特点我也有所掌握。在以后的工作中我会更加努力，做好配班，等到明年另一个老师走的时候能够很自如地接手这个班级。相信我以后会更棒的，加油！

张丽丽老师点评：我觉得在工作中，责任心也是很重要的。幼儿教师有其工作的特殊性，不仅要教给孩子们知识，而且要关注孩子们的饮食起居。要照顾好每一个孩子，不仅仅是在嘴上说的，还要体现在日常的生活中。多关心孩子，和他们沟通，了解他们的想法，才能正确引导他们。

今天又是收获的一天。对于现在的我而言，幼儿园实习的每一天都是珍贵的！早晨，园长便把我们聚在一起，向我们再一次介绍幼儿园的情况，当我翻阅着幼儿园出的园刊《小贝壳》时，一个个活动的掠影，一张张孩子们的笑脸，一篇篇老师们的文章，无一不震撼我。同时我也坚信：在这样优秀的幼儿园，我一定能够学到更多知识！

上午，我们又一起在中班听了石老师的数学活动《给卡片选数字朋友》，石老师从音乐游戏"小黄瓜"到手指游戏"变变变"以及拍手游戏，将数学渗透于游戏之中，让幼儿在玩中学，学中玩，而事先准备的可爱动物图片也让我深刻体会到教师基本功的重要性。中午，作为实习生的我参加了中班的第一次集体备课，其乐融融的氛围，以及相互讨论的热情，包括定期开展的学习活动与实践活动，让我不禁感叹：这样的幼儿园真的很棒！这是充实而新鲜的一天！

王晓丽老师点评：能够在这么好的幼儿园实习，与这么优秀的老师成为同事，真的是一件非常幸运的事情。希望你珍惜这来之不易的机会，多多观察，多多感受，把好的知识方法用到实践中去，慢慢成为像石老师一样的优秀教师。

前两天我有幸听了国秀华教授的讲座"如何成为一名优秀的幼儿教师"，印象最深的就是国秀华老师说："我们必须用心来对待每一位孩子，做家长满意、孩子喜欢、领导放心的好老师。"通过听这次讲座，我收获非常大，知道了不同的孩子要给予不同的爱。国秀华老师说，对淘气的孩子应给予接纳与信任，对内心柔弱的孩子应给予赏识与呵护，对好强拔尖的孩子应给予明理与引导，对孤僻的孩子应给予接近与展示。听了国老师的讲座，我有种茅塞顿开的感觉。之前对待不同的孩子总是找不到好的办法，现在明白了。成为优秀老师的过程就是一个不断学习、不断积累、不断探索的过程，我会不断努力。

冯永娜老师点评：听专家学者的报告也是学习进步的一种好方式，这样的机会对于新入职的教师来说是弥足珍贵的。学以致用，实践是很重要的一个环节，希望你能把专家身上学到的知识运用到实践中，继续加油吧！

这是我来幼儿园的第一个月，之前在幼儿园实习过半年，还算有一点经验。来到这个幼儿园很快就适应了园里的工作，但是毕竟经验不多，懂的也不多，在某些环节上还是会有缺陷。我现在担任中一班的配班，也开始讲课、备课、组织孩子活动，虽然每天会感觉到累，但是很开心，因为我觉得学到了很多在学校学不到的东西。一个月过得很快，每天都很充实。

每天上课我都很认真地做准备，经验在一点点积累，从刚开始愁上课、怕上课、怕上不好课，到现在的积极准备上课，慢慢地我进入了状态，但在很多的课程设计上还是没有太大的思路。虽然教师用书上都有教案，但是我觉得教案有很大的缺陷——过于简单，孩子提不起兴趣。然后我就上网找关于这节课的优质课视频，学习他们的教学流程，这对我是一种很大的帮助。如果网上没有的话，我自己也会想很多办法来上好这节课，空余时间会请教班里的老教师，积累经验。我觉得经验都是一点点积累的，经历的多了就会好了。因为我是男老师，班里的孩子都很喜欢我，现在跟孩子们相处得非常融洽，跟班里的老师相处也很好。我会努力做到更好，努力上好每一节课，空余时间多学习，慢慢积累经验。

辛帅老师点评：随着实习时间越来越长，你会发现学校里学的知识远远不够用的，只有自己在工作的同时，不断地积累，不断地学习，才会满足现在孩子们的需求。学无止境，加油！

这周很充实，时间过得很快，周一为了准备周二"同课异构"的公开课教具加班到很晚。我遇到了一位很好的班长，她待我像自己的亲弟弟一样。有时主动和我一起加班到很晚，平常很关心我，给予我帮助，我很感谢她。我们食堂的阿姨对我也很好，知道我不太爱吃米饭，午餐时会另外给我准备一些面食，虽然是很简单的举动，可确确实实感觉很温暖。

周二我上的公开课"水果列车"自己还是很满意的，从备课、准备材料、一遍遍在脑子里构思、演练，到最后的实战，我觉得我付出了。我喜欢这样的感觉，当你精心准备一件事情，并为之付出努力，其间过程让人很兴奋。之后教学主任对我予以了很高的评价，也指出了不足之处。

这周我们一直在准备"省示范幼儿园复评"工作，虽然复评审核要等到明年，但我们从现在就已经开始准备了。对我们之前的电子备课稿、个别幼儿区域观察记录表、区域活动观察记录表、家访记录表等一系列表格进行了修改，之前字迹潦草、语言简短等问题都需要重新返工，每个老师都忙累不堪，还要去做幼儿档案表、教师个人档案等一系列的材料。虽然很累，但从中学到了很多经验，明白了如果之前没有认真去做准备的话,就需要重新做,还不如一开始就把它做到最好。只要认真付出,总会有收获,只要肯去经历、去面对,总会有进步。马上进入十二月了,加油!

辛师老师点评:工作了就会受到来自不同方面的压力,内在的或是外在的,学生时代我们可以松懈,但是身份变了,除了自身要求进步的内在动力外,来自工作岗位中的要求也是促使我们进步的外在压力,但是我们不能被压力牵着鼻子走。临近年底,要进行的工作会越来越多,一定要早准备早出发,变被动为主动。加油!

昨天下午的美术课,我感觉自己准备得很充足,可是效果不尽人意,该说的好多话我都没说,反而说了一些维持课堂纪律的话,浪费了好多时间。带班老师说,是我导入时说得太多了,我也这么认为。但是我感觉如果不说,这节课总觉得缺点什么,反正就是感觉很受挫。不过令我高兴的是,下午快放学时我编的抢椅子游戏受到了孩子们的欢迎。游戏不仅让孩子们复习了平常学的一些古诗、儿歌,还让他们认识了颜色,他们玩得很高兴,感觉这个游戏我设计得比较有创意。我想孩子们喜欢新颖的、没玩过的游戏,我要多设计一些游戏把要学的知识融入到游戏里面,让他们在快乐中学知识。

高建群老师评语:虽然幼儿没有考核要求,但是每一个孩子都有得到新知识的权利,这也是家长送幼儿来园的最直接、最实际的目的。作为幼儿园老师,需要时时刻刻将这些牢记心头,充分做好准备,上好每一节课。虚心接受老师的建议,仔细思考课程的过程,这样才能进步!

新学期开始了,所有小朋友都到齐了,一个个都是好奇宝宝,对新教师新环境充满了新鲜感。主班老师告诉我一些包括小朋友哭闹,换了新环境不吃饭一类需要注意的问题。接下来,我要初步掌握每个小朋友的性格特点,哪个小朋友不喜欢吃什么,这个小朋友睡觉怎样,等等。虽说不能面面俱到,但是最起码也得做到初步了解。

经过一个星期的相处,我基本了解了每个小朋友的大体性格,对于突发事件我也基本可以处理好。由于是刚开学,一切都还没有步入正轨,只是初步教小朋友们一些儿歌、简单的小律动。下个星期就要正式上课了,主班老师让我带拼音和画画。这两个可是我的强项,这个星期我去买了关于怎样教拼音的书,也向其他老师请教了控制课堂纪律和教学的方法。在做了充分的准备之后,我相信我一定可以的!加油!

杨民老师评语:知识、经验的获得可以在孩子成长过程中日积月累。学习是永无止境的,你是刚去的新老师,一切都要虚心学习。你能够主动买书、提前向其他老师求教,已经迈出了第一步,要走好接下来的每一步。希望你能学到更多知识。

本周我被调到了小托班。虽然只在中班待了两三天，但是走的时候也有些许不舍。我问领导为什么要去别的班，她说哪个班缺老师就会把我们实习生安排在哪儿，说着说着我们来到了托三班。

小托班的孩子都是一岁半到两岁半的孩子，进去一看正赶上他们吃早饭，而且老师们都是一口一口地喂他们吃饭。天呐！我连忙放下手里的东西过去，学着其他老师的样子给孩子喂饭吃，结果他们都不吃，原来是跟我不熟悉啊。哈哈，这帮小孩还挺精的。吃完饭我们都收拾完了，活动的时候这帮小宝宝一会哭一会叫，一会尿尿一会又拉了……不光老师们手忙脚乱，我更是忙得焦头烂额。跟他们接触了一上午，中午吃饭的时候我喂饭他们也开始吃了。午休时间到了，心想总算可以安静会了，但没想到小宝宝们都哭着闹着要找妈妈，结果我们老师得一个一个地抱着拍着他们才肯睡觉。一天下来累坏了，我们整天重复着同样的工作。在托班我觉得老师跟保育员是一样的，什么都得干，不过还好，一星期下来多多少少也看到宝宝们的进步，让我感到欣慰。

张丽丽老师评语：幼儿的行为习惯和所具备的能力不是一天两天养成的，而是一个相当漫长的过程。这个过程的起点很重要，这就要求教师能有足够的耐心去培养幼儿良好的行为习惯以及动手能力。给孩子足够的空间，任其驰骋，让孩子边成长边经历各种不同的事情，在这种轻松快乐的氛围中使孩子得到应有的锻炼。

爱是相互的，在我和孩子相处的过程中，这种感受更加真切。李杜一小朋友在我眼里是一个单纯的小男孩，聪明、活泼还有点调皮，是我们班的"调皮鬼"。但是有时候你不能单凭孩子的某一方面就判定这个孩子的天性。昨天，李杜一看到郭同悦小朋友在认真玩玩具，他过去就把人家的玩具全都推到了地上。我看到他故意搞破坏就说："李杜一，你干什么啊？快把玩具捡起来。"没想到李杜一却说："收玩具了，她还在玩。"我急忙说："收玩具的时间到了，你也不能把别人的玩具推到地下啊，你快把玩具捡起来。你要是不把玩具捡起来，那老师以后也不让你玩了。"见状他马上说："老师，我能改正。"

我们班有个规定，早上第一个来幼儿园的，可以做老师的小帮手帮老师收玩具。今天是郭同悦小朋友第一名，所以老师让她去收玩具。李杜一也想收玩具，他看到我让郭同悦收玩具，很生气地指着我说："你是个骗子，你骗我。"我看他快要哭了，就蹲下来想安慰他。没想到我刚蹲下，他就用他的小手抓住我的脸，使劲扭。我生气地告诉他："李杜一，你太没礼貌了，竟然敢打老师，我不喜欢你了。"原本是想去安慰李杜一的，没想到被他打了。一上午我心情都不好，可是我仔细想了想，毕竟他是孩子,他还小不懂事。我是他的老师,我有责任让他知错认错。我轻轻地来到他身边:"李杜一,你看你刚才都把老师弄哭了,老师可伤心了。以前老师可喜欢你了,现在我都被你抓哭了,怎么办啊,好疼!"他用小手摸摸我的脸说:"对不起,我错了。"我说:"我知道你想当第一名,如果明天你再来早一点点,你就是第一名好不好?"他开心地说:"嗯,好!"这一刻,我感到爱是相互的,只要我们抱着一颗真诚的爱心,那会是孩子温暖的依靠。

高波老师点评:很有力量的一种教育。当孩子犯错时,没有视而不见,帮助孩子认识到犯错的地方;当孩子伤到老师的时候,没有孤立他,而是用自己的爱心和智慧,让孩子承认、改正了错误。没有一颗真诚的爱心,是做不到的。加油!

刚开始实习的时候,看到孩子们椅子放得不整齐,我就会帮他们放好;看到他们饭菜吃不完或是不想吃的时候,我就会去喂他们或是跟他们说不要吃了;他们不会脱、穿衣服的时候,我会主动去帮助他们。经过指导老师的指导后,我明白了我这种行为导致的后果就是他们永远都无法学会自己的事情自己做,无法养成良好的行为习惯。虽然我的出发点是关爱幼儿,但结果却是溺爱他们。经过反省,我觉得身为一名幼儿教师心中应该有一把尺,这把尺其实就是教师坚守的原则。

张小仪老师评语:实习生活会教给你一些课堂上学不到的知识,看到什么事情都不会的小朋友,我们不自觉地想要帮助他们完成不会做的事情,这样不仅不能帮助孩子进步,还会因我们的"包办"使孩子们难以养成良好的生活习惯,不利于孩子的成长。幼儿教师有其工作的特殊性,不仅要教给孩子们知识,还要关注孩子们的饮食起居。要照顾好每一个孩子,不仅仅是在嘴上说,更要体现在日常的生活中。但是这种关心绝不是代办、包办,工作中要把握好尺度。

越来越习惯忙碌的实习生活。虽然说忙了点,但是很充实,空闲下来还挺不习惯的。忙,学到的知识也多。今天,我们班一个小朋友流鼻血了,当时,我看了也挺着急的,不知道应该怎么做。因为他弄得手上、衣服上都有,我说,你把头扬起来,我们班的董老师说,不能扬头,让它流出来顺便把左手举起来,他照做了,没一会就不流了。事后,董老师还教了我很多像这种突发状况的处理办法,比如说孩子头上撞起包了,还有就是孩子摔着了磕着了。我们当时在学校学的时候,可能觉得无聊没什么用,但是到了实际工作中就后悔当时怎么就没好好学呢。我们在上学的时候老师翻来覆去说很多遍我们也记不住,但是,到了实际工作中说一遍就记住了。因为,这是我们身为老师的责任,我们要表现得比孩子镇静,比孩子有办法。

周季老师评语:很多同学会抱怨学校中学的知识没有用处,实际上类似于儿童流鼻血等意外事故的处理方法，我们课堂中都讲过的。这给我们一个启示，不要忽视任何一次的学习，也不要因为学到的东西暂时没有用上，就觉得"知识无用"。书到用时方恨少，脚踏实地地走好每一步，不要急于求成，你会发现能收获更多。

🦋 幼儿园新来了一位工作了八年的老教师，她的教学方法和之前的那位老教师有些不同，可以说从她身上学到的知识更适合幼儿园的教学。相比较而言，之前那位老教师和家长的沟通能力技高一筹，但是她的教学能力比沟通能力弱很多；新来的这位老师无论在上课及组织活动方面，都让我们学到了很多东西。虽然我经验还很少，处理事情方面还欠缺，但是相信在老教师的带领下我一定会越来越好。

鞠楠楠老师评语：老教师的经验往往能帮助新教师迅速成长，事半功倍。不要在意哪位老教师的能力强，不管是家园沟通能力还是教学组织能力，都是工作中需要的。择其善者而从之，其不善者而改之，要善于留心观察前辈的教学方法，并根据自己的教学风格灵活运用。

🦋 一天早上，小一班的欣欣在早餐过后流鼻血了。她没有及时告诉老师，我发现时她已用衣袖把鼻血擦得满脸都是，看得我心惊胆战。好在指导老师在，我马上把情况反映给她，她立马对欣欣的流鼻血事件做了处理。下午欣欣妈妈来接欣欣时，张老师坦诚地向欣欣妈妈道歉并讲明实情，妈妈了解欣欣的身体情况并答应张老师一定会配合学校的管理，在家要求胖欣欣多吃蔬菜，少吃糖和肉，走的时候欣欣妈妈一脸放心。在班里，张老师按时喂欣欣吃药，关切地询问她，给她讲解多吃蔬菜水果多运动的好处……当再有孩子流鼻血的时候，我已不再慌张，明白对于幼儿园里的突发事件，作为一名老师首要的就是沉着冷静。

田广庆老师评语：你说得很对，对于幼儿园里的突发事故，作为一名老师首要的就是沉着冷静。另外，经验的积累不可小觑，有过这次经历以后，再处理类似的事情就能沉着应对了。随着经验的积累，相信以后再处理突发情况你会更加得心应手！继续努力！

🦋 这个周，我参与了特色活动区的设计和布置，并且讲了一次公开课。虽然之前已经给孩子们上过几次课了，但是上公开课的时候还是很紧张，尤其是看到后面坐着好几位老师的时候。越紧张，就越怕出错，越怕，就越容易忘记接下来要说什么。可是，我又转念一想，为什么要紧张呢，大家都是这样一步一步慢慢走过来的，既然不想逃避就该勇敢面对。这么一想，心里顿时轻松了许多。虽然说错好几次了，可是一堂课也算是圆满结束了。我感觉实习是对学过的知识进行体会与实践，更是对

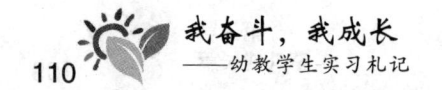

自己的一种历练和经验上的积累。实习不仅可以看清楚自己的能力，还可以学到和书本上完全不一样的知识。我知道，在实习期间我正在真正成长。

王晓丽老师评语：做任何事情都有第一次，都会紧张，但是否成功还是把握在自己的手里。实习是个很重要的阶段，好好把握，不要给自己留下遗憾。多为自己积累经验，为自己的未来打下一个坚实的基础吧！加油！

经过一周的实习，在跟着老教师带班过程中学到了好多以前没有注意的细节。这个老师注重凡事让孩子自己动手，孩子在动手过程中会学到一些东西，并且自己做印象会深刻，同时由于孩子注意力的集中，老师也轻松了。以前我们的模式是什么都给孩子准备好。比如，吃饭之前，我们会把饭菜端到他们面前，一切准备工作完毕后，只等他们吃饭；在吃饭时，还有一些孩子自己不吃饭或者吃得很慢，不停地玩、下位走动，需要老师提醒、喂食，慢慢地他们养成了不自己吃饭的习惯，需要老师喂饭，老师喂一口吃一口，不喂就不吃。现在新老师带班，孩子们自己盛饭，走回座位自己吃饭，饭不够的孩子自己去添，这样老师就不用喂每一个孩子，孩子都会自己吃饭，老师也很省力。听老教师说，只要孩子上手，只需一个眼神，孩子便会知道你让他干什么，很听话，好期待我们班的捣蛋孩子能变乖。在老教师带领下，我们会学到更多知识，加油！

辛帅老师评语："三人行必有我师焉"，更何况是一个有着丰富经验的老师，在这样的帮带形式下进行实习，既能克服本身的恐惧心理，也能够学到东西。加油！

又是新的一周，我发现小朋友又进步了，很欣慰。由于孩子们中午睡醒后一个一个地穿衣服比较慢，我们就鼓励小朋友们自己穿一些简单的衣物，有的小朋友自理能力比较强可以穿好，有的小朋友差一点，但是衣服也能差不多穿一半。昨天看到一个穿衣服比较快的小女孩帮助其他小朋友穿衣服、系扣子、提鞋子，我们从没教过小朋友要帮他人穿衣服，孩子能有这样的举动我感觉好欣慰，看到他们一点一点的进步都好满足。孩子的进步每天都有，只是需要我们用心发现，生活中不是缺少美，而是缺少发现美的眼睛。

高波老师点评：是的，那个穿衣服比较好、比较快的小女孩帮助其他小朋友穿衣服的一瞬间蕴含着感动，就是美。你能发现孩子的这个瞬间，说明你是用心的，继续努力。

这周一被临时派去参加学习，那一刻我有些兴奋，加上分园的老师总共去了7个。其实那天就是去听别的老师讲课，大班中班小班的都有。

不得不说，能上去讲课的老师肯定都是值得学习的。首先，值得学习的是她们的勇气，无论课堂质量如何，能从容地在几百名老师面前上一堂课，勇气可嘉。其次，是她们的授课技巧。怎样吸引小朋友的注意力，如何带动课堂气氛，都做得很好。其中，有个大班的数学课"认识正方体"让我印象深刻，让幼儿自己想办法去比较正方体的六个面是否一样大。老师引导幼儿用笔画下其中一个面再剪下来。还有利用比赛游戏，有很多不同的正方体或长方体的纸盒分别放在两个篮子里，幼儿分两队做接力赛去找出正方体并合作依次垒高。既增强了孩子的团队合作意识，又营造出竞争的气氛，使他们在游戏中不知不觉地加深了对正方体的认识，学到了知识。这让我受益匪浅。

习惯幼儿园的工作后，现在我的心态会有一段时间处于比较厌烦的阶段。主要是真心觉得自己上的课没有营养，调动不起小朋友的积极性来。没有老师教我，我觉得大家都是在冷眼看待。我该如何重新看待这份工作呢？

高波老师点评： 教，然后知困；学，然后知不足，知不足方能自强，这就是教学相长的道理，这也是实习的价值所在。你的厌烦来源于调动不起小朋友的积极性的反思，这反映出你性格好强追求上进的一面，这是好事。但是，罗马不是一天建成的，不要期望逼其功于一役，不要急，慢慢来，经历磨练，你会越来越出色的。

现在幼儿园已经开始为元旦排练节目了。因为有三个园，所以决定我们园里的三个小班集体排练一个节目，三个园里的老师们也集体排练了两个舞蹈。老师们中午排练舞蹈，宝宝们下午排练舞蹈，所以好多的课都停了，都在为元旦的节目做准备。通过这次活动我感觉到了经验的重要性以及专业和非专业老师的差别，在出主意方面还是有经验的老教师点子多一些，但是在幼儿以及老师们排练舞蹈方面还是专业的老师占优势。我会努力让自己成为既专业又有经验的教师！

高波老师点评： 不同专业、不同年龄段的教师各有不同的优势。一个优秀的幼儿教师可以博而不精。所以，你要让自己成为既专业又有经验的教师是很好的想法。努力！

这星期听了3节公开课。第一节是大一班刘洪霞老师的捏橡皮泥课，她由蛋壳引入，让小朋友来装饰蛋壳，激发小朋友的动手欲望，课上的大部分时间都是小朋友动手捏橡皮泥，然后小朋友展示自己的作品，说说自己的设计思路，让其他小朋友帮助提一些好的建议，最后再由小朋友们拿起自己的小作品互相讲解或者给在场的老师讲解，这一环节主要是让小朋友练习说话和胆量。后面的两位老师的公开课分别是中二班的剪纸、小一班刘老师的撕纸，讲课的思路和刘老师的大致相同，三节公开课让我感受到幼儿园教师上课教具准备要非常充分，对小朋友的讲解要足够耐心细致，关注幼儿发展，尤其是对幼儿评价性的语言更是多种多样。加油吧！

高波老师点评：任何教育活动要想成功，都必须体现幼儿的主体性，这是上述三位老师授课成功的关键。希望你虚心学习。新教师只有多听课才能够逐渐积累经验，你要珍惜每一次听课的机会，从中有所收获，逐步掌握一些上课的技巧。平时可以经常和班级老师以及其他老师请教教学上的问题，这些都是新教师成长的必由之路。

这个月有公开课，有些紧张，选题的时候也比较匆忙，选择了自己最不擅长的教学活动，在园长以及园内前辈们的指导下，最终还是有所突破，很高兴自己没放弃。通过这次公开课自己得到了锻炼，有所成长。对于教案的准备已有所熟悉，增加了不少经验；对授课方式以及授课环节也有所认识和改善。这是一次让我成长的机会。

领导点评我的课时，我很清楚地知道了自己的不足——在整个教学活动中有些不应该出现的小动作或者是不好的习惯。通过这次公开课，我知道在幼儿园就没有上课这一说，出现这样的口误，大抵是因为之前给小学生辅导时的说话习惯。因此，我需要改掉自己之前不好的习惯，给幼儿做好榜样。

很高兴这月又有机会外出学习，每次外出学习视野就都会开阔不少。这一次外出学习，看到其他幼儿园的特色课程以及区域活动，令我很吃惊——一些很简单的东西，在其他老师的手里就改造得很有特点、很新颖。虽然都说年轻教师有想法、有创新、与时俱进，但是，与那些老师相比我真是差得很远，我仍然需要继续努力，虚心学习，多学多问，让自己尽快成长起来。

高波老师点评：新人有新人的优点：比如新的理念，比如对新生事物更强的接受能力。你能够清醒地认识到自己的不足，找到与老教师的差距，知道今后努力的方向，就会一步步突破，一步步走向成功。不错，继续努力。只要有心，欠缺的经验总有一天会有的。希望你继续发扬勤学好问的精神，积极吸收其他老师一些先进的教学方法，早日成为一个优秀的幼儿教师。加油！

第一周就迎来了考核，上周末抽签，我抽到了《相框》。我从以下几方面做了备课：导入，让孩子们说说为什么拿这个照片来，从而引出课题相框；流程中的重难点是如何让相框立起来——直立杆的制作与作用；结束时，让孩子与家长沟通交流，拍照留念。这次考核时间为半个小时，因为时间的缩短（平时上课时间为一个半小时），在给孩子的思考时间上我也缩短了不少，导致评课时给我的提议是抛出问题后给孩子的思考时间太少。我是第一个上课的，还是比较紧张，但是我的紧张没有持续很长时间，在导入开始后就平静多了。

高波老师点评：一个半小时的课有一个半小时的上法，半个小时的课有半个小时的上法，要学会灵活处理。比如半个小时的课就不要面面俱到，而是围绕重点问题展开，这样既可以保证流程完整，又不至于担心课上不完剥夺了孩子思考的时间。但是，作为第一个授课者，你能克服紧张，难能可贵！相信你会越来越好的。

时间飞逝，转眼间一个月过去了，自己在这段时间里总算有些进步。由刚开始参加工作的羞涩与紧张不安，到现在适应幼儿园；由刚开始晨检时躲在老教师身后看着她们完成工作，到现在主动完成晨检工作；由刚开始不敢主动与幼儿交流、打招呼，到现在主动问好，主动找话说；由刚开始初出茅庐的内向、放不开，渐渐摆脱羞涩。这样一看，这一个月我还是有所进步的，这算是一个良好的开端吧。

在这个月里，我有幸参加了全镇教师的教研会。大会上首先做的事就是新人的自我介绍，我有点紧张，因为众位老教师身上的威严感让我莫名地紧张，在她们面前我就像小学生一样，我想终有一天我也会像她们一样。随后老教师们展示上学期的优秀教学成果，我被深深折服了，她们的教学经验以及创意是我应该努力学习的。这次的教研会让我感触颇深，知道了自己的不足，有了前进的方向和动力。非常感谢园长给我出去学习的机会，让我去一些优秀的幼儿园学习经验、拓展视野，让我对幼儿园有了更进一步的了解与认识，这对以后的工作有很重要的意义。我很庆幸有这么好的领导和同事，让我在幼儿园的工作能够更加顺利，她们的帮助让我逐渐进入状态。作为新人的我还很多不足的地方，我想在她们的教导以及自身的虚心学习下，会有所进步的。

高波老师点评：知道了自己的不足，找准了前进的方向和动力，不错。借鉴老教师的优点来弥补自己的不足，就会让自己尽快成长起来。只要有心，你会很快缩短与老教师的差距，像她们一样成为一名优秀的幼儿教师。

新的一天，新的开始，每天都是一个崭新的、与众不同的一天。我对幼儿越来越了解，对上课越来越熟练，心情总是愉快的。每天和小朋友一起上课，一起吃饭，一起玩耍，觉得自己也是一个小朋友了，有时也会对小朋友撒娇，他们则像个小大人一样安慰我，我们像是互换了角色，哈哈。

他们有时耍起小性子来，也是非常气人的，对他们又不能像对大人一样，说再多话也不听，很无奈，我只好采取冷处理。不理他，晾着他，一会就好了。不知道这样的方法对不对，但是这种方法对某些孩子屡试不爽。

孩子就像一张白纸，呈现什么颜色，取决于老师怎么描绘这张白纸。虽然我做得不是最好的,讲课不是最生动的,但是我会尽自己所能,做我该做的,做我能做的。对幼儿负责,对自己负责。

高波老师点评:发现你已经进入角色,找到做幼儿教师的窍门:与孩子相通、相融。喜欢孩子并让孩子喜欢你是做好教育的前提,至于你说的"做得不是最好的,讲课不是最生动的",不要担心,尽自己所能,做自己该做的,做自己能做的。相信有一天,你会成为最棒的。

🦋 实习第一周,我了解到这个班的幼儿比较好动,平时纪律较差,班上的孩子常常受到老师的批评甚至责骂。家长们对于这种情况也颇有微词,认为班上老师管理不力。面对这种情况,我该如何管理好这个班呢?是采取原来班上老师的一贯做法——批评教育,甚至罚站、罚蹲,还是另外想个办法来改变这种局面呢?最好的方法又是什么呢?那几天,我脑袋里一直回旋着这些问题,我总在想:假如是我的孩子,我最希望老师怎样做。思索的结果,是爱与夸奖。在这周开始的几天,我鼓励幼儿大胆发言,勇敢和其他小朋友交朋友。大多数幼儿都很喜欢举手发言,在得到老师的表扬之后越发有了学习的积极性。

李鹏老师点评:做得很对,对幼儿就是要多表扬、多鼓励,少批评、少冷落。希望以后努力在自己的实际教学中发现问题解决问题,最终达到实习的目的。

🦋 记得我要从大二转到中二的时候,大二的刘老师说过,如果你跟着一个不太优秀的老师,你或许学到的东西更多,因为,在一个班级里,如果她不行,那么你必须要行。这也可能是安慰我的话,但我还是记在心里了。

我发现,我们这个中二班的孩子都是比较有个性的,有逗能的,有打死不学的,并且,他们的精力无比旺盛。还有,他们是不会走路的,明白我什么意思么,就是无论做什么都是跑。有一次班主任怕他们有危险,让他们走,我直接就笑了,因为我发现,他们都是在挪步。真是让我哭笑不得,可是班主任好像已经习以为常了。

高波老师点评:好可爱的一群精灵呀,喜欢他们!至于刘老师的观点我不是很赞同,因为实习过程就是学习的过程,遇到一个高明的老师,你会受益匪浅的,而且优秀的老师一定不会害怕他人学习,如果一个老师有"教会徒弟饿死师傅"的想法,这一境界决定了她也不会太优秀。所以,在得到更多锻炼机会之余,建议还是从优秀教师身上多汲取营养。

🦋 旭旭今年4岁半,性格有点内向。一天我正给孩子们倒水,突然有人碰了我一下,回头一看,旭旭正在嘿嘿的笑。旁边的老师小声告诉我:"那天旭旭也碰我了。"我感到很奇怪。接下来的日子里我发现，旭旭并不是和老师捣蛋闹着玩，而是一种心理需要。他想和老师亲近，却又不敢直接要求，只是偷偷地碰一下、抱一下，而当我把他抱在怀里时，他却表现得很不习惯、很不自然，总是挣扎着要我放开他。通过家访，我知道旭旭的父母早已离异，缺乏母爱的他才有了这种行为。母爱是儿童心理健康发展的重要营养素，儿童对母爱的需求必须通过抚摸、拥抱和亲昵来满足。于是，每当早上接他入园，我都会主动过去给他一个拥抱。午休时，在他床边拍拍他，轻轻亲亲他的小脸蛋。同时，园里其他老师见到他也主动向他问好，抱抱他。渐渐地旭旭原来的行为没有了，变得快乐起来了！通过旭旭的事情，我想到，幼儿教育是一项伟大的工作，要求教师除了具有幼儿教师的基本技能外，还要有母亲般的爱心。作为一名幼儿教师，不能只看孩子表象，一定要探求孩子们行为背后的原因，并在了解孩子家庭状况的基础上，走进孩子的内心世界，做孩子的贴心朋友！当我们像母亲那样为他们无私付出的时候，当我们看到孩子们快乐的笑脸的时候，我们的幸福感也在不断增强。

杨民老师点评：爱心是每一名幼儿教师必备的，也是无价的。用爱去关心、呵护每一名孩子的健康成长，你会发现，在无私付出的同时，收获也是满满的，加油。

本周早读是学习1~5课，认识字卡10张，基本让幼儿达到会指字，会读儿歌，能说出图画上的事物，认识字卡，并能组词造句。幼儿学习字卡时兴致不高，我自我反省了一下，觉得是我的教学方法不对。请教了别的老师之后，我改变了方法，用字卡游戏的方式吸引了孩子的注意力。果然，和之前大有不同，效果一下就出来了。通过上周蒙氏培训，我对蒙氏有了一个初步了解，我会认真学习并虚心请教各位老师，好好学习蒙氏教育。以后我会再接再厉的，加油！

辛帅老师点评：蒙氏教育的特色就在于感官教育，教学过程中应该特别重视在听觉、视觉、触觉等感觉的基础上来学习概念，图形的认识也可以通过看一看、摸一摸等方式来感知有角和无角图形的区别。

这周时间过得很快。从周二开始，我们观看视频直播"2014年全省幼儿园教师优质课评选"，我收获了很多，每个老师都有自己的特点，无论是表情、亲切力、语言动作，还是细节的把握、上课的细致以及上课的流程，都让我深深佩服。同样的一节课，每个老师都上出了不同的特色，能够看出每个老师自身素质都很高，准备都很充分，真是增长了不少知识。从开学伊始，我就每天上早班接孩子入园，从刚开始傻站着等待孩子的到来，到现在能够跟家长说一下孩子的情况、询问孩子在家的情况，觉得自己也进步了很多。能够跟家长聊聊孩子的情况，家长也都很开心。我会继续加油的。

辛帅老师评语：新教师成长的途径除了听前辈的课，一个很好的途径就是观摩优秀教师的教学活动，这样可以了解学习到不同地方的教育方法，博采众长。但是能否运用得跟他们一样熟练自如，还需要不断的反思和无数次的尝试调整，最终才会形成自己的风格和特色。

不知不觉一个周又过去了，回想这一周平平淡淡几乎没什么事情发生。从老师们身上，我看到了为人师表散发出的耀眼光芒。在校时总以为当一位幼儿老师肯定很好玩、很轻松，但来到这里后我改变了这个想法。每次上完一堂课我都有很深的感触：想要成为一名优秀的幼师真的不是件容易的事！看着带课老师给孩子们上课，我认真学习她的上课方式和管理课堂纪律的方法。即使这样，我还是遇到了很多在校期间没有学过的难题，毕竟试教和正式讲课时候的心态是不一样的。虽然我现在只是配班，不过我还是想通过自己的努力好好备课，以便为以后上课做准备，时刻学习和积累经验，有时候我也会上一两节课。孩子们还是如我想象中一样，乱成一团，根本不听我讲课！我在想我是不是还是没把计划写清楚？

苏敏老师评语：教案设计和实际教学肯定是有所差异的，别灰心，虽然现在上课不如想象中完美，但是咱们要善于反思问题，挖掘原因，总结经验，为下次上课做好准备，每一次都会有进步，这样到实习结束时我们就会收获满满了！加油加油！

本周的主要工作有两个：第一，为了保证每一位幼儿的身体健康，幼儿园专门为幼儿制定了安全服药情况记录表，方便家长将幼儿服药情况登记清楚，便于老师为幼儿按时服药；第二，本周有一个"爱心妈妈"评选活动，要求每一位老师做好自己的本职工作，有耐心、爱心、诚心、细心。

本周存在的问题：第一，有的教师上课之前没有提前备好课，从上课的课堂秩序和组织教学上就能看出来；第二，可能由于天气的变化，天渐渐变冷了，幼儿到园的时间也晚了，每次总有那么几个孩子在上课快结束的时候才来到幼儿园。

本周改进的措施：第一，希望所有老师能提前一天备好课，便于活跃课堂气氛和合理组织教学活动；第二，建议家长让孩子回到家后早点休息，不要长时间地看动画片，来幼儿园要按时，要让孩子从小养成时间观念。

杨世诚老师评语：祝贺你的进步！这次周志写得不错，看到问题，并提出了改进措施。这是一个有责任心的人应该关注的。提出的改进措施，要先从自我做起。

本周主要工作：主班教师上课时我负责看管孩子们的纪律，有调皮捣蛋的就去说一下，不让他打扰其他小朋友上课。这周美术课上的比较多，孩子们开始学习蘸、涂、贴，我负责在旁边指导。现在孩子们用油画棒涂颜色涂得比较不错了，能保证不涂到线外，虽然涂的颜色有点乱；贴，是这个星期才开始的，把一张纸撕成小的方形，然后粘在一幅画上，哈哈，他们做得很好，好到所有老师都没有想到；蘸，是用一只油画笔蘸着不同颜色的颜料，然后用"点"的方式涂在画上，他们做得同样很棒。

存在问题：我发现，对待小朋友不能太过"仁慈"，我总是对着他们笑，对他们很好，他们犯了错误老师说一两句我就会去哄他们，导致现在好多小朋友一犯错误就去找我，抱着我不撒手。我发现自己犯了一个错误，应该所有老师都朝着一个方向使劲，要做到教育目标一致，而不是一个老师教着，另一个老师哄着。

改进措施：我对待孩子太过"仁慈"，导致老师的教育目的没有很好地实现。我要跟其他老师保持同样的教育目的，对待孩子不能太心软，孩子犯错就要批评，不能护着，不能因为他们年纪小就由着他们。就是因为年纪小，犯错好改，容易记住，所以更需要教育。我要改正自己对他们心软的毛病！

杨世诚老师评语：能够认识到自己的问题，就已经迈出了一大步。希望你能像改进措施中提出的那样，改正自己的问题，坚定向前走的步伐，张扬个性，展示才能。

孩子的认知水平决定了他们的认识是有限的，老师要在平时的一日常规中注意随机教育的渗入，从点滴细节着手帮助幼儿成长。既然认识到了这些问题，那就行动起来吧。

本周主要工作：每天上午我们都会在前面带领孩子们做操，加强体育锻炼，增强体质。孩子户外游戏时负责看管孩子们的安全，保证孩子们都在老师的视线里，安全第一。作为配班教师，少不了跟家长的接触，早送跟晚接的时候还要跟少数家长沟通。

存在问题：星期三那天，我们班一个好长时间没有尿过裤子、拉过裤子的孩子拉了裤子，我帮他换裤子的时候就把他放在教室最前面的一个空凳子上。另一个老师说："别在那里换，孩子也是有尊严的！"这句话忽然让我意识到，虽然他们年纪小，但是他们也是一个独立的人！我一直忽略了孩子们的尊严问题，我记不起以前是在哪里给他们换裤子了。今后，再出现这种事情，我肯定会注意。总感觉自己不够成熟，胆子比较小，处理事情的时候考虑不是那么周全，有时候还会做错一些简单的事情。想改变一下自己内向的性格。

解决措施：以后注意顾及孩子们的尊严问题，有拉裤子尿裤子这种事情就小声或者悄悄地说，不让孩子感觉丢了面子，给他们换裤子的时候也尽量不让或者少让其他孩子们看见。关于自己胆小的问题我也不知道怎么解决，尽量多参加一些公共活动，多跟人接触，我想让自己变得自信一点。希望这个问题早点解决。这次的公开课教课恐怕我是没胆量参加了。我再多练习一段时间，下次不管成功失败我都会去试一下！亲爱的自己，加油！

杨世诚老师评语： 即使暂时不能完全达到目标，也要坚持不懈地努力。每次前进一小步，积累起来就是一大步。加油！

自己课上得太少，缺乏很多技巧，不懂得怎样去抓孩子的思路，总是让孩子把自己的思路打断。记得上星期上过一节寓言课——"金鸡冠的公鸡"，本来已经备好了课，也准备了课件、挂图等材料，可是，课程上到一半就进行不下去了。孩子们的纪律太乱，根本听不进我讲的东西。过后我找了找原因，主要是孩子们对这个故事已经滚瓜烂熟，知道结尾，并且我讲得过于啰嗦，语速过快，有的问题没有问到位。这些问题今后我都要慢慢想办法改正。对于一些新鲜的东西，孩子们则学得很快，像之前讲过一节绕口令叫"打醋买布"，因为导入的时候用了一个小游戏，充分调动了孩子们的积极性，孩子们学得非常快，并且整节课的纪律也很好。所以我想在上课之前一定要管好孩子们的纪律、讲好要求规则，充分调动孩子们的积极性。

高建群老师评语： 课堂纪律不是仅仅靠要求孩子们就能做好的，老师的课堂组织好了，孩子们的注意力就跟着老师走，课堂纪律也会很好。从你的描述中看出你有反思，对教学方法以及课堂组织形式还有自身教学素质的反思，有反思就能进步，加油吧！

本周的主要工作有两个：第一，为了这学期对幼儿进行测查，园长吩咐我们每人准备一节公开课，内容要精练，对本学期所学知识做一下总结，让家长了解幼儿在幼儿园里所学的东西；第二，做好公开课的相关准备工作，教师之间要互相听课，取长补短，不仅本年级的要相互听课，还要跨年级听课，这样可以广泛学习。

本周存在的问题有两个：第一，一些教师不同意此次公开课的进行，想请园长取消公开课，最终没有如愿以偿，因此大家议论纷纷；第二，由于幼儿园新来了一些实习老师，所以导致各班的教师人数有差异，这些实习老师是轮流去班级帮老师看班，可是不知怎么安排的，有的班级竟然一次都没有轮到，对此教师有所不满。

改进的措施有两个：面对存在的第一个问题，我觉得应该少数服从多数，按实际情况决定，谁也不要擅自做决定，公平一些比较好；对于第二个存在的问题，我个人的建议是既然按照轮流的模式来，工作就不能有所偏袒，公事公办，不能看关系，就算轮到特别有能力的那个班，也不能说不让人家呆在那个班，公平一些比较好。

杨世诚老师评语：你能在日常工作中发现这些问题，说明你真的在用心工作。公开课的问题，只是园长一个人的决定吗？老师们为什么不同意呢？如果是因为觉得工作量太大才要求取消，我认为这种意见需要保留，并不是什么事情都要少数服务多数。你觉得呢？

自从那次家长开放日以后，第二次迎来了这么多评委来听我的课。上次听说是教育局的主任来听课，我很紧张，用心准备了一节课，上得很成功，感到很欣慰。这次可能太大意了吧，准备过程中没有考虑幼儿的表现就自己讲了，导致课堂纪律有点乱，有点不知所措了。这次活动中，我深刻体会到只有考虑到每个幼儿的表现，各方面都准备全了才能上好一节课。还有一个重要的问题就是如何与家长沟通。幼儿在幼儿园出现的问题怎么去和家长说，且让家长听得高兴，这个还需要多和老教师交流学习。

高波老师点评：课要讲得好，思想重视是基础，准备充分是关键，任何时候大意不得。好在你已经意识到问题所在，下次注意就是了。至于幼儿在幼儿园出现的问题怎么去和家长说，且让家长听得高兴，我想你一定听说过一句话：孩子是自己的好。即使孩子有问题，指出时也要有技巧，谈孩子缺点时要注意方式。对孩子的评价一定要客观、全面，既要肯定优点与进步，又要真诚地提出不足之处。在谈孩子的缺点时，要根据情况，区别对待。如果与家长很熟悉，可以说得直率一些。有些家长自尊心强，老师与其谈孩子的缺点视为对自己的批评，感到有压力。所以，教师特别要注意方式，不要用"迟钝"、"调皮"等字眼来形容孩子，以免家长听了不舒服。

这周被领导安排去听优质课，真的是大开眼界收获颇丰。优质课的各个环节都很好，里面有好多的教案都是在学校时老师让我们借鉴和学习的。上课是一门大学问，里面有很多的技巧和方法，还要具备面对孩子随机应变的能力。最让我佩服的是评委对各个案例的点评，真是一针见血，提出的优点和不足都是值得我去学习的。能把一堂课上得有意义有水平那才是本事，自己真是要多学习了。

高波老师点评：上课真是一门大学问，需要一辈子为之努力。你能认识到这个问题，难能可贵，这就是进步的契机。孔子曰：朝闻道，夕死可矣。现在觉醒犹未为晚，多观摩，多请教，多反思，多锻炼，你也会达到那个境界的。

新的一天新的收获，感觉事情来得很突然。星期一，园长让我从大二班到了大一班，并且让我带班。我当时都惊呆了，感觉自己经验不足，但知道这是锻炼我的一次机会。我当时就对园长说我不行啊，可是她送我了一句话"相信自己"。从此在我心里有了这个信念，那就是相信自己。

之前我给大一班的小朋友上过英语课，名字我都能叫得上来，可是我并不了解他们。首先我要用两个星期的时间去了解他们，只有了解他们了才能带好他们。因为对每一个孩子实行的管理方法都是不同的。比如，有的孩子需要鼓励，记得每天快放学的时候孩子们都有些浮躁不安，你打我闹说话声不停，于是我就采取了一个方法，我说谁坐得最好老师让他发书包。听到这句话后，孩子们有马上坐好的，也有举着手说"老师我我我"的，这时我发现了一双渴望的眼神在看着我，那就是性格比较内向的闫婧茹。我让她发书包，看得出她很开心。我要用心去和孩子们相处，尽快走进他们的世界。

苏敏老师评语：过程是琐碎的，收获是点滴的，经历是一点点沉淀的，自省也是一步步深入的！加油！

这一周接到园里的通知，下周要听我们实习生的课。虽然之前给孩子上了很多节课，但是真正讲给园领导听还是第一次，听到这个消息有点紧张。幼儿园孩子上课不会像大孩子那样，你让他们配合就配合，上课期间不知道会发生多少意想不到的事。

我讲的是语言训练课儿歌《大拇哥》，相对于其它科目，孩子对儿歌还是很感兴趣的。但是怎样吸引他们的注意力，让他们更加喜欢这节课，更加积极地参与到课堂中，是上好这节课的关键所在。下班以后，我认真研究教案，仔细分析活动目标和活动过程，找出这节课的重点和难点。

让三岁多的孩子坐好听你讲课，坚持不了多久他们就坐不住了。所以对于老师来讲，上课时一定要用各种办法吸引孩子们的注意力。记得上次班里的老师在给孩子上数学课时，她用故事导入，并始终用故事贯穿课堂，孩子们听得很认真，整节课下来，孩子不仅在故事中学到了知识，我也学到了很多。作为刚刚步入课堂，刚刚接触孩子的我们，要学的、要做的还有很多很多，所以下周的课我会更加认真对待。因为那不仅是对我的考验，也是一次难得的学习机会。认真备课，平常心去对待吧。

杨民老师点评：一个小小的游戏、一个搞怪的表情、一个夸张的动作都有可能吸引孩子的注意力，其实孩子"粗线条"的思维特点很容易受到外界因素的影响，要融入到孩子中去，更要学会从孩子的视角去发现问题。认真做好备课，展现自己的才能，用平常心对待每一件事就好，加油。

时间过得真快，转眼间在幼儿园上班已有半个月了，在这半个月里我学到很多东西。在这个幼儿园里，让我开心的是我班的班主任是比我大一届的高婧学姐，在她身上有许多值得我学习的地方，我怕在与家长沟通产生误会给她不必要的麻烦。高姐告诉我，只要不是我们的错，有什么话该说就说，不要害怕家长。我想我以后要多听听高姐是怎样与家长沟通的，掌握与家长沟通的技巧，尽可能帮助她管理好班级，为她减轻工作量。相信通过努力我一定会和高婧学姐一起，把我们小三班的孩子们管理得更好。

苏敏老师评语：实习工作真的非常不容易，能够得到学姐前辈的帮助是非常幸福的。在与孩子的交往中，在与家长的沟通过程中，无疑是需要技巧和智慧的，以一颗自信、乐观、谦虚的心态去面对所有问题，肯定会处理得很好！加油，相信你一定能够做得更好！

本周主要工作：早上孩子们来园后，会进娃娃家等区域玩耍，我会指导他们怎样玩耍。玩一些游戏是要有规则的，开始我会给他们制定一些简单的规则，等她们熟悉了再逐渐把规则变难，直到最后他们能自己制定规则。中午看着宝贝们吃饭，纠正他们吃饭的一些习惯，比如吃饭坐姿、拿小勺姿势等。

存在问题：总感觉自己跟其他班的老师相处得不是很融洽，跟自己班里的老师相处很融洽，主要原因是跟别的班的老师接触不是很多，不了解她们，不知道怎么沟通，好像我与她们之间的交流只有"早上好、中午好、晚上好"这几句问候。有一些敏感的孩子我也不知道如何与他们沟通，就像午休，别的小朋友起床上厕所好几次了，老师说不让去，他就会以为也不让自己去，于是就尿床、尿裤子。

改进措施：努力与同事沟通，跟她们相处得融洽点。我性格比较内向，与别人接触时会胆怯。自己努力改正吧。对于那几个敏感的孩子，我们老师会主动跟他们说话，如果可以的话，我们会给他们单独制定一个属于他们的"规则"，例如：中午睡觉醒了之后他们可以去小便。当然，这只是一个设想，我发现了班里的几个敏感儿童，我会找到合适的方法帮助他们，让他们尽量改变自己的性格。

杨世诚老师评语：祝贺你的进步！不仅要学会与同事沟通，还要积极融入其中，除了工作，多做些同事之间生活中需要帮助的事。时间长了，就会形成一个非常有利于我们工作与学习的良好环境氛围。

工作了才知道幼儿教师的辛苦，工作了才知道孩子并不是都像想象中那样天真可爱。这一周园里来了不少新生，其中我带的中班来了一对可爱的双胞胎姐妹。第一眼见到她们，我觉得可爱极了，她们穿一样的衣服鞋子，留一样的头发。

她们第一次吃幼儿园里的午饭，第一次在园里睡午觉，很安静很乖，我由衷地感慨这样的孩子真好。然而第二天问题出现了，姐姐从不说话，看人的眼神也是胆怯的，妹妹却跟小朋友们玩得很好。在吃加餐的时候，我试着让姐姐说谢谢老师，我用了多种方式，她就是不说一个字，她甚至宁愿不吃加餐也不愿说句话，再到后来我还发现她老是抢妹妹的东西，还打妹妹。我意识到问题的严重性，并且开始寻找原因，到底是什么影响了她，在以后的工作中我会慢慢发现并解决问题，我要对这个孩子多费点心了。

高波老师点评：仅凭你的描述，老师也难以判断这个孩子究竟为什么会这样。希望对这个孩子跟踪观察，弄清楚问题之所在。

工作了一个月的我，终于体会到当老师的不易，当我从一个学生转变成老师的时候确实不大适应。我在小小班就是托班工作，我们班的孩子最大的两岁半，最小的一个孩子刚刚两岁。有时候，小朋友走路一不小心就会碰到桌椅，小孩子皮肤嫩，轻轻一碰就会红起来，而且还会肿。刚开始我觉得就是轻轻一碰没事的，但看到我们班另一个老教师很紧张，拿毛巾冷敷，拿香油祛肿，等等，我才意识到事情的严重。再去看看碰到的这个小朋友，确实伤到了。由此我更加明白了，幼儿教师只要一到幼儿园，精神必须高度紧张，只要稍微一走神也许孩子就会发生危险。更何况现在的孩子都是家里的宝，有时候蚊子咬一口，家长都得说一说，就更别提从桌子上掉下来或者怎么样了。

我们班的孩子都是刚来的新生，我接的第一个孩子，他的胳膊比我的都粗，园长开会说心疼我，并且教了我很多哄孩子的小窍门：孩子哭着找妈妈，只抱着不管用，要让孩子喜欢幼儿园，喜欢跟你一起玩，还有就是转移他的注意力，等等。之前我也说我们班的孩子都是新生，都是大少爷大小姐脾气，怎样才能让他听你的，怎样才能让他坐下来听你上课等，都是我要学习的。现在，如何把我在学校学到的理论知识运用到实践中，我还正在摸索，希望会越来越好。

张小仪老师评语：小小班的孩子尤其是新生，需要老师付出更多的耐心、细心与爱心来照顾他们。他们离开家人的怀抱来到幼儿园，希望你能像对待家人一样对待每一个孩子。通过周志，老师发现你已经开始慢慢适应幼儿园的工作。老师相信你一定会做得更好，加油。

在所有教师的精心准备和参与下，学校组织的"人人一节好课"活动终于圆满结束了。我也参加了这次活动，我讲的是安全教育课——安全使用小铅笔。这是我实习以来第一次接触这种类型的课程，也是第一次站在讲台上为这么多教师和学生讲课。说实话，在上课之前我有些紧张，生怕自己出错。不过一旦进入讲课环节就不那么紧张了，脑子里想的都是与课堂相关的东西。课后校领导和园长对我的课做出了点评：在教态方面很自然，语言上很容易让幼儿听懂，有很强的教课素质，但是在语气上应该注意抑扬顿挫，激起幼儿更高的兴趣，使课堂充满激情。园长告诉我这个方面应该加强，需要在以后的学习中不断改进。

杨民老师评语： 刚参加工作，就能遇到这样的活动，是你的荣幸，既能一睹老教师的风采，向他们学习；又能把自己展现出来，接受大家的点评。只有不断学习的人，才能进步。希望园长的话对你有作用，加油。

这个周我过得很忙也非常难忘，收获颇多，容我细细说来。周一上午园里的领导让我和我们班的陈老师、大一班的刘老师，我们三个人共同布置我们中一班的教室（环境创设），这周四有半天的开放日，其他幼儿园的园长、辅导员要到我们园来参观。领导选了我们班，让我们三个创设环境。时间对我们来说有点紧迫。我们班这个周的主题是"香香的蔬菜"，所以我们的环境创设也要与蔬菜有关，接到领导的通知后我们马上行动。我们班的区角设计有角色区、图书区、益智区、美工区、搭建区、表演区，在这些区角里面都要有蔬菜这一主题。我们让小朋友们放学回家找各种各样的蔬菜带到学校，第二天小朋友们带来了许多的蔬菜，我们班都快成菜市场了。我们用蛋糕碟子盛好又用保鲜膜盖上，一盘盘的蔬菜就这样出来了，我们把它放在了角色区的小吃店里了。我们几个老师还需要把教室里的设计全换成蔬菜主题的，又是剪，又是画，又是涂，又是拼的，忙得停不下来。小朋友们也没有闲着，他们每个人都要画一幅蔬菜画贴在墙上，我们就这样忙到了周三上午。领导说，周四不来参观了，改成下周一。听到这话，我第一反应是松了一口气，但又很失望。毕竟忙了这么多天，突然说明天不来了有点舍不得，不过还是期盼下周一早点到来。通过这次的环境创设我从两位老师身上学到了很多，让我对环境创设有了更深的认识。加油，努力。

王璐老师评语： 这次环境创设虽是因有园长要来参观才进行的，但这也是正常的工作内容。要珍惜与老教师共事的机会，多与他们交流，多从他们身上学习。能够在这么短的时间内完成任务，真的很厉害。以后工作熟练了，会越来越好的。

这周最主要的工作就是公开课。本来园长国庆放假前就跟我说好国庆节放假回来后要听我的公开课。准备出去做操的时候，园长说今天我们班不出去了，教育局的领导来听课，让我上课，我顿时万分紧张。我第一反应就是不要这样，我什么都没有准备，可不可以让其他老师上课。后来园长的一句话我打消了这种念头，园长说："这是一次很好的锻炼机会，希望你会好好把握！"我想了想就答应了。接下来给了我十几分钟的准备时间，在这期间我构思了一下上课流程，还有该讲的话及该准备的材料。一切准备就绪，教育局的钟老师来了，打过招呼之后就开始正式上课了。这节课主要讲的就是保护牙齿，我先讲了一个老虎拔牙的小故事，然后向幼儿提问题，接下来念关于如何刷牙的童谣，配上动作再念几遍，然后让小朋友自己看书，20分钟就这样过去了。钟老师对我的讲课内容提了一些建议，肯定了我做得好的方面。"毕竟你只是一个实习时间不长的学生，能做到这样已经不错了。"这是钟老师对我的评价。

辛帅老师评语：你给孩子们上的应该是一堂语言课吧。按幼儿的发展水平来说，你这节课安排的内容似乎有点满，有故事、有童谣，再配上讨论、表演，给人感觉是你把他们当成了小学生，一堂课生生地灌输了好多东西。再有幼儿园很少有小朋友们自己看书的环节吧，基础教育以后安排自己看书是为了让孩子有时间反思并记忆，对幼儿园的孩子来说意义不大。

通过实习，我感觉各方面的能力有了很大提高，这有赖于实习第一周幼儿园为我们开设的观摩课和培训，以及指导老师和幼儿园带班老师的严格要求、批评指导，她们给我们提供了很多受用的宝贵意见。根据园方的要求，我们的教案需要在课前一周拿给我们的带班老师修改，之前我们天真地认为这是多此一举，后来看到带班老师的修改意见我们才发现，原来我们自认为无懈可击的教案还是漏洞百出。如果按照未修改的教案上课的话，不要说是完成教学目标了，我们连最起码的一节课也无法完成。因为幼儿的实际情况和我们预想的有非常大的差距，他们的思维是我们成人无法达到的，他们超常的想象力也是我们无法驾驭的。感谢带班老师的悉心指导，感谢帮助我们修改教案，感谢给我们提供的宝贵意见。

高波老师点评：观摩课、培训以及指导老师和幼儿园带班老师的严格要求、批评指导，真的可以帮助你快速成长，要珍惜他们的点评！只要认真总结，总有一天你会达到甚至超过他们的。

早上点名完毕后，领导让我们抽签，说是跟我们玩个游戏。于是我们二话没问就直接抽了，我很荣幸地和3结下了不解之缘。领导跟我们卖了一个关子，什么都没告诉我们。

早操结束后，得知领导要过来听课，按着早上抽签决定的顺序，让我们准备一下，讲课时间为15分钟。听到消息我脑袋一片空白，心想我到现在还没给小朋友们正式上过一节课呢，这可怎么办才好。小朋友们又不愿意跟我配合，问题一大堆，于是我跟班主任请教了一下上课经验。班主任老师说了很多，一时也记不住，只好硬着头皮上了。不一会就到我了，以前在学校也算没白学，临场发挥总算撑下来了，小朋友跟我配合得很到位，把现场气氛也带动了起来，总之还是不错的。之后我被叫到办公室，领导跟我说了很多，把课程中的不足之处都一一给我点出来了，让我受益匪浅。今天是我收获知识的一天，发现自身的不足，还要继续努力改进。

高波老师点评：实践的锻炼价值很明显呀，小宇宙爆发了！人就是这样，到了不能退缩的时候，总会爆发出你意想不到的潜能，相信多锻炼几次，进步会更明显。多观察、多积淀，终有一天你也会像你的班主任老师那样优秀。

这一周过得很紧张，因为入园以来还从未上过公开课，最近一直忙着准备公开课的教案、教具。在学校虽然写过教案，但是从未实践过，所以我还是不自信。我把教案写完后让前辈给我做了指导，受益匪浅，让我对教案的写法有了全新的认识。公开课上，我做了自己最不敢做的事，那就是讲故事给幼儿听，这是我的一大突破。我一直不敢讲故事，语气、姿态等方面一直是我不敢突破的，我总觉得自己的音色不够好。但是，公开课后我重新认识了自己，只要你想做就没有什么做不到的，以后不能轻言放弃。领导对于我的公开课也做了指导，让我学到不少经验。这次的公开课是让我成长的一次机会。

高波老师点评：突破得好！对提高授课技能来讲，最好的路径就是讲公开课。一是有动力，精气神十足；二是有点评反馈，可以及时知道自己的不足之处。建议对公开课授课情况及时梳理，反思改进，就会取得更大进步。

时间过得可真快，转眼之间一周又过去了。记得上个星期的这时候，我还在准备自己的公开课，准备教案，准备教具，这个星期就已经讲完了。

俗话说"台上一分钟，台下十年功"，这话说得一点也没错。昨天下午，许多老师都来听我的课，本来我准备得还挺充分的，没想到昨天下午讲着讲着课流程都忘了。我们班的老师指出了我的许多缺点，我知道讲公开课要求这么严格，老师的站姿必须正确，幼儿回答问题不合理的不能当面反驳。通过这次公开课发现了我还有很多欠缺，与老教师的差距还很大。今后在教学过程中，我一定认真学习，努力改进。

通过实习，我感觉各方面的能力有了很大提高，这也有赖于指导老师与幼儿园带班老师的批评指导，他们提出了很多让我受用的宝贵意见。

高波老师点评：台上一分钟，台下十年功。不要着急，只要及时总结反思，讲课的水平是可以慢慢提升的。你们的老师点评很有水平：老师的站姿必须正确，幼儿回答问题不合理的不能当面反驳，等等，都是你要注意的。你不是已经从这次公开课中学到了好多东西了吗？加油！

这个周幼儿园领导来听我上课，我有点紧张，有点担心，怕自己表现不好。我要讲的是主题单元课《秋天》，主要讲秋天有什么变化，联系四季的叶子，讲叶子有什么变化。我用比较法和观察法导入的，让幼儿观察秋天有什么变化，秋天的叶子和夏天的叶子有什么不同，再想一想秋天为什么叶子会变黄，为什么会落叶，大雁是不是南飞了……最后再用各种提前收集好的叶子做标本，发挥孩子们的想象力做各种图案。

开始孩子们都踊跃发言，我还可以调动孩子们的积极性，后来孩子们渐渐地精力不集中了。平时遇到这种情况，我是可以把孩子们的积极性调动回来的，但是一想到园里的领导在听我上课，都看着我，一紧张就有点犯迷糊，只想快点结束课程。整节课下来我满头大汗。

最后主任点评时说："小黄，你的肢体语言和语气都不错，知识掌握也还可以，但是主题课上得没太有条理，整个过程缺乏连贯性，在最后部分可以放一首关于落叶的儿歌结束，把孩子们拉回课堂。"听了主任一席话，我犹如醍醐灌顶。还是自己不够用心，没有做好充分准备。知道了自己的弱点，接下来的实习我就更有目的性和方向性了。虚心学习，培养自己各方面的能力，做一名各方面优秀的幼儿教师！加油！

鞠楠楠老师点评：初入教学岗位，遇到这种大事情，难免会有比较大的压力，出点小差错没关系，以后多用心放轻松会好很多。平时要多积累教学方法，努力把课堂驾驭得更好。加油！

这周我们园组织了讲课活动，通过抽签的形式来选择自己的课。我抽的是科学课《种子的旅行》。这堂课我准备了一个星期，在准备过程中我充分了解到老师们的辛苦。讲课的前期准备是必须对蒲公英、苍耳、莲子、豌豆等植物种子的传播方式了解透彻。因为种子的外形不同，生长的环境也不同，所以种子的传播方式也不一样。准备课件、flash，最后准备了一个游戏来再次让孩子们对这些知识有一个提升。

大班级部我是第一个讲课的，开始有点紧张，后来孩子们配合得特别好，所以我就越讲越自然了。讲完之后感觉放松了好多。评课时，评委老师们说我讲得挺好的，普通话也不错，而且环节与环节之间衔接得也很好，讲得很新颖，有令人眼前一亮的感觉。但是，最后做游戏的时候有点乱，有的孩子没有种子宝宝。评委老师给出的建议，我会重新带着问题再把课讲一遍。一节课下来，不只是孩子学到了好多，我也懂得了好多。所以，今后不管是讲课还是其他活动，都要尽力让孩子知道科学的奥妙，培养孩子探索科学的兴趣。

张丽丽老师点评：讲课就是这样，在讲课前，自己要先把知识搞清楚学明白。这次课程，你准备得很好，从评委的建议看应该讲得不错。继续加油！

幼儿园在这周的观摩课中选出了几个优质课，我看了大五班的优质课，感触很深。大五班选的是《我是中国人》一书中"青花瓷"这一活动。这节课，大五班的老师邀请了青花瓷公司的人，他们还带来了各种各样的青花瓷作品，老师的丝巾也是自己亲手画上青花瓷的花纹装饰而成。这节优质课结合幼儿园的校本课程诗画，让小朋友用平常学习的诗画自己去设计美丽的青花瓷作品。小朋友们可以去各个小模块设计，这些模块有青花瓷盘、青花瓷工艺品、青花瓷图案的衣服。小朋友们都很高兴，拿起画笔就高高兴兴地设计起来，等小朋友们设计完各自的作品，青花瓷作品展示会就开始了。每位小设计师都展示了自己的产品，解说了自己设计的想法。参与本节活动的青花瓷姐姐和青花瓷老师始终保持着最甜美的微笑，和蔼地对待每位孩子。听了一节这样的优质课，真的很震撼。准备这样一节课，真的很不容易，忽然觉得自己现在好像什么也不会。幼教这条路注定不是那么好走，也可以说没有一件事是容易的。只有好好努力，始终坚持才能慢慢前进！

王来圣老师点评：这节优质课准备得确实很好，你能从中学为所用是最关键的。通过听课不断总结、反思，提高自己，平时多向这样的优秀教师学习，将她们的宝贵经验为我所用，就真正实现听课的目的了。

这个月我们结束了"好吃的水果"主题，并且请家长进课堂来和小朋友一起动手做好吃的水果餐。在拼插区的活动中，小朋友们在老师的引导下，看着水果图片新鲜水果雪花片的范例，认真仔细地插自己喜欢的水果，但是也出现了很多问题。由于小班的孩子年龄小，力量不够，插出的作品容易松动脱落。这时老师及时引导孩子们找一找松动的原因，并且拿着老师的范例和他们的作品比一比，看看有什么不一样。后来孩子们发现，老师作品的雪花片是每一个小牙齿都咬在一起的，自己的就有的咬在外面。孩子们发现了这个原因之后再去制作效果就好了很多。最后小朋友们都插出了自己喜欢的水果，如香蕉、苹果、鸭梨等。

这个周我学会了引导孩子自己去发现问题和解决问题，这样比教师一点一点灌输要好得多。让孩子先去模仿，在模仿的过程中自己解决出现的问题，学会方法，就能够进行创作，插出自己喜欢的水果。

丁名夫老师点评：上课前要仔细备课，积极查阅资料，丰富教学内容，要正确引导孩子去发现问题，解决问题。你做得很不错，继续努力！

很仔细地看了老师给的评价，也看出来老师真的在很认真地评周志，在这里真心谢谢老师！回顾这一周的幼儿园生活，酸甜苦辣有，开心幸福有，烦躁生气也有。和孩子们在一起，会被他们的天真打败。对有些调皮的孩子，哄、骗、吓方法都用了就是不管用。随波逐流，在孩子们身上显得更为突出，一个跟着一个模仿。也不断请教老教师的经验，可是运用到自己身上不那么合适。也许每个孩子都有他们的弱点，我应该对症下药，慢慢摸索。

高波老师点评：打败你的不是天真，是无邪。教育的招数如同鞋子，而自己就是"脚"，他人的鞋子适合不适合自己，只有自己的脚知道。你要做的是将他人的经验与自己的情况结合起来，不断内化，找到适合自己的教育之路。

这个月有高兴、有收获，也有心酸，总的来说，最大的还是收获。圣诞节活动圆满结束，让我惊喜的是一个小朋友的突破与进步，让我深有感触。本来她是一个害羞腼腆的小女生，有活动时也不愿意参加，很黏自己的爸妈，脾气也比较倔。但是这次活动，她有一个走秀和一个舞蹈节目，平时表现很出色，但我们还是担心她在台上的表现。结果这个小女生让我们刮目相看，表现非常棒。这个小女生脾气倔，倔起来的时候什么话都不听，有一次午休后起床的时候，倔脾气又上来了，不穿衣服，也不让老师帮着穿，这次我就很有耐心地把她抱起来，拍着她的后背，安抚她的情绪，说一些夸奖鼓励她的话，过了一会，她就安静下来了，很配合地穿衣服了。

从上述的两件事中，我总结了几个道理：①孩子需要爱和鼓励，越是呵斥孩子，越会增加孩子的心理压力，他们就越不愿意行动，所以鼓励很重要，而且还需要耐心。②当孩子们耍脾气的时候，耐心和爱更重要，适当的夸奖和鼓励也许会有不一样的收获。③亲情是天生的，爱是需要学习的。

高波老师点评：恭喜你找到了那把钥匙。每一个孩子的心里都有两个小孩：一个好的，一个不好的。教师的责任就是将那个好的小孩引导出来。建议你看一个片子《小孩不笨》，你会有更深的感悟。

星期三的时候，有个小朋友拉裤子了。早上做操的时候，我看到他走路和平常不一样，就问他怎么了，他没有说话就走了。中午的时候，他上厕所回来，王老师看他走路姿式不对，问他是不是拉裤子了，才知道他真的是拉在裤子里了。我和王老师就开始收拾，裤子里满满的便便都干了，好不容易给他洗干净，我和王老师忙了一中午。我和王老师说："王老师，我有种提前当妈的感觉，养个孩子太不容易了。"王老师说："已经很长时间没有这样的情况了，小朋友一般都会主动和老师说。"

今天这件事，如果我有经验就早发现了。我只是知道很多孩子会尿裤子和尿床，并且主动都会和老师说的。今天这件事是我做得不好，没有经验是一部分原因，但我如果再细心一点，早操后再忙也不忘和王老师说，也许孩子会少难受些，老师也会好处理。处理完这些，我和那个小朋友说："以后要是想拉臭臭了，提前告诉老师知道吗？"他害羞了，我笑着和他说："没事的，下次记着和老师说就行，快睡觉吧。"我们看他没带换洗衣服，就给他的家长打了电话，让他们把衣服送来。这件事就这样处理完了。当然我也学到了东西，长了经验。

王来圣老师评语：幼儿教师的日常工作都是些细小、繁琐的事情，但不能因为忙就把其他事情忽略了。当然，这次事件整个处理过程还是很好的，体现了幼儿教师应有的爱心与耐心。你从这次事件中也学会了反思，得到了锻炼，实现了成长。继续加油吧。

天气一直不太好，已经连续下了四天的雨了。一场秋雨一场寒，有的小朋友因为天气骤然变冷感冒了，于是我们便多了一项工作——喂药。由于平时也有小朋友需要吃药，班里有专门记录吃药日本子，我作为新老师也跟着班主任没做记录，这次由于吃药日幼儿较多，因为没做记录，结果便犯了错误。中午起床后就是吃药时间了，我拿着五六包药愣是想不起到底谁该吃哪种药，像一整板那样的药片，也忘记了要给孩子吃几片。问孩子呢，由于年龄小他们也不知道自己该怎么吃药。班主任老师帮我化解了这种尴尬的局面。她给吃药实在不明确的孩子家长打了电话，亲自询问。她告诉我，没有什么事情比孩子健康更重要，一旦给孩子误服了药物，是很危险的。她叮嘱我以后做事要严谨，即使药少的情况下也要认真记录，以免弄混。我从中也得到了教训，相信自己以后不会再犯此类错误了。

丛娜老师评语：作为幼儿教师，孩子的健康永远是第一位的，喂药的事情不能马虎。用错了药物，孩子轻则不舒服，重则会有生命危险。这次事件，班主任老师帮你处理得很好。记不清的时候，不要顾及面子问题，一定要打电话核实，避免事故发生。在今后的工作中，要严格按照工作流程操作，不能因贪图方便而造成麻烦。

从国庆假期开始到今天，整整十天了，这是让我至今都无法忘记的十天，也是折磨我良心的十天。同时，我深刻认识到自己所犯下的错误。九月三十号，我园开展了"欢度重阳庆国庆"的主题活动，让幼儿和家长一起来为祖国母亲过生日。活动结束后，每个班回到各自的班里开始吃准备好的食物和蛋糕。饭后，两个家长主动承担了洗碗的工作，洗碗的时候，我往洗碗桶里倒了点消毒液，这一倒惹祸了。放学后，我们班的月月老师问我洗碗时是不是倒消毒液了，我应了声，她说怪不得家长问她时脸色都变了。事后，月月老师告诉我，洗碗不能用消毒液，时间久了会使幼儿中毒。当时听了月月老师的话，我都懵了，自己竟然犯了一个这么大的错误，心里满满的害怕。月月老师告诫我以后切记不要使用消毒液洗碗。当时的我，既害怕又担心，随即我就给两位家长打电话致歉，说明了缘由，家长说没事，只要以后不再犯同样的错误就好。我让家长注意每天仔细观察孩子有什么异常情况。在假期结束的前一天，我来到幼儿园将碗勺重新用热水泡了两遍，第二天看到孩子们没事，我终于放心了。幸亏只使用过四次，否则，后果不堪设想。现在，我每天都告诉自己，孩子的安全是第一位的，我们要给家长一个健康、快乐的孩子，这是我们幼儿老师的职责。

马金祥老师评语：在幼儿园保育工作中，有很多知识需要从现实工作中学习。要多注意向老教师请教，不要依据自己的想法想当然地干工作。给家长一个健康、快乐的孩子，是幼儿老师的职责，也是我们努力的最终目标。加油。

这周二发生了一件大事。中午吃饭的时候，我们班一个调皮的男生突然从队伍中跑出来，问我今天喝什么汤。我还没张嘴他的手就去扒那个盛汤的方形器皿，我的天啊，汤洒到了他的身上、地上，我当时脑袋一片空白，不知道该干什么了。在旁边夹菜的老师赶紧抱着小男生去了卫生间，第一时间用凉水冲，然后把他送到了园里的保健室。我不知道孩子情况怎么样，只能尽量让自己镇静下来，和另一个老师组织班里的孩子吃饭。过了一会儿，那个老师抱着小男生回来了。她说皮肤还有点红，涂了药膏，过会就好了，然后她就给小男生的家长打电话。好在处理及时所以很快就好了，家长也没再追究。整件事经历下来，我必须深刻反思自己，安全无小事，我必须随时保持警惕。当遇到意外的时候我必须镇定下来，采取急救措施。虽然这些知识我背得很熟可真正到了用的时候，什么也想不起来了。我想我要学的东西还有很多，实践真的很重要，实践中学到的知识总是很有针对性，而且记忆深刻。

丁名夫老师评语：面对幼小的孩子们，做任何事情都必须小心。因为他们都是稚嫩的，没有生活经验的。希望以后遇到突发状况不要慌，从容应对。

这个周，给我印象最深刻的便是我犯的错误，这件事给我提了个醒，也让我深刻地反思了自己的错误。这两天我们班的班主任老师特别忙，所以很多时间都是由我来带小朋友。这天下午放学，到了接园的时候，因为我刚来没多久，很多家长我都不认识，班主任赵老师特别嘱咐保育员曲老师在门口做交接工作。正好中午班里一个孩子尿了裤子，她妈妈来接她的时候，曲老师带着她到宿舍去解释了一下，随口和我说了句看好孩子。这时候有两个孩子在闹，我一晃神，也没有好好数数还剩几个孩子。过了一会儿，一个孩子的妈妈来接孩子了，要接张子墨，我回头找孩子，哪里还有张子墨的影子啊！我当时一愣，忙去找曲老师，结果都不知道，这下可慌了！他妈妈连忙打电话问有没有被邻居家奶奶接走。我不能离开教室，得看好班里剩下的孩子。我看见有几个孩子在窗户那里喊着什么，我过去一看，自己走掉的张子墨正牵着班里另一个小朋友的手慢悠悠地往外走呢，我这才知道走掉的不止一个。我忙喊曲老师过去，幸好有惊无险！问了才知道，他们想要去万达广场，就自己走了。赵老师回来后，我们主动承认了错误，赵老师也没有过多责备我们，只是让我们以后注意。我保证以后绝不让孩子们离开我的视线，自己在工作上要更加细心，对孩子也要提前告诉他们什么事能做什么事不能做。我深刻地记住了这次教训，保证以后不会再犯！在这个岗位上，就要把自己的每一份精力都投注到孩子身上，对孩子们负责！

田广庆老师点评：幼儿好动、自控能力和安全意识差，所有的事故，都是在老师一不注意的时候发生的。经历了这件事情以后，相信你对孩子们的安全问题已经有了深刻的认识。孩子安全无小事，在幼儿园的每一秒钟都要牢牢树立这样一种意识。希望你在以后工作中能够更加细心，有耐心，这样才会有更大的收获。

经过一个月的学习，我认识到家长的教育方法不仅会影响孩子，同时多少也会影响老师。有的孩子在家里有爸爸妈妈爷爷奶奶宠爱着，到了幼儿园就按照自己的习惯去做，老师一纠正，孩子就会叫爸爸妈妈来。我觉得这种家庭教育方式是不对的，应该培养孩子动手动脑独立自主的好习惯，太溺爱了只会让孩子变得娇气。

孩子的成长离不开老师的教育，更离不开爸爸妈妈的教育，毕竟父母是孩子的第一任老师。我希望在今后的工作中，多多和家长沟通，为了孩子的健康成长，老师和家长要共同努力。

高波老师点评：的确，有的家长教育孩子的方法不科学，但是，不要抱怨，要慢慢引导，慢慢转化，要多给家长讲道理。我想，只要真诚，家长会理解、配合的，毕竟，你们的目标是一致的，都是为了孩子更好地发展。

最近被园长派到其他幼儿园去帮忙，非常荣幸。但自己很担心，害怕能力不够给幼儿园丢脸。不过，完成之后感觉还算可以。这次帮忙，不仅给他人提供了帮助，也是一次学习锻炼的机会，提升了自己的能力，学到了其他幼儿园教师的一些优秀经验。我和园里的老教师一起进行了网络研修，研修的内容是区域活动材料投放的问题。以前从未关注过这方面的问题，只是单纯地以为简单布置好，幼儿自主选择去玩就行，从未想过是否适合幼儿、幼儿是否喜欢、是否感兴趣。很高兴自己能够学习到新的知识和经验，这对我以后的工作很有帮助，不会单纯地按自己的想法来，我会多多考虑幼儿的发展水平。

高波老师点评：一个人的眼界决定境界，实力决定魅力。所以，多走出去交流是对的。你能够走出去，一方面源于实力，另一方面对你也是难得的锻炼。此外，网络研修是很好的学习途径，在信息时代一定要掌握现代化的学习手段。

这周有家长公开课，之前一直为这个做准备，总体来说完成得还不错。之后有家长交流会，从各位家长的意见及提议来看，对孩子的安全工作及上课情况都很满意，说的最多的就是希望多开展户外活动或者亲子活动，促进家长与孩子之间的交流。我们会及时听取家长们的意见，多做些活动。还有一些家长说孩子们依赖性太强，什么事都要靠父母，动手能力太差。这点我们也发现了，很多小朋友攀比心很强，看到老师帮其他小朋友提裤子或者喂食物，他也要求老师帮他完成，明明自己可以做的事情，也不愿意自己完成。这一点我们老师一定要及时帮他们改正，培养一个良好的生活习惯。

高波老师点评：验证了一句话：许多事情，成人为孩子考虑得越周到，孩子自己就考虑不周到；成人为孩子做得越多，孩子自己就越不会做。小孩子是喜欢攀比的，如果说：大家看，某某小朋友自己吃饭，吃得可好了。相信这样要求老师喂饭的就少了。

经过了又一周与朵朵的亲密接触，我觉得朵朵有了很大的进步，比如早上进教室时会大声说"老师早上好"，有什么问题也愿意问老师了，甚至每天都会跟我说悄悄话。最近我又发现了朵朵一个与众不同的地方，那就是她画画时只用粉色的笔画，其他小朋友恨不得把五颜六色全画在纸上，而朵朵却一支粉色彩笔画到底，再涂上同样的粉色。我问她为什么不用别的颜色画时，她说："粉色很漂亮，是我最喜欢的颜色。"

对此我感到非常好奇，上网查了一下，网上有类似的孩子，专家的解释是，孩子喜欢用单一的颜色或少数几种色彩，因为浓烈的色彩会刺激孩子的视觉神经，让他兴奋一时，接下来的就是视觉疲劳。所以许多一画画就能坐住、绘画时间较长的孩子，喜欢柔和安静的颜色。孩子表现出对单色的偏爱，并不代表他的心理或情感发展出现了问题，可能是他的一种探索与感受行为。对颜色的喜好存在着性别上的差异，这时孩子的绘画重在充分表达自己的所感所想，而不是颜色的运用。很多时候他会凭主观印象与兴趣用色，而不是依据事物本来的颜色。尽量不要提醒他、教导他，以免剥夺他自主性学习与发现的权力。随着年龄的增长，孩子会渐渐由无意识的色彩进入有感情的色彩选择，从单一的色彩到多种色彩的涂鸦，这是其身心发展的自然表现。在观察朵朵的这段时间里，我觉得我在很多方面，包括专业的知识方面都有了进步，也希望在以后的努力中与班里的孩子共同成长！

丛娜老师点评：通过细心耐心地观察孩子，发现孩子的"问题"，并能主动查阅相关资料，探寻孩子表现的原因，是很有心的表现。希望你在以后的实习、工作中一直保持这样的习惯，每次积累一个小知识，你的经验就会越来越丰富。

周五下午是玩具分享日，孩子们带来了自己喜欢的玩具和小朋友分享，玩得特别开心。就在这个时候，我看见王欣然自己铺了一块地毯，拿着自己带来的小娃娃，眼睛呆呆地看着前方一个人发呆。于是我悄悄地走到她的旁边说："王欣然，这是你带来和小朋友分享的玩具吗？"她点了点头，没有说话。"这么好玩的小娃娃，小朋友可能还没有发现，你可以邀请你的好朋友和你一起分享你的玩具吗？"她点了点头还是没有说话，只见她眼睛直直地盯着田致雨带来的玩具电话。"你如果喜欢田致雨的玩具，你们可以进行交换，重要的是你要告诉他。"她点了点头，身体依然没有动。于是我拉起她的手走到田致雨身边，鼓励王欣然说出自己的想法。田致雨也特别热情，主动邀请王欣然玩，他俩玩得特别开心！

分析反思：王欣然是一个偏内向、很少说话的孩子，自从上学期末胳膊受伤之后，就一直在家休养，直到这学期才正常入园。但我发现，本来就不爱说话的她，这学期更是少言寡语。我不禁回忆最近一段时间王欣然的表现：开学后进行户外运动的时候，为了保证她的安全，防止她再次摔倒受伤，遇到比较剧烈的运动时，只能请她牵着老师的手适当参与或者看着小朋友做游戏。经过这段期间的休养，她和小朋友接触的就更少了，就连每天入园和爸爸、姥姥再见的时候，也只是面无表情地挥挥手而已，每日来园，也很少见到她开心的笑容。通过这次玩具分享日的观察，我意识到，作为老师不仅应该在日常保健中去保护、关注王欣然（如户外剧烈运动的关注与调整），更应该在心理意识方面多给予她指导和帮助，在日常生活中，要多留意她的内心世界，多引导她和小朋友交流沟通，指导她参与幼儿之间的游戏，多和大家交好朋友，慢慢地让她多说、敢说。另外加强家园沟通，告诉家长平时多带王欣然和小朋友一起玩耍、交流，而不是每天放学就回家一个人待在房间里，在家里也多引导她与家人用语言交流。希望她能渐渐地活跃起来！

鞠楠楠老师点评：总结得非常好。你观察得很仔细，考虑得很全面，是一个有心的人。遇到这样特殊的孩子，需要幼儿园和家庭一起努力，这点你做得很好。每天积累一点经验，工作慢慢就变得得心应手啦，加油。

竞争中我成长

毕业了。在学校顺利地应聘到潍坊市机关幼儿园，我被分配到潍城分园，离家也特别近，步行只需要十分钟。爸爸妈妈和邻居亲友都为我找到了好工作而开

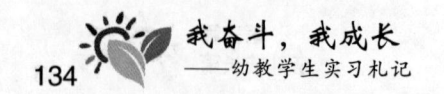

心。我满怀期待地来到了幼儿园，心里暗暗告诉自己一定要脚踏实地好好干。

前段时间园里组织竞争上岗，我做了充分的准备，希望通过自己的努力表现得到肯定。在学校不怎么弹琴的我去琴行包了一个月，天天下班去弹琴。我很努力地做着准备。分数是现场公布的，笔试满分，舞蹈弹唱分数都很高。园里的老师都夸我，园长也在开会的时候表扬了我，我觉得上岗是板上钉钉的事情了。最后录取名单却没有我的名字，我很恼火。上岗的都是别的专业的实习生，甚至表现不如我的也在名单上。主任安慰我说我还年轻以后有的是机会。我是年轻，但并不说明我比别人差，到现在也想不明白我到底输在哪里了。

前几天心情也不好，看着一个班的同学在群里叽叽喳喳地说着带班累啊，写工作计划什么的，我真的很羡慕。我也明白，市区上岗比下属的地区上岗困难，我希望能公平一点，不是输不起，是输得不明不白。现在有些熟识的老师也和我说了，考试不过就是个过场，谁上谁下早就决定了。我还天真地想用自己的实力来证明。

不过我很感谢学校感谢老师，在学校两年学习的沉淀，才能让我表现那么好。虽然没有上岗，但是在我们分园里一提我的名字，大家都会说就是跳舞跳得很好的那个啊，我也受到了大家的尊重。刚刚离开校园走进社会，有很多不确定的未知等着我，我会消化这次挫折，用积极的心态对待它，会一如既往好好干；我会适应社会的规则，心里纵然万般不服气，既然没办法改变，就要学着接受；我会一直充电不断学习，让自己变得更好；我会让他们看看到底谁有实力。谢谢郑老师听我啰嗦，那么多篇学生实习周记，或许你未必有时间看每一篇周记，却是找个发泄的窗口。在心里憋着不好受。但是对我来说希望我还有热情还有激情去工作，不想应付地对待工作。重整旗鼓，重新出发！

郑清老师评语： 看了你写的周志，了解到了你在幼儿园的一些情况，感到很欣慰，因为你努力去做了，虽然结果不尽人意，但是最起码你的专业水平得到了提高，你的个人能力得到了大家的认可，这也是一种收获。你是个很要强的孩子，在今后的工作中希望你能用一颗平常心去对待所有的不公平，同时用一颗积极向上的心对待自己的工作，相信你会有一番不小的作为。

这一周我们潍坊市机关幼儿园海龙分园举行了"做有幸福感的教师"的演讲比赛。通过这次演讲比赛我学到了很多技巧，也对幼儿教师这一职业有了全新的理解和认识。我认为幼儿老师这一职业是平凡的，更是伟大的；是辛苦的，更是苦中有乐的。

通过这次活动，我自身能力有了很大提高。在这次演讲比赛中，刚开始我比较紧张,不过后来就淡定了。通过演讲,我把对幼儿老师的理解和我们园里的老师一起交流了一下。这次演讲比赛中,我获得了一等奖,我对自己的表现还是比较满意的。在今后的工作中我要积极参加这类活动,使自己不断提高,不断进步,为我以后的发展积累经验,奠定基础。

贾素宁老师点评:通过比赛能筛选出真正的人才,也能激发人的斗志,发现自己与他人的差距。你在比赛中锻炼了自己,与同事交流了工作体会,还拿了一等奖,真的很棒。希望你通过这次比赛发现自身不足,找出差距不断为自己充电,争取日后更大的进步。

这周过得很充实,因为我代表我们园参加了临沂市兰山区的讲课比赛。起初知道这个消息时,我紧张且兴奋,同时感觉很荣幸。但是只有一天的准备时间,不知道能不能做好。

我准备的课是中班的教学活动"亲爱的小鱼",课题比较符合感恩教育的内容。为了准备好这节课,我绞尽脑汁,查阅了很多资料,晚上加班到十二点才把课件、教案、教具准备好。虽然时间紧任务重,但我付出了最大的努力。只试讲了一次就要上"战场"了,心里很忐忑。二十二日八点半开始抽签,很"荣幸"我是第一个出场的。首先要做的是熟悉孩子,然后开始上课。整堂课下来感觉还行吧,刚开始孩子回答问题不是很积极,课讲得有点被动,心里很着急,但到后来孩子很配合,尤其到给亲爱的人"打电话"大声说出爱的时候,我非常感动。不管结局如何,我已经尽了最大的努力。

很感谢幼儿园给我这样的一次机会,让我通过比赛看到了自己的不足,也看到了其他老师优秀的表现,通过这次比赛我收获很多。

李莹老师点评:工作每天都在进行,生活每天都在继续,不仅要在比赛前积极准备,平时也要注意积累,只要每天不断努力,不断朝着目标前进,我相信生活会还给你一个全新的自我!

这一周迎来了作为一名幼儿园老师的第一次公开课。我被园长安排去参加公开课比赛,为幼儿园拿名次。这也是成为一名幼儿园老师以来第一次用成绩去衡量自己的水平,顿时感觉考验自己的时候来了。面对下周的公开课比赛,压力很大,讲什么自己一点也想不出来,一想到要去面对那么多有经验的老师更是胆怯,自己这个经验不足的新老师真是被比赛难倒了。不过,我相信只要克服自己的怯场问题,一切都难不倒我。用自己的童心与活力一定能把孩子带动起来,一定把课讲好,历练自己。

辛帅老师点评：俗话说"态度决定一切"，虽然我不太相信态度的威力，但一年多的工作经历也告诉我，良好的态度、积极的心态确实可以帮助我们。每一次挑战都是一次进步的开始，不管好与坏，我们都会从中获得经验，所以不要紧张、不要害怕，大胆自信地应对一切，就不会坏。加油！

受挫中我成长

今天给小朋友上了我实习的第一课。带班老师请了一上午的假，班里就剩下我自己，说实话心里很没底，不知道带孩子干什么好，毕竟平时都是带班老师说干什么就干什么。今天她不在，孩子们闹腾得有点儿厉害。我是个新老师，孩子们对我的话是不怎么听的，我必须谨慎，于是决定教他们一首儿歌《我和奶奶去买菜》。

早饭吃完，点完名后我就开始了我的第一课。"小朋友们，你们知道大班小朋友天天都唱什么歌吗？有《我和奶奶去买菜》是吧，嗯，咱们马上也要升大班了，老师今天把这首《我和奶奶的去买菜》教给你们好吗？"孩子对上大班还是有一定向往的，因为我曾经问过他们想不想上大班，他们一致回答"想"。之前在学校写过不止一篇音乐教案，现在该拿来实践实践了。来不及准备道具了，只能另寻他法。用小手打拍子，最简单的节奏拍子，放上带动画的歌曲，让他们自己跟唱。动画比较吸引孩子们的注意力，但跟唱一遍他们的兴趣就下降了，我又让他们站起来用踏脚拍手一起的节奏唱了一遍，唱第三遍的时候就换成了自己表演。不知道他们是否学会，我就停下来问："小朋友们比老师做得都好呢，你们学会了吗？咱们不跟音乐跟着老师唱一遍好不好啊？"又亲自带他们唱一遍。"嗯，真的都会了啊，小朋友唱得真好听啊，那老师觉得你们要是跟着琴自己唱就不怎么会了，你们要不要试试。"总之又唱了一遍，好不好地就学到这里。中间偶尔几个孩子在自己玩耍，也有几个孩子唱得很认真，出现了好多状况。我必须眼观六路，时时刻刻提醒他们，一堂课就这样结束了。之后检查成果的时候，孩子们有的会有的不会。

理论和实践差距很大，只有通过实践才能够成长得更踏实。这是我的第一课，没有准备乱七八糟的第一课，也是失败的一课。我想应该更努力地去练习，才能像代班老师一样上一堂有成效的课吧。

王璐老师评语：你有机会上课，对你来说是非常大的考验。虽然这节课不是很成功，但你已经亲身体会到了其中的喜悦和艰难。多向带班老师学习，不要觉得自己不带班，平时就不关注上课的内容。希望这一次的不足不要在下一次中出现，加油。

不知不觉年末了，按照幼儿园的惯例，在学期末都会给小朋友写个人总结。班主任老师把这个重任交给了我，一方面是因为她还有别的工作要做，另一方面也是想锻炼我的能力。开始，我觉得一点都不难，不就是把每个孩子这半年的表现写下来嘛，如实写就好了。

但是，当我把写好的总结交给班主任老师看时，她却非常严厉地批评了我。"这就是你眼中的孩子吗？"班主任老师皱着眉头对我说："作为教师，最应该有的是热爱孩子的心和发现美的眼睛，你看看你评价的每个孩子，他们都是淘气的、调皮的、不听话的。我在你的总结中完全看不到你对孩子的爱，却看到了你满满的抱怨！每个孩子在家长眼中都是全世界最好的孩子，这总结是给家长看的，让他们更加了解自己的宝贝，当家长看到你这样评价自己的孩子时，你觉得他们的心情会怎样呢？这评价你回去重新写吧！"班主任老师毫不留情的批评让我感到非常尴尬。同时，我觉得她说得很对，每个孩子都有自己的优点，每个孩子都是一颗闪耀发光的星星，作为老师就应该发现他们的优点，挖掘他们的优点，发挥他们的优点，而不是在评价孩子时只说缺点，不肯定优点。于是我把评价改为先肯定孩子的优点，在此基础上指出一点不足，鼓励孩子克服不足，取得进步。我再次把总结交给班主任老师看时，她很满意。她说，不只是在总结中要这样做，在以后的工作中更要先看到每个孩子的优点才行！

丛娜老师评语：善于发现孩子的闪光点是每个老师应该做到的。要继续把这种思维贯彻到日常的工作中，这样你的负面情绪也会减少。

这周领导在工作上进行了调整。周一通知我去带豆豆班，也就是托班。刚吃了早饭又通知我去小班，因为小班的两个老师走了。一到小班，我头都大了。孩子们一点规矩都没有，上课时爬桌子、乱跑、钻桌底，常规太差了。我就对他们凶了点，想训训他们的常规。周一下班的时候，领导找我谈话了，原因是小班的家长说，从视频里看到班里有个陌生老师对孩子凶，好像很厉害。领导说我的嗓门太大了，让我跟孩子温柔地讲道理。我觉得小班孩子常规差，不是训不出来，而是家长不配合，太惯孩子了，孩子还没怎么样家长就不乐意了。孩子都是好孩子，就是家长把孩子给惯坏了。之后我就被调回中班去了，对此我很无语。领导说老师的调动都是为工作好，其实我也觉得我比较适合带中班。

高波老师点评：教育孩子并不仅仅是将孩子管住。虽然常规很重要，但不要急躁，不要按照中班的甚至是你的标准要求小班的孩子。这就是幼儿教师需要特别耐心的原因。

总是想好好干，能够在一个幼儿园工作下去，但是有些事却是无法预料的。因为感觉在之前的幼儿园学不到东西，每天都只是在应付上课，所以征求爸妈的意见，我换了一个幼儿园。我不知道能在这个幼儿园待多久，但我会尽自己最大的努力去做好每这份工作，都说应该在一个地方一直工作下去，但是如果觉得那个幼儿园不好，觉得学不到东西，在那里工作得不开心，还会有心情工作吗？当然，经常换工作也不好，我希望这一次能够稳定下来。这个星期刚来到这个幼儿园，觉得一切都是陌生的，怀着忐忑不安的心情踏入这个幼儿园，园长让我去了小三班。希望在新的幼儿园，我能够好好工作，也希望能一直在这个幼儿园工作下去。

李莹老师评语：工作适合自己才是最重要的，不一定要在一个单位一直工作下去。如果换了单位以后，能得到更好的发展机会，学到更多东西，或者获得更丰厚的报酬，我们又何乐而不为呢？进入新的环境，要尽快适应，做好自己的工作。

现在的我对孩子快失去耐心了，尤其是后来转过来的那个孩子太让人抓狂了。对于他真的不知道该用什么词来形容，太让人崩溃了，每次都在挑战我的底线。当所有孩子都在好好上课的时候，他总是提出各种无理要求：老师我要解小便，老师我要写什么，老师我的铅笔折了，等等。初为人师的我最怕误人子弟，所以在教育孩子的时候非常注意自己的言行，可有的时候我真的是心有余而力不足啊！！！

高波老师点评：你不要仅从负面看待孩子的这些问题，而要学会辩证分析，要看到有挑战性的教育才是有魅力的教育。幼儿教育的魅力就在于每天都可以接触到形形色色的孩子，虽然有时他们调皮，有时会惹老师生气，但是快乐的日子还是多的。多从孩子的可爱处看孩子，你就能得到更多的快乐。

今天我去了滨州市一所实验幼儿园面试，打电话通知我的时候说准备普通话、一首歌曲、一支舞蹈。我就认认真真准备了，自我感觉还是很好的。早上去面试时，看到有好多人在等待面试，还有一些非学前教育专业的，更有信心了。

可是等到面试的时候，面试老师却说有视唱、钢琴、舞蹈、儿歌，还有讲故事。其他的还好，通知没说有钢琴考核，我就没有准备。真的不知道怎么办了，钢琴好几个月没弹，谱子都忘了。最后现场临时找了一首《小星星》弹的。虽然不知道结果如何，但是对自己很不满意。专长到任何时候都不能忘，这是自己的技能。好烦啊，今天的表现糟透了，只怪自己没有准备充分。

在家准备的时候一点都不紧张，可是面试的时候心里紧张得不行，我知道如果自己把需要的知识学得很扎实，就不会紧张了。突然感觉自己学的东西远远不够，好想再回到学校学习啊！后悔在学校的时候没有抓住机会多学点，真是书到用时方恨少。现在只能把学到的东西牢牢抓在自己手里了。

高波老师点评：细节决定成败！专长到任何时候都不能忘，这是自己的技能，你有这个认识很好！准备不够充分，与你的预期有距离，这有点遗憾，但也没有什么大不了，从头再来嘛。有句话说得好：不是赚到，就是学到。

临近元旦了，一个班要准备三个节目，且这个月的律动检查还是要如期进行。上个月的律动是班主任带着孩子排的，说好这个月由我带。自己会跳舞是一回事，教孩子们又是另外一回事，太难了。孩子们太调皮，我根本组织不好他们。不要说变换队形，就是集体统一动作的舞蹈，有些动作也不知道该怎么描述才能让孩子们尽快记住。最后多亏班主任帮我，如果是我自己，非得急死。还是锻炼太少，得慢慢来。律动检查终于结束了，心里松了一口气，但一想到下个月还有一次，真心害怕，只能提前多准备啊！

高波老师点评：律动属于技能学习的范畴，一项技能的学习是不容易的，包括正确的示范、简明扼要的讲解、分段练习、整合等等。对于教小孩子律动，更难，因为不仅要吸引他们的注意力，还要组织。不要着急，慢慢来，会好的。

九月份开学，我们就在准备元旦节目。我带的是小小班，孩子的年龄都是两岁多一点，舞蹈是根本行不通的，只有从亲子活动方面下手。可是后来发现，就算是我认为最简单的亲子舞蹈，对他们而言都是困难的，一时之间不知道该从何下手。还要和家长沟通，看看他们是否有时间来幼儿园排练，对于我这个刚踏入幼儿教师行业的人来说是有些困难的。我先教小孩子，看看他们是否能够学会，是否愿意学，是否感兴趣，但是，失败了。我喊破喉咙也没有人搭理我，放音乐更没有人学，只有一两个愿意学。桌子上面摆放着积木，最终孩子还是没能够抵得住积木的诱惑。那个时候，我就在考虑我的教学方式是否符合孩子的年龄特点，他们是否能够接受。慢慢的，我失去了信心，不再愿意教，有的时候在他们玩够的时候再教，包括儿歌。这样，有的孩子在玩中学会了。

马上就要过元旦了，小小班的孩子还是什么都没有学会，我感觉我这个带班老师好失职。现在，我们把那些想学的、年龄稍微大些的分配到小班，跟着小班上节目，那些年龄小的，就不上了。

高波老师点评：对小孩子来说，生活能够做到自理就不错了，学会一个东西——哪怕这个东西在成人看来是简单得不能再简单的东西都会非常困难，这也就是为什么教育小孩子需要特别耐心的原因。这就需要老师琢磨教育的方法，在他们玩够的时候

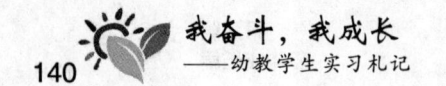

教，以儿歌的形式教，在玩中学都是行之有效的方法，不要急躁，慢慢来吧。

🦋 这个星期我又上了一次公开课，但是结果非常不理想。很多评课老师对我这次公开课挺失望，没有达到他们的预期，我自己也很难过。教学组长私下告诉我这次课是失败的，主要原因有几个：①孩子没有管好，上课的时候乱窜；②上课活动不明确，导致老师不明白你在说什么；③上课内容太少，不丰富也缺乏吸引力。她让我多从网上看一看别的老师是怎么上公开课的，也要多向有经验的老师学习。希望我下次上课的时候能有所提高。

回到家里，我对我的课程进行了反思，主要是准备太仓促，没有把课备好，也没有选好课，许多细节考虑不得当。我还欠缺很多知识，需要不断地努力学习，我要加倍努力争取下次有所进步！

辛帅老师点评：在我校刚结束的高校教学水平评估中，专家和园长提出你们的课堂组织能力、讲公开课的能力不理想。两年的在校学习时间，学生大多接触理论，因为条件有限，每个人能在讲台上锻炼的机会很少，有些时候过于注重你们的"舞蹈、钢琴、声乐"等的技能，而忽视作为教师最起码的要具备的上课能力。这就要求你们在实习过程中积极主动地去发现和学习，通过不断的锻炼来增强幼儿教师教学的基本素质。

🦋 这周我上了艺术创想课和逻辑数学，开始孩子们的兴趣还很高，越到后面他们越感觉没意思了。幼儿园要求上主课的时候要用多媒体展示，在用多媒体课件玩游戏的时候他们兴趣会高涨一点，其余时间就又不行了。我一直在找方法，但是口头表扬或者贴画表扬效果都不是很好，感觉一堂课特别没意思，孩子们快要睡着的感觉。我觉得自己还是应该多学习、多听课。另外，对知识的吸收能力一个班的孩子多多少少是不同的，我们班有两个孩子对数学是一道题我讲10遍都做不对的，让人很着急。我还需要多向有经验的老师学习，多学习理论知识，多争取实践机会。

辛帅老师点评：幼儿是直观思维，具有很强的向师性，多数时候老师的激情和情绪能够直接影响到孩子，老师的课堂组织能力也会通过幼儿情绪调动的积极性反映出来。因此，每一堂课老师除了准备好基本的知识，还要以饱满的热情和激情来调动孩子学习的情绪，根据孩子的反映及时调整教学方法。希望你以后在这方面多下功夫。

🦋 这一周，大班老师感冒请假了，于是我被分到大班当带班老师。大班有20多个小朋友，对他们的情况我不是很了解，并且自己从来没有带过班，所以感觉压力很大。转念一想，要把自己当成一名真正的幼儿教师，不要总拿"实习生"当借口而错失了锻炼的好机会，没有挫折哪来的成长！

上课前，我认真做好课前准备工作，可第一次上课不是很顺利，和孩子们的交流互动做得不是很好，整个课堂纪律显得有点乱，没有把握好课堂纪律。我总结了一下第一节课失败的原因：上课不只是传授知识，更多的是为孩子接受知识创造一个好的环境。总结了经验教训后，第二节课相对好了一些，而且后面的授课一次比一次好，学生们也逐渐适应了我上课的节奏。虽然有点累，但我感觉这一周是充实的，自己的进步也非常明显。在接下来的实习生活中，我会更加努力的！

李莹老师点评：有压力才会有动力，有动力才会进步，人就是在不断地失败、总结、改正中成长起来的。被临时调去带班，是个挑战，也是个机会。抓住机会，就会得到宝贵的经验，不管是成功还是失败，对你都会很有帮助的。加油吧！

感觉我现在习惯了幼儿园的生活节奏了，生活变得超级有规律，时间也过得很快。

昨天晚上我们又加班进行教研学习了，安丘的孙国梅校长来给我们做演讲。虽然她讲的一些故事及某些话语，我以前都听过，但还是觉得这个演讲很受用。她主要是强调人的心态至关重要，要跟有积极心态的人交往，然后影响周围有消极心态的朋友。她说心态的传播是很厉害的，而且会在不知不觉中被同化。

还有，就是人有善念，天必佑之。不仅要心存善念，而且要懂得感恩，感恩你的父母、朋友；感恩你周遭的各种人，这些人可能帮助了你，亦或是伤害了你。不管是哪种形式的"成长"，既然你成长了，我们就应该感谢，感谢我们的经历，感谢我们没有被生活打败。

其实，在昨天晚上之前的一段时间里，我的心态就不如刚来幼儿园的时候好。我思考原因有二，一是来自现实与心理的落差，还有最主要的是受周围人抱怨的影响。我最近总是听到一些不和谐的话语，让我觉得生活不美丽了。

高波老师点评：看得出，你变得越来越成熟了，这是你不断反思的结果，很好，继续努力。生活中心理总有起伏，人生总会遇到坎坷，实习过程是蜕变的过程，对于遇到的问题，要学会总结，学会调适，多用阳光心态看待问题，做事才能持久，才能找到幸福。相信你的实习生活一定充实而精彩，老师对你充满期待。

这周出了个事故：那天下午快放学的时候，主班老师帮着孩子们排座位，我在照看着孩子上厕所。就在这时，事故发生了——萱宝把另一个小男孩咬了，而且是咬在脸上，主班老师发现时已经来不及分开他们，只看见被咬的孩子眼皮上出现了血印，而且很红。我们两个老师一个看着孩子，一个叫来园长，把孩子送到了医院，同时叫来了被咬的孩子的家长。家长也和我们一样，特别慌张。幸好只是皮外伤，没有注射破伤风之类的药。病是看完了,接下来的事后处理更麻烦,我们又是道歉又是反思。

虽然有些事故是不能完全避免的,但是,多多注意还是比较好的。因为这次事故,我们两个老师被园内扣工资,而且还得去孩子家探望,折腾了两天。我会牢记:在幼儿园安全第一,就是再忙也不能忽视了安全,否则所有的一切都是零。幼师就应该做打不死的小强,越挫越勇,最后我也想感慨一下:工作不易,且忙且注意!

王晓丽老师评语:幼儿之间,因为打闹、争吵造成人身伤害是不可避免的。这次事故没有给幼儿造成大的伤害,是不幸中的万幸。要把这次事故作为警钟,时刻提醒自己,任何时候安全都是第一位的。

真烦人啊!我快疯了!我今天发工资,发了462元。那时候我刚刚应聘上,园长说我们的工资是800元,实际上是六百,说得实习三个月,这期间如果表现好,就多给我们发一点。可过了不到一个月,学校辞退了一些人,这其中就有我。我很难过,就锲而不舍地去找领导,对她说我想在那干,几天之后领导同意了。我今天开工资,爸爸把我骂了一顿,他说,你开这一点能干什么?骂了我半个小时,不让我干了。我真的很想哭,扣了我100多块钱,我爸爸问我为什么扣的,我说那几天我没干所以扣了,因为那几天他们不让我去。我爸爸偏不听,让我明天辞职,我真的……

高波老师点评:不要灰心,想一想为什么会这样?是自己的问题还是幼儿园的问题。如果是自己的问题,改正!证明自己的价值远远超过500元;如是幼儿园的问题,可以考虑改变环境。总之,不能因为一时的挫折就对这个行业丧失信心。路还长着呢。

奋斗中我成长

今天坐在这里,我写下第一篇实习周志。回想从7月1号下午开始到今天,从2012年10月份再到今天,心里有好多感想。我不仅仅是在写周志,向老师汇报实习情况,更重要的是和老师谈谈心。以前上学的时候,每天都在重复同样的流程,感觉乏味、无趣、迷茫……记得很久以前给老师发过一封邮件,大意是向老师诉说自己的迷茫,甚至想退学,但今天我很庆幸当初自己咬紧牙关坚持下来了。作为一名新人,现在虽然只是一名配班老师,但是凭着工作经验,还有自己的坚持,以后的日子里一定会有努力的方向。从简单的一日保教工作,再到与家长沟通交流,都是自己成长的历程。很喜欢这样一句话:机会永远留给有准备的人!即使偶尔失去了方向，只要脚踏实地做好每件事，踏踏实实努力每一天，就会有收获！

苏敏老师评语：非常感谢你将自己的体会与我分享！实习工作很辛苦，但是看到你的日志，我感受到的是阳光、进取和自信。每个人都会偶尔没有方向，偶尔感觉迷茫，我也是一样。但是现在庆幸自己的坚持，有时回首往昔，甚至会惊觉于自己的成长。所以你说得很对，任何时候，只要踏踏实实努力每一天，就会有收获！姐先给你赞一个，因为你的记录也让我受到了鼓舞！我们一起加油！

实习第三个月的时候，我面临一个很大的挑战，一个我预见不到结果的挑战——我被提升为班主任了，托班的班主任，一个十一假期结束后开班的托班。我不知道这次调动对我是好是坏，但就像园长说的那样，这是个机遇，对实习生来说是个很难得的机遇。无形的压力来自两个方面：首先，我没有什么工作经验，尤其是带托班孩子的工作经验；其次，班里的另外两个老师不管能力还是学历，都比我有资格当这个班主任（她们一个是有5年经验的老教师，一个是刚毕业的硕士生）。我拒绝过这次调动，但与园长谈话后，我最终决定接受它。我的忐忑、担心、害怕都只能放到心里，因为我已经准备迎接这次挑战了。托班的挑战，从明天下午的家访开始。加油！

郑清老师评语：也许你现在的能力距离班主任的岗位要求还差很多。但既然已经接受了这个任务，就要努力干好。园长的决定不是随便做出的，她肯定看到了你的潜质和能力。所以，要相信自己，不断努力。也许，过一段时间你的能力会有非常大的提升，与你的同学拉开很大差距呢。

跟我一起来的姐妹因为忍受不了这么长时间的工作，已经申请辞职，在刚刚开始的时候就选择退出了。这样一来，我除了每天要完成超大的工作量，还要忍受好朋友离开的孤独，辞职换园的想法也一直在我脑海里盘旋。我最心灰意冷、想要放弃的时候，一位长得非常清秀的小男生改变了我的想法。可能是我刚来的缘故，他不认识我，我也没有注意过他，我们没有什么交流。有一天上课的时候，我正好蹲在他的后面，他突然转过头来跟我说"老师，我喜欢你！"我以为自己听错了，就问"你说什么"，他又重复了一遍"我喜欢你"。我控制住自己激动的心情，笑着对他说"我也喜欢你"。天知道我感动得眼泪都快掉下来了！我努力抑制住自己的感动，告诉自己"你成功了，有小朋友喜欢你就是你成功的第一步，接下来继续努力一定会做得更好。"因为这个小朋友的一句话，我又坚定了继续留在这里的想法。哪怕只有这一个小朋友喜欢我，我也要留在这里，好好爱他。

张晓艳老师点评：或许更多的小朋友喜欢你，这位小朋友勇敢表达了他对你的喜爱，其他小朋友也许只是不会表达或者不敢表达。你可以从他们的眼神和行动中去发现，不一定只有小朋友说出来才证明喜欢你。加油，你会越来越棒，越来越受到孩子们喜欢的。

🦋 时间过得飞快啊，又领了一个月的工资。看着手里微薄的工资，心里说不出是什么滋味。我勤勤恳恳一个月的回报就是被用各种理由扣得剩下的微薄的工资！但是，陪我去领工资的是我们班的孩子。他的名字叫童童，是个可爱的男孩子。当我拿着工资和他走出办公室之后，他扬起天真的小脸说："老师又领钱啦，老师好有钱哦，买好吃的给童童吃吧。"看着孩子这可爱的小脸，我心里不由得泛酸了。孩子是多么的天真啊，如果老师之间的关系也可以像孩子之间这样单纯该多好啊。和我搭伴的老师安慰我说，社会就是这个样子，你要学会慢慢适应。她说得对，我要尽快适应这个看似公平却又不公平的社会。如果有一天我离开了这个幼儿园，我最最舍不得的就是这群天真可爱、信任我、依赖我的孩子们！

高波老师点评：社会与学校是不一样的，想象与现实之间肯定有反差，慢慢适应，不要沮丧。多从孩子的可爱处看生活，你就能得到更多的快乐。

🦋 来到金色摇篮，第一次进入的是班主任马老师的班级，是婴班，里面都是2岁的小宝宝。第一天进去我特别迷茫，保育老师什么活都不让我干，让我去配班，我都不知道干些什么。来到这里一个星期了，每天都要给孩子喂饭、洗手，只要有孩子的地方一定要有一个老师。在这里，我才真切地发现在学校里学到的理论知识，实际操作起来根本没法运用。我发现在学校学习的东西有点用不上，一切流程全部按照金色摇篮里面的程序走。经过上午的锻炼，在前辈的指点下我终于不再是那个拿到教材就发憷、无从下手的新手了。中午的时候要哄孩子睡觉，没有老师的板凳，只能蹲着，累了就坐地上。第一天虽然没有干多少活，但是感觉特别累，有种不想干的念头，但我还是坚持了下来。每一个孩子都有自己的板凳，板凳上写着自己的名字，我要努力记住每个孩子的名字。

高波老师点评：书本和实践确实有差距，但是，学校里学到的理论性的知识，实际操作起来真的根本没法运用吗？没有理论指导的实践是盲目的！一切流程全部按照金色摇篮里面的程序走，不等于说学校学习的知识用不上，只是你还不会灵活运用。这也是你们实习要努力的地方。工作几年后，你会发现理论知识还是很有用的，尤其是你想成为一个研究型教师的时候。

🦋 时间过得好快，转眼间一个月过去了，平时除了上班还是上班。刚从烟台学习回来，说说这一个月来的感触吧，现在的孩子真是比我们想象的还要给力。有一次打电话给朋友问她近况如何，她说她快疯了，她们班有几个小女生太牛逼了，一个小姑娘闯祸了，问她："这样做对吗，你怎么可以打小朋友？"小女生回应她说："你怎么和我说话呢？我又不知道我打她会哭，我不是故意的，谁让她说我丑来着，她这样活该。"小姑娘说完这些话把我朋友吓了一跳，直接愣了，理直气壮地像我朋友错似的……幼师这个工作真是不干不知道，一干吓一跳啊。根本不像外人理解的那样轻松，以为成天哄着孩子不哭就行了，其实很苦，很累。小朋友打架了会告状，小朋友抢玩具了会告状，每天都会有新的你意想不到的小状况发生，从早到晚一刻都不能放松，就怕哪个孩子摔着了，磕着了。唉，工资更没有外人想的那么好，现在长大了，挣钱了，终于知道这钱来得是有多不易了。哎，自己挣钱了都不舍得花了，因为这是自己的"血汗钱"啊。

高波老师点评：不工作不知道钱来之不易。既然知道来之不易，就努力工作吧。有时，挣得多少与付出的努力、显示出的努力、证明的价值成正比。另外，心态很重要。对于幼儿教师来说，也许每天的生活是一成不变的，但对于幼儿来说，每一天都是新的成长，每一天都期待着认识新的事物，所以作为他们的老师，每一天都要激情澎湃地面对生活，面对幼儿，祝：儿童相伴，童心未泯，共同成长，快乐永远。

说实话，公开课我还是挺担心的，怕孩子会去找家长，不能好好上课，不能好好配合。但是班里孩子的表现完全出乎意料，作为才开学一个多月的孩子，在家长在自己身后听课的情况下，没有跑去找爸爸妈妈，而是好好跟着老师上课，还能好好配合，让我感觉很是欣慰。这一次的公开课挺成功的，家长和孩子配合得很好，自己也没有什么做得不对或者忘记的地方。也许就像园长说的，只要第一次坚持下来了，没犯错误，就是一次成长。

高波老师点评：上好课是一个幼儿教师最基本的要求。首先，对你授课成功表示祝贺！当然，要想成为一名出类拔萃的教师，还要多学、多练、多思考。不赞同园长的观点："只要第一次坚持下来了，没犯错误，就是一次成长。"我的观点是：一个新人，不犯错几乎不可能！即使犯错，也有价值，任何人都是在错误中学会成长。当然，前提是要对错误做出反思，要学会改进。相信在不远的将来，你的课会上得更棒。加油！

这个周我们学校老师有好多请假的，我就被分到各班去帮班。其实老是换班也不是很好，心里有点抵触。每换新班，面对的老师、孩子都是陌生的。你要重新去熟悉，碰到喜欢说话的老师还好，碰到不善言谈的老师心里可别扭了。每天我都抽出时间跑到我原来的班去玩会儿，回到班里就开始抱怨不想去别的班。直到有一天孩子的一句话彻底打消了我的抵触心理。

那天快到下班时间了，孩子都走光了，我在原来的班里和同事聊天。突然有个孩子从我们班门口经过，对我说：张老师再见。我说：再见，宝贝。同事问我是哪个班的孩子，我说不知道。我帮班帮过很多，基本也就在那个班呆一天，难得孩子还能记住我，心里真的很开心。突然觉得帮班也挺不错的，能让更多的孩子认识我。我的心理一下子发生了翻天覆地的变化，就单单因为孩子的一句话。其实当老师的最大的成就就是得到孩子的认可，得到孩子们的喜欢。

高波老师点评：丰富的阅历也是一笔宝贵的财富，其实，在哪里干没有太多不同，但是不同的心境使得它们截然不同。你瞧，换一个心态，不也挺好吗？

这周的新老师讲课比赛终于结束了，自我感觉还可以。虽然没怎么准备道具，但是整节课没有停顿，很完整地结束了，一切顺利。我讲的是一节音乐欣赏课，虽然讲得不一定好，但园长说第一次讲课我就敢选音乐欣赏课很勇敢，被表扬了自然心里乐开了花。但确实也有很多显而易见的缺点，导入太长，显得啰嗦，以至于后面没有让孩子玩尽兴。虽然缺点还是被找出了一堆，但心里一点也不难受也没压力。毕竟第一次，从内心就给了自己很大的犯错空间。比赛结束了，心里就轻松多了。每天都挺累的，都没心思学习了，也是太懒了，感觉一点正能量都没有，但是说实话真心不喜欢这样没有目标的感觉，希望快点找到目标，找回自我。

高波老师点评：尝试确定一个具体、可行的发展目标，一步一步实现。在实现的过程中，不断自我激励。就像你对你的讲课比赛的感觉一样，这样就不会感觉那么累，也不至于感觉一点正能量都没有。

有人说，干幼儿教师工资少，待遇低，工作累，天天还要为幼儿园的孩子提心吊胆；有时家长不理解老师，还会说一些不负责任的话，自己静下心来仔细想想，孩子们天真可爱，从来没有一点虚情假意，老师在他们心中完美、多么神圣，只要你真心对待这些孩子们，他们就真的爱你，真心的爱换回孩子们无私的爱。

在幼儿园的每一天我都过得很充实，尤其是听见小孩子们叫我"老师"的那一刻，那种幸福感只有自己才能体会到。一直以来我的梦想就是当一名平凡的教师，现在终于实现了。在别人看来幼师是不值得人尊敬的，但是我想说幼师真的很伟大，我们用耐心、爱心和责任心同孩子们交流，对每位幼儿都细心教导，从不怠慢每位幼儿和家长，这些是很多人都无法做到的。虽然现在我不是正式的编制老师，但我相信这一天会来临的。看到孩子们天真无邪的笑容，总感觉自己回到了儿童时代，脸上洋溢着幸福的表情，我也更加喜欢这个职业。其实职业是没有贵贱之分的，做人就应该豪放，不拘一格，不要去理会那些本来肚子里就没多少墨水而随意谈论你的人，做好自己才是最重要的，做到问心无愧就好。

高波老师点评：任何事物都有两面性，将幼教生活描述成花团锦簇我不赞成，将其描述成一团糟我更不同意，应该说"虽然辛苦，但很充实"，"虽然辛苦，但也很幸福"。

教师这个职业并不低贱，不但不低贱，还很崇高、伟大。现在一些俗人总是以赚钱的多少来衡量一个职业的高低，证明了现在的社会很浮躁。甭管别人怎么说，按照自己的内心指引来做，他人可以不理解这个职业，但是我们不能看不起自己。

每一周的开始，都代表了一个新的进步，一个新的希望。在幼儿园仿佛时间过得特别快，因为和孩子们在一起，被他们吸引着，被他们的心性感染着，便不会觉得累，只是晚上躺在床上的时候，才感觉真的是腰酸背痛。这个时候想想明天又能和孩子们见面，累的感觉就瞬间缓解了。

刚进幼儿园，怀着满腔热情和对孩子满满的爱，等真正进入了班级才认识到自己的知识和经验真的是太少了，仅仅凭借在课堂上学的知识是不够的。还好，我被分到了新开的小二班，从孩子报名试园到正式来园，我跟着这个班的孩子一起，从头开始了解他们。我很高兴，因为和老师们一起接手一个新班，看着他们一天天进步一天天成长，成就感倍增，我不仅了解和学习到了怎样处理刚来园的孩子哭闹、不吃饭、不睡觉等问题，还学会了怎样和孩子交流，了解孩子的性格和弱点。

班主任和保育老师都是很有经验的老师，和她们在一起工作我增长了很多经验和技巧，和孩子亲身相处的这一周里，体会到了孩子们更明显的进步。我会一直坚持努力不懈，希望可以在幼教事业中越走越远！加油，我的孩子们，加油，我自己。

辛帅老师评语：任何一项工作都不容易，在我们抱怨工作琐碎、孩子调皮的时候，想想有的人起早贪黑，有的人冒着生命危险做着某项工作，也该释然了，生活和工作固然不易，但我们就是要将不易的生活过得容易，过得精彩。加油！

在园里工作三周了，我熟练掌握了班级的各项工作。每天重复的工作，没有让我感到厌烦，反而觉得每一天都有不一样的收获。现在，我越来越喜欢在幼儿园工作，喜欢这群孩子们，他们总是带给我无限的惊喜和快乐。

在中一班，我是幸运的，因为在工作中遇到的难题或者困惑，有其他三位老师热情相助，我感觉自己成长得很快。这种感觉是以前不曾有过的。我喜欢这份工作，喜欢朝夕相处的这群孩子们。通过这三周的观察，我看到了主班与班长上课的流程，给我不少启发。看着老师脱稿的精彩教学活动，我无时无刻不在幻想着有一天我的课堂

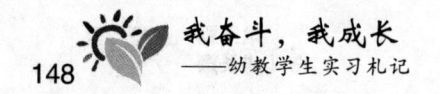

也可以这样活跃。

现在自己最大的突破就是能立即写出一篇户外体育计划。因为我学会了灵活变通，一个游戏可以变成很多花样去玩。我终于明白，在我应聘上北京师范大学实验幼儿园的那天，一老师对我说"你来我们园，一年之后，即便你不在校本部园待着，出去也会是优秀的教师，因为这个园有这样的魔力。"我期待自己一天天的进步，我相信自己可以成为最优秀的幼儿教师，而不仅仅是合格的教师。

最喜欢和孩子们一起去上奥尔夫音乐课——太神奇了，也充满着太多的欢乐。独特的教学方式，让我有种冲动，想去考奥尔夫音乐证。孩子们带给我一次次的感动，让我感觉自己越来越依赖他们，期盼每天能够见到所有的孩子。我也会通过自己的实力，向别人证明，自己在努力向着优秀教师的方向前进。

鞠楠楠老师评语：自己上课和在下面听课感受肯定不一样，站住讲台是一个教师的基本素质，而一堂课背后是方方面面的努力。你的用心和努力，孩子和领导都能感受到，珍惜在北师大实验幼儿园学习的机会，加油吧！

怎么才能让自己的课上得精彩，这个问题困扰了我很久。也许作为一名新教师，我没有能力让自己的课上得有多么精彩，但至少我要让自己的课上得一次比一次好。

带班老师说，你不严格的话，小朋友是不能学到什么的，因为幼儿无法控制住自己。几个月的教学，让我深刻感受到这句话的重要性。幼儿的控制力很差，注意力不够集中，有时候幼儿的学习是一种强制性的学习，否则幼儿的声音肯定会盖过你。即使你的教学设计做得很好，却会因为幼儿的不配合，无法完成你的教学，更不用说让幼儿学到知识。教具一定要充分，这也是上好一节课的关键。我教的是中班的孩子，有趣且丰富的教具不仅能引起幼儿的兴趣，还可以帮助幼儿理解所学的知识内容从而更好地完成教学任务。认真备课是上好一节课的关键，当然也要有随机应变的能力。特别是一个新老师，都不知道一节课的顺序，更别说什么随机应变能力了，认真备课就能使自己慢慢懂得很多。

我作为一个没有一点经验的新老师，刚开始都不知道一节课的程序是怎么样的，备课让我慢慢明白什么样的课该有什么样的顺序，怎样才能让幼儿有序学习，并能很快接受知识，我知道了抓住和把握好每个领域活动的目标和特点很重要。我会一直努力，努力让自己每天都进步一点。付出才会有收获，通过长时间的经验积累，我相信自己的课会越上越好。

王璐老师评语：兴趣是孩子最好的老师，这需要你花点心思才能上好一堂课，多多和老教师请教。一堂精彩的课也不是一次两次就能做好的，上好课的前提是了解学生、熟悉教学内容、掌握不同的教学方法。加油！你会有更大的提高。

时间就像一道闪电，一闪而过。不知不觉踏入幼师这个行业已经一个多月了。回想起刚刚踏入幼师行业的第一周，心里有些许苦涩。当时心里很厌倦这份工作，心想在早教中心怎么什么都要干呢？提水、打饭、刷碗等等，一切的一切都是配班干，而且中午也不让休息，怎么像个保姆呢？心里久久不能平静，很想停下来歇歇，甚至都有不干的念头。爸妈看出我的心思后鼓励我说，年轻时吃点苦、受点累没什么，苦尽甘来，坚持下来就可以了。渐渐地我学会了坚强，学会了面对，我不能在原地踏步，我要用良好的心态去面对生活。我告诉自己付出终会有回报，一定要静下心来继续学习，我深知不懂的东西还有很多，我一定会继续努力，交出一份最满意的答卷，加油！

苏敏老师评语：非常感谢你将自己的体会与我分享！实习工作很辛苦，确实是这样，但是看完了你的日志，我还是感受到了你的阳光、进取和自信。回想我刚刚实习的经历，也和你现在一样，工作琐碎没有头绪，每天除了打扫卫生就是打扫卫生，要不是高波老师让我锻炼着上课，我甚至会怀疑自己实习的意义是什么，但是真的没有意义吗？后来等我毕业真正工作了，得到了身边每一个同事的认可和接纳，我体会到自己实习过程中的那些看似琐碎没有意义的劳动和付出的重要价值，家长们和同事们通过那些琐碎的细节认识、了解我，知道我是谦虚的、勤奋的、认真的、持之以恒的、任劳任怨的人。要知道人们是先接受一个人的人格才去肯定一个人的能力的，相信自己现在的付出是有价值的！每个人都会偶尔没有方向，偶尔感觉迷茫，我也一样，但是现在庆幸自己的坚持。有时回首往昔，甚至会惊觉于自己的成长已经超出自己当时所处迷茫之时的方向。所以，相信自己，到任何时候，只要踏踏实实努力每一天，就会有收获！我们一起加油！另外，祝教师节快乐！

今天我们进行了成果发表会前的最后一次彩排，孩子们都很乖很给力，虽然也会调皮捣乱，但是我知道他们是想用心完成这一切。或许这就是他们的成长吧。虽然有时候也会累，也会烦，但是一想起他们可爱的小脸，心里就会忍住所有的怒火，心平气和地和他们讲道理。或许今天彩排，我有点失态了。彩排完班导师告诉我：你应该有自己对待孩子的一套方式，我的方式并不一定适合你，你不能老活在我的保护下，你应该学会自己独当一面，学会在我不在的时候，自己可以很好地带好这个班。这句话给了我很大的启发。是啊，或许我已经习惯了有她在的日子。我想，如果真的有一天，她有事请假了，我该怎么办？我要努力找寻一套属于我自己的方式方法，去对待孩子们，慢慢学会没有导师的保护也能自己翱翔在蓝天。加油。

丁名夫老师评语：辛星，一个活泼聪敏的孩子，转眼成为一名社会工作者，我希望你是一颗永远的新星。这是最后一次周志，以后老师可能很少知道你们的消息了，一定要对自己好一点，多去外面走一走。健健康康的，工作不愉快了跟家人朋友说一说。人生还很长，需要你自己走，加油！

忙碌的一周又过去了，这一周感觉特别累。新的小朋友入园，周一可以听到全园的小朋友都在哭，家长满脸的担心和忧虑。我被分到了小一班，面对着28个孩子，大都是陌生的脸孔。每天总有四五个小朋友哭着找妈妈，让给妈妈打电话，这种感觉令我很烦躁，免不了会和同事抱怨几句。班主任愿愿老师温声细语地说："你们都还年轻，等你们有了孩子，就知道听到孩子一哭心里有多难受，我们能让孩子多吃一口饭就让他多吃一口饭，能多喝一口水就多喝一口水，虽然家长看不到，也不知道你付出的多或少，但对得起自己的内心，不要得过且过。"听后，我多少能感受到作为母亲的她对孩子家长深切的理解和自身的责任。很庆幸在我犯错误的时候她给我指明了正确的方向，让我感觉到幼师不仅仅是一份工作。

张晓晓老师评语：实习过程中有自己的感悟，明白了自己身上担负的责任和使命，不错。继续努力，相信你会成为一名出色的幼儿教师！

时间过得真快，转眼一个月又过去了。不得不说通过这段时间的实习我在变化，我在成长。我想说，相比学校，步入社会真的是没有学生时代幸福。说实话，工作了才知道大学生活的珍贵，工作了才知道挣钱的不容易，工作了才知道人生之路的艰辛。但有一点，虽然工作不如大学轻松，但依然开心，这份开心来自我的职业，来自我亲爱的孩子们。

经过这段时间的实习，我不断反思，慢慢发现了我在工作中的缺点，比如容易情绪化、容易着急、遇事不冷静，等等。所以我要及时改正，不能再让自己在工作上出差错了。今后在实习中我还要继续向老教师学习，毕竟我的经验少，只有不断地丰富经验，才能让家长和学校相信我。我知道未来的路无法预测，但我能预知的是即使吃再多的苦，我也不会怕。既然选择了这条路，就要坚持走下去，好好爱自己的专业，坚持自己最初的梦想，我相信会有一个美好的明天！

杨民老师点评：工作之后才知道生活的不易，才懂得要珍惜大学的生活。但是要活在当下，不要再让现在的自己后悔。

时间过得飞快，又一个月过去了。这是我实习的第三个月，我已经过了实习单位规定的实习期，下个月我就会领到幼儿园里的全额工资了，心里很是开心。

这三个月的社会实践生活，让我学习到很多东西。以前上学的时候，班主任会站在学生的角度考虑问题，而到社会上，来到单位里，老板却不一定会站在员工的角度想问题。我已经走向社会，不再是父母眼中的孩子，不再是老师眼中的学生，而是一名幼儿教师，是老板眼中的员工，就算有太多的挫折，我没有理由不去奋斗。即使有挫折，即使有困难，我仍然相信，生活很美好，世界很美妙。

每次周记的点评，我都要细细回味。我认真地写周记，老师用心给我点评。衷心感谢老师给我的点评和鼓励，老师的鼓励让我充满希望。只要我在这个幼儿园一天，我就会好好工作一天，好好处理人际关系，好好对待班里的孩子，好好与家长沟通。幼师是个良心活，我要对得起孩子，对得起家长对我们老师的信任，所以我会继续加油，不管在哪里工作，我都会充满激情地对待每一天！

高波老师点评：人总是要走向社会并学会适应社会的。这个学习不同于在校内的学习书本，但很有价值。既要珍惜过去的回忆，又要珍惜现在拥有的，你说呢？相信你会越来越好。

昨晚加班，临走时竟然忘记锁门了，回到寝室才想起来，随后立即马不停蹄地回到学校，还好没有任何损失。回到宿舍反思自己，不应该因为即将下班就失去耐心，要仔细去做每一件事，因为细心与耐心是学前教育专业的学生必须具备的最基本的素质。

这几天出奇得冷，很不幸，我感冒了，嗓子肿得说不出话来。同事们看到我的样子，都帮助我做一些力所能及的事，我很感谢她们，打定心思要和她们好好相处。令我意外的是，孩子们听到我沙哑的声音，竟然乖了许多，都在加倍练习。看来有一句话是对的：付出了就会有回报。这让我高兴得一晚上合不拢嘴。希望感冒能够快快好起来，我不能让病魔打败自己，必须以百分百的精神状态对待学生们。

高波老师点评：成败在细节，平时注意细节可能不会为你的工作增添多少色彩，但有时忽视细节带来的失误却是致命的。好在这次没事，但事情要举一反三，平时要多注意。身体是革命的本钱，祝早日康复。

实习三个多月了，我通过自己的努力赢得孩子们的喜欢、家长的信任，园长看到我的表现决定留下我，自己带小班，接新生，园长看到了我的努力。现在看到小班的孩子仍有亲切感，他们都是从哭着找家人开始到适应幼儿园的，这期间都是我想办法哄他们，一个个抱着哄过来的，然后慢慢地开始带中班，给孩子们上课。

通过努力，从这个周四开始我带大班了。今天是第一天接大班的孩子，没有想象中的那么轻松，从小班一路到大班，我的感觉是每个班孩子的需求都不一样：小班孩子最需要老师的细心，老师应给孩子更多的关爱；中班的孩子需要老师更多的耐心，教孩子写字；大班老师需要的发现每个孩子的性格和接受内容的形式。相信我会带好大班的。

王晓丽老师评语：付出总有回报的！你的努力没有白费，回想一下自己一路走来的过程，很有成就感吧？只要用心做了，就会被认可。以后也要继续努力，让家长和园长老师们更加对你刮目相看。加油！

时间匆匆如流水，这一周，我依旧是生活老师，依旧每天重复着同样的工作。作为生活老师的我，每天井井有序地忙碌着，乐此不疲地做着自己应做的事情，每天快快乐乐地享受着与小天使们在一起的欢声笑语。

周五，由于英教请假，我和班主任姐姐正在为下午课为难的时候，我突然有了个很大胆的想法——下午代课。正在纠结要不要说的时候，班主任姐姐看出了我的心事，我告诉她后马上得到了支持、鼓励，心里乐滋滋的。一上午我都在准备，想着怎么把下午的英语课好，怎样让大一班的小天使们感兴趣。同时又感觉好难，毕竟是第一次上课，有点为自己的小冲动后悔了，但我鼓足勇气，告诉自己这是个很好的锻炼机会，这一步早晚都要迈出去。下午我给孩子们上了一堂英语课，想方设法地让自己的课丰富起来，让孩子们感兴趣，喜欢且愿意学。虽然第一次上课，但感觉还是很成功的。

突然发现，原来幼儿园老师真的不简单。要想上好课，必须让孩子们喜欢、感兴趣，乐滋滋地配合你。只有相互配合，课才会更加完美。有了这次经历，我会更加努力，为自己以后独立上课打下坚实的基础，加油，加油！

高波老师点评：为你勇敢迈出的第一步喝彩！千里之行始于足下，真的做了，会发现许多事情没有想象的那么难。当然，也不会那么简单。只要准备好，并认真总结、反思，相信一定会越来越好。惠茹，加油！

时间过得真快啊，不知不觉一个月了。记得刚开始的时候，这份工作会让自己产生恐惧感，因为毕竟是第一次接触这份工作，不知道自己能否胜任。

事实证明，工作也没什么难的，做到各司其职就好了。孩子就是孩子，想法总是那么天真。调皮归调皮，但是他们还是可爱的一面多。跟孩子在一起时间久了就多了一份包容，对待孩子也更有耐心和责任心了。经过一个月的磨练，我发现理论和实践相差太大。没有爱就没有教育，要本着一颗负责任的心去爱护他们，做到让家长放心，让孩子真心真意接受我。开始的时候孩子们都不理我，但经过一个月之后，我发现孩子们开始慢慢喜欢我了，还有的孩子开始跟我说他的小秘密了，这使我充满信心，我可以和他们做好朋友了。

每天尽心尽力做好每一件事，照顾好每一个幼儿，让他们在我的指导下健康茁壮成长。有时候看见孩子调皮，根本不听我说话，我就在内心提醒自己"理解一下吧！孩子不调皮那还是孩子吗？"回头想想其实也没什么，孩子终归是孩子，玩是他们的天性，多给予他们点耐心与爱心吧！

高波老师点评：赞同你的观点：工作其实也没什么难的，都做到各行其道，井然有序就好了。只要勇敢迈出第一步，没什么大不了的。当然，自信并不等于懈怠。你能尽心尽力做好每一件事，照顾好每一个幼儿，让他们在你的指导下健康茁壮成长就很了不起。欣慰！继续努力！不断地历练，不断地进步！

这周拍童话剧，我就说了句我们学过表演游戏，上过表演游戏的模拟课堂，班主任就把这活丢给我了。刚开始真是没头绪，叫了几个小朋友上来演，下边不表演的小朋友炸开了锅。我想多讲故事内容，让每个小朋友都说台词，看谁记得好直接让谁表演。但我错了，这样太费事，而且太乱。最后我决定先确定角色，一个角色让几个觉得适合的小朋友都试一下，找个最好的。台词更要一句一句教，让他们记住还是件很麻烦的事。我尽量把台词改得生活化，方便他们记住。表达能力好的就演了重要角色，不好的就当小花小草，或者有一句台词的小动物，中间还要穿插律动，还要做头饰，真是很麻烦。不过庆幸的是，做了头饰孩子们感兴趣多了，希望可以进展得更好。

高波老师点评：不容易啊，模拟课堂与真实的情境还是有差距的。因为面对的对象不一样，模拟课堂的对象都是大学生，接受能力、理解能力、表现能力肯定与幼儿不一样。模拟课堂的价值在于你对表演游戏的基本程序不陌生，知道是先熟悉故事内容，再分配角色，然后是幼儿表演与教师指导，等等。不过，将这些流程落实到一点经验也没有的小朋友身上，肯定有一个适应的过程。相信有了这次实际的经历，今后面对类似的问题就游刃有余了。

上周五，副校长临时安排下周三让我讲公开课。每一周都有两位老师讲公开课，按理说，我刚来，应该安排到这一轮的最后。周二我特意请了一天假，在家里准备公开课，因为我们学校的其他老师提前三个月就知道自己讲课的内容了，她们早有准备。周三到了，我带着为孩子们精心准备的手工教具来到幼儿园，我对自己要讲的公开课充满信心。孩子们很喜欢我上课的方式，校长和老师们都说我讲得挺好的，我很高兴。我刚来到幼儿园一个月，以后，我会多向各位老师学习她们的优点、长处。

因为我是大学生,学历比同事高,有的同事就嫉妒我,我选择回家乡实习。希望自己家乡的孩子能走出去,科教兴国靠教育,教育要从娃娃抓起。我希望能尽自己的微薄之力来回报自己的家乡,回报社会。

杨世诚老师评语:展示自己的才能不要有顾虑,不用担心什么。多与同事沟通,消除误会,让他们知道你的想法。希望你能在家乡扎根,为家乡的幼教事业尽到自己的力量。

这周正好是月末,每到月末园里都要求做家访。前几个月虽然也到小朋友家去过,可是之前我都没太当回事。因为自己不太会和家长沟通,怕自己表达不贴切惹家长不高兴,所以前几次我大都是扮演倾听者的角色,只是偶尔说上几句。这次我们见完一个家长后,崔老师对我说下一个家长交给我,我的心里直打鼓。见了家长,我说了几句就有点说不下去了。其实这孩子优点很多,就是有点太黏着老师,不爱跟小朋友们交流。优点我们跟妈妈聊了后她很高兴,但是缺点却不知道怎么开口。崔老师一看,马上接过话茬,很顺利地和家长说明了情况。当时我觉得说话真的是一门艺术,以后我要跟着老教师们好好学习。只有会说话,才能和家长沟通好,工作起来才会顺利。

周季老师点评:做家访、与家长沟通,是幼儿教师很重要的一项工作。可能在前几次跟着做家访的过程中,你没有注意到崔老师是如何与家长沟通的。现在能意识到这个问题,为时不晚。你要多向老教师学习经验,与家长沟通要注意方式方法,有时候同样的一件事情,不一样的方式方法就会有不一样的结果。老师相信,你一定能做好。

眼看这一周将近过半,总盼着星期五的到来,总感觉只要孩子离园心里就轻松了。从早上接孩子开始,一颗心都吊着,生怕孩子磕着、碰着。在过去的一个月里,孩子的安全问题成为我们的首要任务。近一个月,孩子们接二连三地受伤,我心里很不是滋味。因为老师没照看好导致孩子受伤,呦呦被咬到,恩泽、艺娜碰倒受了伤。孩子虽然天性活泼好动,但是他们受伤,孩子是一点责任也没有的,首先我们要检讨自己。中午我们几个老师开会,讨论怎样保护孩子不受到任何伤害。我们决定,一个老师分管几个不听话的小朋友,如果一旦发现他们捣乱、乱跑,老师要立马制止他们,不能让他们受到任何伤害。如果孩子受伤,第一,和园长不好交代;第二,和家长不好交代;第三,自己心里也过意不去。因为孩子受伤的缘故,园长找我们谈话,我有了心里压力,想打退堂鼓了。但转念一想,怎么能让这一点小困难难住呢?我告诉自己要坚持,要勇敢克服困难教育好孩子们,成为孩子们的依靠,成为家长和园长放心的幼儿教师。

辛帅老师评语：中国有句古话"害怕什么来什么"，不是没有道理。因为有时候担心会让我们分心，倒不如放平心态，不去多做考虑，等隐患或问题产生的时候灵活处之，反倒心理会放松很多，否则只是"杞人忧天"。老师觉得，你的心态调整得很好，祝你早日成就自己的森林，加油。

新学期开始已经两个周了，我被分到了小班。因为我们班的孩子是从托班上来的，所以老师比较少，这就意味着我们的责任更大了。由于我没有丰富的工作经验，对幼儿园的一日常规还不是特别熟悉，为了能够让领导、家长对我放心，我每天都在努力学习。但是这周我犯了一个特别低级的错误：中午午检的时候，两个孩子正发着高烧，我竟然都没有发现。我觉得自己太粗心了。现在我终于体会到，幼儿教师这个职业，要的就是责任心、耐心和细心，为了保证每个孩子的安全，我不断提高警惕，每天按时清点人数，按时对孩子的身体情况进行检查，加强对孩子的安全教育，时刻打起十二分的精神看着孩子。现在我终于亲身体会到作为一名幼儿园老师的不易了。以后我会更加努力的！

辛帅老师点评：教师职业永远不可缺少的就是耐心和细心，特别是你面对的群体是幼儿，他们自我保护的本领很差，如果不能及时发现安全隐患，就会造成不必要的伤害。我们不希望类似幼儿在车内高温致死等恐怖事件发生，这就需要我们加倍的关注和细心，有时候比对我们自己都要好。你觉得呢？

又是一周过去了。这周幼儿园有一个家长活动，题目为"100分，你还有多远？——成功父母培训计划"。我很荣幸地被园长推选为活动主持人，我是既兴奋又紧张啊。原计划是大班两个班先开，然后小班两个班再开，最后中班两个班开。开会的前一天晚上，我一直在想明天面对大班的家长我该怎么应对。因为大班的孩子我还没有认全，有些小朋友我还不太认识，他们的家长我就认识几个，大多数还不认识，对我来说这次家长活动也是一次挑战。但我相信，我能行！

10月9号这天中午，幼儿园这边停电了。本来要用话筒、投影仪等东西辅助，现在只能靠自己了，我没有丝毫退缩。不一会儿，大班孩子的家长陆陆续续进入幼儿园，来到大班教室坐下。我开始了主持工作。10月10号这天是小班和中班两个班一起开的，家长比前一天一下子多了不少，我心里其实是紧张的，手心都出汗了，我一直在压抑着这份紧张。直到会议结束，家长走后，园长对我们说"这次家长活动圆满结束了"，我心里的石头才落了地。这对我来说是一次宝贵的经验，我好好利用了这次机会，我感到很高兴。比较内向的我，当着全园幼儿家长的面没有怯场，我相信今后的我能做得更好。

杨世诚老师评语：祝贺你的进步！类似于"活动主持人"这样的角色，在工作中就是良好的机会，要好好把握，在群体中展示自己，提振自己的工作状态。

本周的园内任务是各班幼儿档案的建立与填补。作为大二班的配班老师，本班工作由我来负责完成。通过整理孩子资料，我发现完成这项任务并不是我想象中那么简单。首先，我要整理出孩子由中班调入我班的成长档案，把在中班时就是本园孩子的档案调出。其次，我需要给新转入我园的幼儿新生们存建新的档案。还有一个特例就是本园幼儿档案丢失的，在大班必须补办一册新的档案。档案内容包括孩子6~7岁大班5寸照片、孩子的理想、老师图片、幼儿一日生活拼图绘制成的照片、幼儿在大班的作品，这些工作必须针对全部幼儿做出具体的资料准备。

在制作幼儿资料的时候，作为图片老师我必须瞬间捕捉孩子在幼儿园中表现最美好、最有特点的图片并记录到幼儿的档案中。首先，我用相机抓拍幼儿一日生活中最典型最富有表现力的图片，并且绘制拼图留在幼儿的档案里。其次，幼儿的理想也是在此时期不能忽视的，我们应该给留住他幼儿在任一阶段的阶段性理想。最后，幼儿的手工制作、美术作品是证明幼儿潜力发掘的重要依据。本周的工作任务必须落实到每个幼儿身上，把工作做精做细。通过本周工作任务，我发现自己越来越像一名真正的幼儿教师了。我深刻体会到作为一名教师的责任与义务，我相信我会把它做到最好，对每一个孩子负起责任。

王璐老师评语：这项工作从表面上看很琐碎，但想想这是孩子的第一份档案，你是不是就有动力把档案做好了呢？你的思路很清晰，先做什么、后做什么，都有安排。希望借助这次工作，加深对孩子们的了解，为孩子保留一份美丽的回忆，为家长提供另一个了解自己孩子的途径。

一周的时间很快又过去了，没给孩子上一节课，感觉很空虚。可仔细想想，又发生了好多事。孩子一日三餐的时间我会和他们一起度过，其他的时间我在做美工。为了迎接检查，老师们都有了新的任务，而我的责任教室是图书室，负责图书在地面、墙体的一些装饰。早上孩子们吃完饭，我就拿着材料、工具、水杯去图书室，开始了我的工作。刚到那个教室的时候，我还很懵，因为教室很空，要在一周内把教室装扮好有些困难。首先要铺地垫，脱了鞋，满地爬。别小看这件事情，它也有技巧，如果边对不准，就会扣不上，慢慢地铺着铺着就有经验了。接着就是做墙上的装饰了。先画，再印，接着剪，然后粘，最后贴在墙上或者挂到房顶上。做这些用得最多的材料就是海绵纸，很少用到卡纸，颜色以暖色调为主。老教师们在上海学习了一种美工技巧——压膜，打印出来的纸，或者垫点海绵纸，压过膜，就漂亮多了，感觉上了一个档次。还有，胶枪也是很好的辅助工具。整理图书也有很大的学问，我们分了几大类，有经典故事类、经典童话故事类、学前准备类、快乐成长类、益智类等，我都快糊涂了，不得不承认，自己知道得太少了。这几天一直在做美工，发现有些东西，越做越有灵感，越做越有技巧。期待下周的到来，可以有新的任务。

贾素宁老师评语：好想看看你亲手装扮的图书室是什么样子，很有成就感吧。看来你已经喜欢上这种有挑战性、有难度的任务了。俗话说，熟能生巧，做得多了自然会学习到很多技巧。在工作中一定要边干边学习，这样才能不断进步。

这一周每天除了上好课，看好孩子之外，还要为即将到来的元旦做准备。既要装饰墙壁又要装饰门厅，把过节的氛围烘托出来。除了做这些以外，还要为元旦出节目，一个班至少出两个节目。我们班出了一首歌曲《隐形的翅膀》和一个舞蹈《江南Style》。歌曲还好排练，最难练的是舞蹈，孩子们有的不听安排，不好好练，但是还得耐心地一个动作一个动作地教他们。功夫不负有心人，通过这一周的练习，孩子们渐渐熟悉了动作，也投入到了舞蹈中，现在跟着音乐能够完整地跳下来了，只是有些动作还不规范。相信再经过一周的时间，孩子们一定会学得更好，等到元旦的时候一定会表演得非常精彩。加油！

高波老师点评：老师的幸运是可以和孩子一起活动，帮助孩子成长，也帮助自己成长。组织一次活动的确锻炼人，好好做。从一首歌曲、一个舞蹈开始，积累丰富的活动组织经验，将来就能组织一次活动了。

这个星期步入工作的轨道，这也意味着我要开始备课、上课。教案是严格按照学习过的步骤来写的，而且过程也写得很详细，可讲课还是有空隙，会突然不知道该说什么了，或者是课堂失控，孩子们并没有我预想的那样感兴趣，总之实践起来还是挺麻烦的。幸亏课堂很短，不至于一节课都讲不下来。有几个孩子上课根本坐不住，还下座位，甚至走过来跟我说话。还有几个小朋友爱打小报告，一点小事也要来告诉老师。现在我还没有想到更好的办法让他们改掉这些习惯，只能摸索着来。幼儿园过几天还有新老师的讲课比赛，得想办法多和孩子们互动，或者是挑选能够让他们安静下来的儿歌。继续体验，继续进步！

高波老师点评："讲课有空隙，突然不知道该说什么了"，这些都是年轻教师普遍遇到的问题，多讲几次就好了。讲课时，不要单纯从自己的角度去考虑问题，要多关注孩子们的反应，并逐步帮助孩子们建立课堂学习常规。

国庆长假过去了一个星期，我们园举行了教师公开课展示。第一次讲公开课，我很紧张。教案写了一天，改了一遍又一遍，让有经验的教师看了一遍又一遍，就怕自己哪里没有准备好。我们抽签决定顺序，我排在第十五个讲课，幸好不是前几个。期间我去听了老教师和新教师的课，感觉他们讲得都很好。我自己也吸取了一些经验，感觉没那么紧张了。轮到我讲课的时候，我一切准备就绪，等待教研组和老师们的到来，心里还是有一点紧张，怕我们班的孩子们不配合，毕竟我们班的孩子是最小的。我按自己的流程讲完了一整节课。自己感觉还可以的，就是时间有点太短了，只用了十分钟。小班应该十五到十八分钟才算正好。讲完课感觉自己一身轻松。

高波老师点评：什么都是这样，熟能生巧嘛，授课是这样，组织活动也是如此。关键是总结经验，做到一次比一次好。希望将课堂教学遇到的问题以及你改进的情况及时跟我反馈，或者总结几个课堂教学的案例发给我。

本次的户外体能游戏总体来说还可以。早场展示孩子们的表现比较好，大部分幼儿能看着老师，跟老师做。只有肖同阳哭鼻子了，之后跟家长交流才知道是因为他没有找到好朋友和他拍手做操急哭了。后场的游戏环节，在螃蟹夹球环节中有几个小朋友不慎摔倒了，惹得好几个小朋友都哭了。孩子一哭秩序就有点乱，这是我们失误，但是孩子们还是玩得很尽兴，很喜欢这些运动。通过本次活动，我们知道了怎么提前给孩子做情绪疏导，遇到状况怎么随机应变，还有结束的总结工作要做好等。就像我们园长说的，每经历一次活动我们就会成长一次，经历的越多学到的越多。

高波老师点评：周志写得较好，不是泛泛而谈，而是描述了一件具体的事。不但描述了事情的来龙去脉，还梳理了本次活动的体会，比如，怎么提前给孩子做情绪疏导，遇到状况怎么随机应变，还有结束的总结工作要做好等。你们的园长说得对，这样的活动每经历一次，就成长一次，经历的越多学到的越多——这就是成长！

随着冬季天气越来越冷，为了预防孩子们感冒，幼儿园开了空调，我们也加大了孩子们的饮水量。虽然是为了孩子好，但我们班的裴梓芊小朋友却总是不配合我们。我组织孩子们喝水，裴梓芊小朋友说："老师，我要小便。"因为她刚刚才小便完，过了五分钟她又吵着去，我就没理她，她也没再说什么。吃午饭的时候，大家都小便完了，裴梓芊又说："老师，我要小便，我快憋不住了，我马上尿裤子了。"我就让她去小便，一看她的裤子没脱好就跟她说："先等会儿，老师给你弄弄裤子。"哎呀，还没等我说完她就哗哗地尿了我一手。我的心情顿时就……唉！孩子们小不懂事，我也没法计较，就让她去吃饭了。她吃完饭后我们要去午休了，午休前也要先小便。我去叫她小便，当我走到她那边时看到她小桌子上湿湿的。保育老师就说快去看看裴梓芊，我过去摸了摸她的裤子，果然尿得湿湿的。于是，我们把她的裤子脱了，拿出备用裤来给她穿上，然后告诉她："你不能这样，想小便就告诉老师，老师会让你去的。还有你小便的时候要拽紧裤子别尿裤子上了。你没到厕所绝对不能尿，知道了吗？"她看着我们点了点头。

这几天我们非常关注她，会定时定点提醒她去小便，午睡时我们也会叫醒她让她去小便，别的小朋友小便一次我们得叫她两次或更多。慢慢地她也不尿裤子了，算是有点小进步了。因为她不再尿裤子，我们还专门给了她一个小奖励。虽然只是一张贴纸，但可以看出孩子们希望老师能够认可和喜爱自己的那种渴望。以后的教学路上我想我会顾全大局，照顾好每一个幼儿！

高波老师点评：每个孩子的体质不尽相同，要区别对待。从训练那个小朋友如厕，我看到了你的细心、耐心和责任心。加油！

今天我教孩子们用手指点画了。因为现在园里要做主题墙，所以需要有幼儿的作品。我跟班里的老师一商量，决定就用手指点画，既简单又能提起孩子们的兴趣。我先画了35张带叶子的花枝，然后准备了印泥。在点画前，我先拿一张纸给孩子们做了示范，告诉他们应该如何来点。做完示范后，我将画好的画一一分发给孩子们，他们都很兴奋，显示出跃跃欲试的样子。然后我就开始一桌一桌地分别指导。我在指导的过程中发现了几个问题：一是有些孩子只是刚开始兴趣很浓，但是点了几下就没兴趣了，开始用手乱摁，对于这样的孩子我就会帮他们点几个，并点出不一样的形状，于是他们很快又能学习我的方式并投入进来。二是有的孩子不在花枝上点，总是点到叶子或者空白的地方，这样的我会手把手示范，并告诉他们应该点到那两条黑线周围也就是花枝的地方，因为小花的花瓣就是长在花枝上的。孩子们一听便明白了。最后终于将发下的35张画完整地收起来了，真是费了我不少功夫和口舌，但是我从中也获得了很多经验并学到了很多。我知道我的教育方法不是最好的，也不一定是最合适的，但是我会在以后的日子里逐渐积累经验，慢慢了解每一个孩子的学习特点及应对方式。

丁名夫老师点评：很高兴看到了你的成长。其实你的做法已经很成功了，因为你用了孩子们不反感的方法，达到了你的目的！相信可以做得越来越好！

周一早上的第一节课是我的，虽然上星期就知道园里主任要来听我上课，但当两位主任走进课堂时，我还是很紧张。我在心底告诉自己，我要比平时还要温柔、亲切，两个主任在，也没什么，上好自己的课就好了。就这样，我开始了语言活动《梦姐姐的花篮》。这是一篇优美的散文，我为幼儿出示了我精心准备的花篮、小青蛙、红鹤鸟和黄鸡的头饰，看到幼儿一个个开心的笑脸，我知道，每天晚上我的努力是值得的。虽然上课时用的图片可以打印，可以在电视机上播放（幼儿园里条件有限，没有多媒体），但是我觉得，自己用心做出来的教具比那些通过机器打印出来的图片漂亮多了，也比那些更能吸引幼儿的好奇心与求知欲。虽然这一节课上完之后我发现有很多的不足之处，但还是有值得表扬的地方。主任说我的表情很好，很亲切，教具也准备得很充分，教案写得也不错。只要有希望，就会有光明，朝着目标努力，不怕做得不好。因为只有我们做了，才有机会知道自己的不足。

周季老师点评：的确，经过这次听课，你能从点评中找到自己的优点和缺点。自己的努力付出有多少，那么最终收获的成功就有多大。加油，老师相信你可以更加优秀的。

这一周对于我来说是忙碌且充实的。幼儿园的早操比赛在本周二举行，虽然我们婴班的小朋友只表演不参与比赛，但是对于平均只有两岁多的孩子们来说，幼儿园独有的早操还是有难度的。我们几个老师商量了一下，把一些相对较难的动作简化，让孩子们可以跟着领操的老师做下来，而我很荣幸成为了领操老师。我们高估了这群小家伙，一上场还好，他们还没反应过来，接着就不行了，周围人太多，孩子们都只顾着看人了，做操的孩子屈指可数，更让人无奈又好笑的是我们班的孩子还有哇哇大哭的。因为每个班要选两个家长评委，孩子一看到爸爸妈妈就忍不住"金豆豆"了，不过好在还算顺利地完成了。婴班的孩子们实在是太可爱了，引得各位家长爱心满满，园长给婴班的孩子们颁发了最佳卖萌奖。尽管孩子们不懂是什么意思，但一点都不影响他们兴奋的心情。

这个周五就是万圣节了，这两天我们一直都能收到南瓜灯。家长们做的南瓜灯都别出心裁，什么形状的都有，从这里也能看出家长对孩子的良苦用心，也在提醒身为幼儿教师的我们，要比家长还要细心、耐心地对待孩子，让孩子们都健康快乐地长大。

辛帅老师点评：感觉婴班的孩子，很多时候不是我们哄他们，而是他们各种可爱搞笑的神情动作在哄我们。在这样的班级里，事情琐碎繁杂，因为幼儿的纯真，应该也是收获幸福最多的。珍惜与孩子们在一起的时光，帮助他们健康成长。

又到周末了，一周的工作已经悄然结束并且画上了完美的句号。本周我园开展实习老师讲课汇报工作，我是本次活动的参与者，这次活动让我受益匪浅。在我讲课的过程中出现了一些小插曲。我讲的是安全教育课，我讲到冲动驼闯红灯老师要引导教育他的，我手中的教具冲动驼突然滑落到了地上。原本安静的教室变得热闹起来，小朋友们议论纷纷。有个小朋友说，冲动驼知道自己错了，当老师批评他的时候他一定害羞了，想找个地方躲起来，所以来到了我们的班级。在这个孩子的引导下，很多小朋友都说出了自己的想法。经过孩子们这么一说,我的课堂气氛变得非常活跃,为我这次汇报课增添了许多亮点。比较起来,原本我所设计的思路都是枯燥的讲解,缺少了生机与活力。我感觉如果没有这个小插曲,我讲课所取得的效果一定不如现在。在此感谢那些可爱的小宝贝们,是他们助我一臂之力完成了我的汇报课,达到了校方对我的期望与要求。我始终认为孩子也是我们幼教工作者在工作过程中重要的导师之一,你们说呢?

李莹老师点评:幼儿老师接触的都是天真的孩子,他们想象力丰富,想法多种多样,有时他们说出的话虽然幼稚,但是仔细品味却有一定的道理。幼儿老师永远要保持一颗童心,多站在幼儿的角度看问题,接纳幼儿的看法、观点和认知水平,顺着他们的思路走会给你带来意想不到的收获。加油!

九月份天使班的宝贝们已经升入了大班海洋班。他们每天都在成长,作为老师我也会随着他们一起成长。我感觉现在自己在授课经验方面还是欠缺很多,要好好向老教师学习,在讲课时要抓住孩子的心,把自己当成孩子,和孩子一起学习,享受收获知识的快乐。现在升入海洋班的天使们已经进入了书写的环节,对于没有书写基础的他们,老师需要更多的耐心和方法。首先应该引起孩子书写的兴趣,再教给他们书写的方法。为了让宝宝养成一个好的习惯,需要家长做好配合工作,让孩子回去复习当日学习的内容。

在平时的生活中,孩子也给我带来了很多快乐。我们的宣传栏上有一个班级趣事,记录着宝贝们每天快乐的点点滴滴。我印象最深的就是子涵大宝贝,她很爱臭美,每天睡觉起床的时候都说:"老师,给我梳漂亮的小辫子。"我说:"子涵,你已经很漂亮了。"但是子涵说:"不,老师,我还可以更漂亮,你给我梳了小辫子我会更漂亮的。"我只好拿起梳子给子涵梳起头发来。

我要把这份工作坚持下去,因为我在学校里学到的只是理论知识,现在是我付诸实践的时候了!加油,每天都是新的一天,每天都会有新的收获!

贾素宁老师评语:我知道你是个对待任何事情都非常认真的女生,我也相信你会把这份耐心和认真带到工作中去。你说得很对,你们在学校学习了很多理论,现在顶岗实习阶段正是你们付诸实践的时候,好好干吧。

这一周大概是我实习以来最累的一周。不仅仅是身体上的劳累更主要的是心累。前几周园里一直加班我都没有像现在这样迷茫,其实工作累不累绝大部分取决于对这份工作的喜爱程度。

我不像刚开始那样喜欢孩子了,我怕之前信誓旦旦给自己设下的那些目标会在时光的流逝下慢慢淡忘。我像是一个没了斗志和目标的木头人，每天重复着同样繁杂的事情。人人都想成为优秀的人，可成为一个真正优秀的人谈何容易。

有些时候我不知道自己在想些什么，总感觉自己不像原来那样热爱这份职业，我想努力调整好自己的状态。可是只要遇到点不顺心的事心情就会变得很糟糕，然后影响到工作。我想成为一名优秀的幼儿教师，想要轻轻松松地上好每节课。或许是我经验太少，阅历不够，这些对于现在的我来说有些困难。有时候我在想是不是自己总爱把很多事情想得太过完美，当完美的想象与现实无法完全吻合时，就会变得烦躁不安。然后开始埋怨，开始不满，最后导致恶性循环。

很多时候我也会告诉自己这些不开心的小事都是生活给予的小考验，假如这点小事都过不去，将来遇到更大的困难怎么办？告诉自己这只是短暂的不顺心，该努力的还是要继续努力。

高波老师点评：不要这么灰心嘛。当想象与现实无法完全吻合时，会变得烦躁不安是很正常的事情。人的情绪总有起起伏伏，凡事多从好的方面想。做一件事情时间长了，有可能产生职业倦怠，要学会排解，遇到问题，不要先去埋怨，要将之看成是生活给予的考验。欣赏你的感悟：这只是短暂的不顺心，只是生活给我们的考验，该努力的还是要继续努力。仰望星空，脚踏实地。定下目标，就一往无前！

马上就到元旦了，最近我们也是挺忙的，忙着听教师能手的课，忙着仿课，忙着排练。这段时间的感受很多，也很复杂。幼儿园里不知道怎么了，开始各种制度都和金钱挂钩。我们幼师每个月就拿那十几张票子，也就只够自己温饱，幼儿园还要各种罚。有的时候也想逃避现实，想离职，想请假，总之就是压力很大，大得让人无法呼吸。有时候我也会崩溃、失眠。

我无意之间又看了一遍以前看过的电影，里面的女主角有这样一句台词。她说"只要你在这个世界上，这个世界就会向你打来无数个苦难的球，而你应该想的是如何接住这些球，而不是如何去躲避它。"这句话给了我很多的正能量，也让我成功地接住了那些"球"。

和大学同学聊天时，她说她准备离职了。我问她为什么，她说，每个月就拿那一千多块钱，教师之间还明争暗斗的，你说至于不。听完之后也顿时想到了自己。是啊，至于吗？但是我觉得，不管怎么样，只要我自己不去争，那其他人也不会和我争，不争便是最大的赢家。加油，奋斗吧青年！

高波老师点评：情绪有点低沉呀，的确，幼儿教师这个职业很难与发财挂钩，特别是一开始，无论怎样努力，每个月就拿那十几张票子，也就只够温饱的。就是这十几张票子也不是容易拿到手的,因为有各种条件、规矩的约束。怎么办?放弃还是坚守?这是一个问题。有疑惑很正常,思考这个行业值得不值得也没有错,只有历经磨难,内心坚定的人才能走得远。我想提醒你的是:干什么都不容易,如果不能改变处境,建议可以调整心态,要么不干,干就要做最好的。我还相信,幼儿教育行业会迎来她的春天的,努力!

幼儿园里开设了一项学习活动,就是在周六上午所有老师一起学习乐理知识。在课堂上明显感觉到,年轻教师对乐理知识的掌握要比老教师好很多。对于年轻教师来说,这是一个复习和回顾的过程,但对于有的老教师来说就有点吃力。例如,老教师在弹幼儿歌曲时只会弹C调,其他的D、E、G调式也都弹成C调的。通过这个学习活动让我认识到,年轻教师很多方面不比老教师差,让我又重拾起以往的自信。在平日的教学活动中,老教师做得得心应手,可是对于年轻的教师来说就有点吃力。所以新、老教师要取长补短,共同进步。

李莹老师点评:老教师比你们多的是工作经验,但他们离开校园已久,很多知识都生疏了。在日常工作中,多与老教师沟通交流,互相学习,才能不断提高工作能力。

周末两天共来了十七个体验的孩子。我接了一个名叫卫珂臣的男孩,他的动手能力不是很强,对周围事物的观察能力也比较弱,但是他很细心。完成搭建后我在他和他爸爸的谈话中可以看得,爸爸对自己的儿子并不了解,甚至有点小瞧儿子。卫珂臣说他比较喜欢妈妈,因为爸爸基本上没怎么陪过他。对于这个问题,我想说,卫珂臣已经上中班了,在他的脑海里,爸爸只是一个代名词,一个只知道睡觉、吃饭而不陪他的人,而他的爸爸显然没有意识到这一点,觉得无所谓。周二开会、本周主要的三件事:①周三、周四、周五上午在图书馆开讲座培训(乐高教育),下午去幼儿园上观摩课;②周六开展"我爱我家"的活动,我担任主持;③周末上午要开一个四岁到五岁的新班,这个班由我带。这周计划会比较满,和新生家长打电话通知并了解情况,写主持稿,准备周末新班的搭建课程,等等。相信这一件一件的事情我都能完成!

高波老师点评:上帝为你关上一扇门,就会为你打开一扇窗。每个孩子都有自己的优点,只不过好多人没有发现而已。那个名叫卫珂臣的男孩,就验证了这一点。老师发现你的活动很丰富,而且很被重用,甚慰!

家园对对碰

又是一个周,最近班里的事有点多。今晚一个家长去接女儿,因为孩子还在上特长课,于是就帮我把其他小朋友送下去了。下楼的时候看到有个小朋友的衣服总是拖在地上,我就重复了好几遍说:宝贝你把衣服抱起来,别老拖在地上,小心弄脏了。我说了六七遍,那个孩子的妈妈笑了,说:你真是好脾气哈,如果是我早就受不了了,早发火了,你们这个工作真是不好干呢,真有耐心。其实我想说只要家长能多多理解我们一些,多多包涵我们一些就好了。毕竟现在的孩子都是家长手中的宝,磕不得碰不得,有一点小小的闪失家长就会找我们。但是小孩子们都觉得争着抢着的东西就是好东西,磕磕碰碰也就是常事了。我们能做到的就是尽可能照顾到每一个幼儿,保护到每个幼儿。

高波老师点评:认识到幼儿园不仅仅是鲜花、掌声和孩子可爱的笑脸了吧?你能做到孩子的妈妈都做不到的事情,难能可贵!继续加油!

班里刚来了一个小朋友,在与她妈妈的交流中知道她对女儿有很高的期望和要求。这是很正常的一件事,但是今天我却不认为是一件好事。园里19号要进行汇报演出,要求孩子们排练舞蹈,作为老师肯定是要陪同的。其实这个孩子的接受能力和反应能力各方面都很不错,但是因为排练时老师把她的位置换了,她就哭了。她认为老师不重视她,觉得是自己做得不好。这种心理是家长的灌输造成的,因为她妈妈要求孩子各方面都必须优秀。我认为在给孩子养成良好习惯的前提下自由发展会更好……《指南》不是说不要拿着自己的孩子去跟别人的孩子比较吗?每个孩子都有自己的发光点,孩子每天开心就好。

高波老师点评:上述案例的根源在于看问题的角度不一样,对老师来说,这个孩子就是班里的几十分之一,但对于孩子的家长来说,就是全部。当然,家长对孩子过高的期望值是不适宜的,我也认同你的观点"不要拿着自己的孩子去跟别人的孩子比较,每个孩子都有自己的发光点,孩子每天开心就好"。这符合《指南》的精神,但我们也不能要求所有的家长都有如此想法。理解万岁,多沟通吧。

本周举行了家长儿童音乐节,通过家长们和孩子们的互动,我相信他们在本次活动中不仅有音乐素养的收获,更多的是和孩子们在一起度过的欢乐时光。家长们现在越来越忙,很多家长因为忙工作白天几乎见不到。有些家长为了更殷实的家境、为孩子以后更好的生活，放弃了陪伴孩子的美好的孩童时光。同时本着"技多不压身"的原则，让他们学习音乐。每次孩子们的家长来送他们上课时，我总会跟他们深入交流：孩子在这里并不见得是最快乐的，或许孩子们只需要你们拿出一丁点时间来去陪陪他们，让他们体会世间最伟大的父爱和母爱，不要因为忙而忽略他们。

为了孩子们健康地成长，我愿意做他们的"代理母亲"，让他们在学校里也能体会到深深的情，深深的爱！

高波老师点评：是的，现在很多家长也许无奈，总是忙于工作而放弃了陪伴孩子，让美好的孩童时光变得缺失。孩子的幸福需要一定的物质基础，但许多的幸福与之没有绝对的关系。你说得对：或许孩子们只需要父母拿出一丁点时间去陪陪他们，让他们体会世间最伟大的父爱和母爱。

为了孩子们健康地成长，你愿意做他们的"代理母亲"，让他们在学校里也能体会到深深的情、深深的爱，让我甚为感动。继续努力！

我们班有一个女孩子长得很漂亮，她从9月1号来了之后就一直在哭，每天早上都哭，从来都没有一天落下过。她的妈妈也是老师，好像是教剑桥英语的，我们发现她的教育方式和其他家长不一样，就是现在比较看好的赏识教育。她也不断给我们讲要赏识教育，尤其是对她女儿。开始上学没几天，她妈妈就说我们老师不好，还经常去领导那说我们。领导也知道新孩子的家长可能不放心把孩子交给不了解的人手中。开始我很是不理解，已经当妈妈的生活老师说，家长不放心是很正常的事情，只要咱们做好该做的就可以了。

以前在大班我从来没和家长交流过，几乎都是大班的老师在和家长交流。现在想一想，和家长交流真是幼儿园老师要学的一门大学问。我本来就不擅长交流沟通，更别说是和要求较多的家长沟通了。来到幼儿园才知道家长有多么可怕，有的人表面没什么的，经常在背后捅刀子，唉，能怎么样呢。

刚开始我还和那些家长聊，现在我都不怎么想和他们交流了。就想着这事是班主任的工作，我能躲就躲了。反正呢，就是什么事都不如刚开始的时候积极了。我难道到职业倦怠期了么？感觉好吓人啊！

高波老师点评：好些海归自以为接触了外面的世界，看了几本书，学会了几个时髦的词就不得了，以为掌握了教育规律，懂得了教育孩子之道，其实不然。就比如赏识教育，我们是应该将它作为教育的主流，但是一味的赏识也是有问题的，没有批评的教育是不完整的教育。那个妈妈掌握了赏识教育的真谛了吗？我看不然，也就掌握了个皮毛，否则，为什么一味指责你们老师呢？难道只有她的孩子需要赏识，你们幼儿老师不需要吗？有个教育专家曾经说过，家长有三类：懂行负责型的，不懂行放任型的，不懂行又瞎操心乱指挥型的。

当然，什么样的家长都有，但是这样的家长毕竟还是少数，你不应该失去对这个行业的信心，也不要动不动将职业倦怠的帽子扣在自己的头上，你才多大呀，工作了几天就倦怠了？哈哈，我怎么感觉是一个20岁的人在谈论自己心已老，历经沧桑，看破红尘……

愉快的一周要结束了，回头想想这一周真的是受益无穷。我们把以往每月一次的月报告改成了与家长面对面直接沟通，不但减少了老师的工作量，还提高了我们的工作效率和质量。以往在月底的时候，我们都要给每个幼儿写总结，向家长汇报他们在这一个月中的表现，不管是日常生活方面还是学习方面，这样我们的工作量就会比较大，而且因为占用时间太多导致忽略了一些事情。

经过这次改革后，我们每天下午留下四五位家长，面对面直接沟通。我们把自己在这一个月里对孩子们的观察情况告诉家长，同时家长也向我们反馈幼儿在家的各种表现供我们参考，有些问题我们直接提出来与家长一起探讨解决的方法。这样一来，我们就会在谈话中涉及更多内容，提高了谈话的针对性和实效性。

通过这几天的访谈，我对班里的宝宝更加了解了，根据家长们的反馈我们也及时做了总结。我想只要我们用心了，家长就会看得见。聊天过程中，我认识到家长不仅关心宝宝的成长，更希望自己的宝宝能全面发展。同时家长对我们的工作也给予了高度肯定。我相信，只要宝宝们都健康快乐地成长，家长们会更加支持我们的工作。

高波老师点评：与家长访谈是很有成效的一项活动。现将与家长约谈技巧相关的一些资料发给你，仅作参考。

1. 做好准备工作。要及早告知家长约谈的时间、地点与内容，征得家长的同意。在约谈前，教师要汇集、查阅孩子各方面发展情况的材料，进行分析，提取有用的事例。实际上，这项准备工作在孩子入园后就已开始。每个孩子都有一个材料夹，用于存放教师平时观察记录的材料及孩子的作品等，可供约谈前挑选、查看与使用。

2. 营造宽松的气氛。有些家长对约谈会感到拘束、不自在，所以，教师要注意营造轻松的气氛，比如：先倒一杯咖啡，说一些孩子和班上有趣的事。在交谈时也要自然一些，显得亲切，开始时可先问一句："玛丽近来在家怎么样？"这样的问题家长好回答，从而能自然地进入交谈。

3. 避免使用专用术语。采用日常使用的普通语言与家长交谈，家长听得懂。在介绍孩子发展情况时，不要说得过于笼统，而要具体一些。比如：不要光说玛丽的小肌肉发展水平低于正常标准，要补充实例或换一种说法，如玛丽还要继续学习串珠子，用手剪剪东西，我们在教他。

4. 要以平等的身份与家长交谈。教师切勿以专家自居，采取居高临下的态度教训家长，不要发号施令似的老是说"必须"、"应该"怎样，更不能责怪家长，要尊重家长，多倾听家长的话。教师提出共同促进孩子发展的措施时，宜采用商量的口吻，征求家长的意见。

5. 谈孩子缺点时要注意方式。对孩子的评价一定要客观、全面，既要肯定优点与进步，又要真诚地提出不足之处。在谈孩子的缺点时，要根据情况，区别对待。如果与家长很熟悉，可以说得直率一些。有些家长自尊心强，对谈孩子的缺点视为对自己的批评，感觉有压力。所以，教师特别要注意方式，不要用"迟钝"、"调皮"等字眼来形容孩子，以免家长听了不舒服。

6. 交谈时不要谈及别的孩子。与家长不要谈论别的孩子，也不要随意与别的孩子进行比较，说长道短。因为这样做会使家长产生疑问，不知老师在别人面前怎样说自己的孩子。

7. 交谈完了要肯定约谈收获。教师要指出谈话对家园双方都有益，强调对自己的工作有帮助，如进一步了解了孩子，有利于今后的教育工作。同时，对家长来参加约谈表示谢意，欢迎家长以后继续支持园里的工作，自己愿意竭诚与家长密切合作，共同促进孩子的发展。

8. 约谈完毕后，教师要做小结。小结的内容包括：谁提出约谈，谁参加了约谈，提出了哪些问题及解决的方案和措施，约定了什么时间继续沟通，有关措施实施情况。

这次的家长意见回馈表上，有一个家长很直接地写着这么一条意见：教师不负责任，推卸责任，幼儿有不适不尽快向家长反映。当时我看完就被气憎了，我去找园长问了一下，园长告诉我可能是因为上次小孩吃完药吐的那个事吧。其实那件事发生的当天我们就和家长说了，当时家长也没说什么，但是和园长说了，园长也认为没事，就没和我们说。小孩的胃比较浅，有时可能因为水喝多了，或者不想吃什么东西了都会吐，因此孩子在幼儿园吐是很平常的事。当时我听完感觉特别委屈，还很气愤，总感觉我已经做得很好了，为什么还要被家长这么说呢。

后来园长的一番话让我有所领悟。她告诉我：这只是开始，以后的路还长着呢。如果你因为这点小事就生这么大的气，还想放弃，以后的路该怎么走？也许我们确实有做得不到位的地方，否则家长也不会有意见。不管做什么事不能只想别人的过错，要先想想自己什么地方做得不够好，以后注意就是了。

园长的一番话让我感觉不那么难受了。事后我也想了想，确实是我做得不够到位吧，园长还告诉我千万不要因为这个事就对那个小孩区别对待。我想我不会，作为一

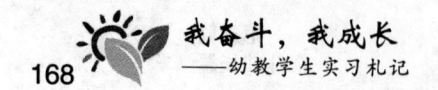

个老师，而且是一个幼儿老师，我深知要公平对待每一个孩子，事实上我也是这么做的。当时生气的时候，我确实想过我以后再也不管她了，可是事后我没有那样做。

高波老师点评：不是每个家长都通情达理，遇到一些异类家长，要学会淡定。你的园长说得对，不要拿别人的错误惩罚自己。当然，这件事也给你提了个醒，幼儿园工作真的需要特别细心。

最近班里孩子们的出勤率不是很高，周一开学就有十位家长打电话请假，而且都是病假。最近孩子们生病的非常多，作为老师应该好好反思，是不是在园期间教师忽视了哪一方面。我们把宝宝们在园的一日常规、活动、入园、离园全考虑了，结果没发现什么问题。既然幼儿园里没出现什么问题，问题应该出在幼儿在家的这段时间里。季节交替时期，幼儿不太适应突然变冷的天气，晚上睡觉又喜欢踢被子，这样一来，特别容易着凉。所以最近我经常提醒家长，注意宝宝晚上睡觉时及时盖被子，出门记得加衣服。过了几天，宝宝们的出勤率提高了，我们也就放心了。

辛帅老师点评：照顾年龄越小的儿童，越需要实现家园合作，并保证家园合作的一致性。很多时候我们千方百计地保证好了儿童在园的生活，但家庭中家长的一个疏忽或一个不良影响都可能使我们的努力付之一炬。很好地与家长沟通，经常开展家长教育活动是必要的。

最近，我们班来了一个叫青青的小朋友，刚来的时候不停地说："妈妈不让我上幼儿园，我要回家。"奇怪，青青妈妈怎么会不让她上幼儿园呢？原来，青青来幼儿园之前，妈妈担心孩子适应不了幼儿园的生活，如果不是青青爸爸坚持送她来，妈妈还不同意呢。也许是青青妈妈说了什么消极的话，所以青青才表现成这样。为此，我特意找她的妈妈进行了一次沟通，告诉她应该给孩子一个积极轻松的心理暗示，千万不要再说"你再不听话就把你送幼儿园去"这样的话。因为家长的语言会直接影响孩子的判断能力，孩子会认为幼儿园是一个可怕的地方，久而久之，孩子还会喜欢上幼儿园吗？积极轻松的语言会改变和影响孩子对待事物的观点和态度，所以，我们对孩子要用积极的语言。

辛帅老师点评：没有直接否定小朋友的话和想法，通过与家长沟通交流实现家园教育的一致性，你的做法很正确。学前的孩子在家庭中的时间还是很长的，家长的行为和话语都会影响到孩子，要保证孩子的个性得到良好发展，就必须要保证家庭教育与幼儿园集体教育的一致和协调。

很多家庭在对孩子教育的问题上不知道从何入手。孩子的内心世界就像是一个装满彩色泡泡的罐子，在这个罐子里，有动物泡泡、人物泡泡、有梦、有情绪……所有这些泡泡都满满地塞在里面。孩子心里到底在想什么呢？如果不经常打开来看看，也许有一天你不经意打开时，这些泡泡都已经掉了颜色，甚至碎掉。对于我们班的孩子来说，我同样想知道他们的内心世界。班里的孩子在语言表达方面不太擅长，因此我便准备了12张卡片。我和孩子们商量好，轮流上来抽签，抽到哪张就回答上面的问题或按上面的提示去做。比如：讲一讲你最不快乐的事情，讲一讲你觉得自己做得最好的一件事情，你今年的愿望有哪些……

于是我和孩子们便轮流玩起游戏来，轮到小丫了，她抽到的是"讲一讲你最不快乐的事情"。她说："我觉得最不快乐的事情是上幼儿园迟到，这几天，妈妈总是很晚才把我送来，看到许多小朋友都在做操了，我又迟到了，很不开心。"听到她的话，我抚摸着她的头说："好孩子，老师明白了，这几天你一直闷闷不乐的原因找到了。这样吧，你回家把你不开心的原因告诉妈妈。老师呢，也会和你妈妈讲的，相信你明天肯定不会迟到了，好吗？"下午小丫的妈妈来接小丫的时候，我便向她讲了关于"迟到"的事情。她的妈妈表示已经认识到这个问题，保证以后再也不迟到了。有的时候我们不了解孩子的心里到底在想什么，这时，我们需要花点心思慢慢走进他们的内心去了解他们。相信孩子们的那些小心思会被我们渐渐感知，从而更好地走进他们。

钟钰伟老师点评： 孩子们的世界有时候需要家庭和幼儿园共同去探索，所以做好幼儿园和家庭之间的及时沟通显得尤为重要。老师觉得你这个抽签的方法很棒。注意每一个细节，多采取些有效的办法，帮助每一名孩子在家庭和幼儿园的共同呵护下健康快乐地成长。

这周有些累，因为下一周我们将迎来为期两天的幼儿园家长开放日，所以，这一周我们加班加点重新布置教室环境以及区角游戏环境。这一周里，我得到了很多展示的机会，也学到了很多。当然，日常的教学活动依旧有条不紊地开展着，期间有两个小插曲让我很有感慨。第一件事是一个孩子受伤了，由于孩子调皮，自己摔倒了，导致下巴蹭破了皮，不明原因的家长打电话给班主任进行了质问，后来了解情况之后又向老师道歉。另一件事则是老师批评幼儿，孩子的理解出现偏差，家长加以想象导致理解错误。从这两件事中我明白了，作为幼儿教师，在教育活动中，要让幼儿充分明白你的用意，对理解能力稍差的幼儿，应更加细心地进行解释，以免引起老师与家长之间不必要的误会。同时，也要确保幼儿在幼儿园内的安全，避免幼儿受伤。

杨民老师点评： 幼儿教师必备的一项技能就是要学会和家长沟通。家长是孩子的第一任老师，如果家长能配合老师工作，在家严格要求孩子，不娇纵孩子，教学活动会开展得更顺利，孩子会进步得更快。要注意与家长沟通时的技巧，加强与家长的合作，为幼儿的健康成长保驾护航。

在幼儿园能学到与家长沟通的技巧，了解家长想知道什么事情。比如说，我到幼儿园后发现我班一个小女孩的妈妈每天都会在校门口看着她的孩子，直到孩子在教室吃完饭到室外活动，再回到教室以后妈妈才走。我很是奇怪，于是开始观察这个孩子和其他孩子有什么不同。确实，这个孩子有些内向，每天到园里都是闷闷不乐的样子，她不参与其他小孩子的活动玩游戏。她的妈妈每天早上就在校门口看着她的孩子，也不告诉老师她有什么需求。那天她的妈妈送她上学，又在门口盯着她的孩子看。那天的活动是骑自行车，小女孩还是在一旁不参与。经过前几天的观察，我大概知道了她妈妈一直在校门口看着她的原因。于是我就安排她到最前边，并主动教给她怎样骑自行车，这样她有了兴趣，很快就学会了。就在我让下个小朋友骑自行车时，她的妈妈走了，这是我来幼儿园以后她妈妈第一次走那么早。其实了解家长的想法很简单，就是要多和家长沟通，用心体会每个家长最关心的问题，在平时生活中多关注孩子，了解孩子，了解家长的心理。

王璐老师点评：这位家长不放心的，不是你对孩子的关心和照顾，而是自己孩子在幼儿园的适应能力。通过你的表现，老师认为你已经基本掌握了与家长沟通的要素，很清楚家长对幼儿园的期望是什么。希望你今后和家长多沟通，多了解一些孩子们的日常习惯，也让家长们知道孩子们在幼儿园里的情况。加油！

这一周的重大活动就是本周五的家长开放日。这一天，小朋友和家长早早地来到幼儿园，家长和小朋友们一起到活动区，看小朋友们做早操、上课、吃加餐。然后，家长和小朋友们一起做游戏。

为了锻炼孩子们的自理能力，我们设计的游戏名字叫"齐心协力"。小朋友在起点把衣服穿上，然后跑到终点找自己的家长，家长和孩子每人绑着一条腿跑回起点，先到者胜利。分完组后，第一组的比赛开始了。老师的哨声一响，家长和孩子们的加油呐喊声此起彼伏，响彻比赛场地。只见其中一个小朋友快速穿好衣服，把拉链拉上，以迅雷不及掩耳之势跑向自己的妈妈，然后和妈妈一起跑回起点，最终她们得了第一。在这过程中，我看到有很多孩子是他们的爷爷奶奶陪着来的。在这里我想说，爸爸妈妈们平时不要只顾着工作，要抽出时间多陪陪家里的老人和孩子。其实，每一个小朋友都希望在爸爸妈妈面前表现自己，更希望得到爸爸妈妈的认可，让爸爸妈妈觉着他们是最棒的。

王来圣老师点评：你的想法是对的。任何人都取代不了父母在孩子心中的位置和对孩子的影响，哪怕是孩子的爷爷奶奶。教师与家长间应该形成相互尊重、密切合作的关系，幼儿园要引导家长由被动配合变为主动参与幼儿园的教育工作。

自上周发现有的小朋友得手足口病后，我们就让得病的小朋友在家休息，进行隔离，并加大了晨检力度和消毒工作。没想到这周得病的孩子越来越多，每天都能发现一两个得病的小朋友，基本上都是手足口病或疱疹性咽峡炎。看着班里孩子一天比一天少，我特别难过，很为他们担心。每天我们给他们量两次体温，进行三次检查，但是早上还好好的孩子到下午就起疱疹了，这种情况越来越严重。由于幼儿园儿童密集度较高，防控较困难，所以我们园申请停课。最后上级同意全园暂时停课，进行消毒处理，十一月三日正常开园。

手足口病容易在幼儿和儿童中感染和传播。因此，做好个人和家庭及幼儿园的卫生，是预防手足口病的关键。为有效做好幼儿及其家长的工作，幼儿园通过致家长的一封信、专题宣传栏、家园沟通便条、网站等形式，向家长们说明利害关系，并将有关文件发放给家长，争取家长配合我们的工作，严防、实控手足口病的蔓延。希望这段时间，孩子们能够快快好起来，开开心心来上学，天天都能像花儿一样开放，像阳光一样灿烂，健康、快乐度过每一天！

丛娜老师评语：由于幼儿的年龄特点和抵抗力问题，患这类疾病的几率很高。你们幼儿园采取措施很及时，也比较到位。作为幼儿教师，你要认真履行自己的岗位职责，从自身做起，帮助营造干净卫生的环境。

转眼间，实习已经进入了第八周，这一周是我实习以来记忆最深刻的一周。初次步入社会，我不知道人际关系是如此复杂。作为幼儿教师，接触最多的就是家长，然而面对不善解人意的家长，我有点手足无措。周二下午，我们中班一位性格很内向的小男孩被其他小朋友推倒了，头被碰起了一个包。对于这件事，我不知道该如何向孩子的家长解释。所以趁离园还有一段时间，我用冷毛巾给他敷了几遍，到离园的时候，头上的包没有原来那么大了，但我还是无法安心。接园的时间到了，他妈妈来接他，一眼就看到了头上的伤。于是我向他妈妈解释了一下，并向她道了歉，毕竟这是由于我的疏忽造成的。我以为这样可以得到家长的谅解，结果还是被指责了一顿。当时我感觉很委屈，心里难过极了，可后来仔细想一想，从事这份工作，遇到这种事是在所难免的。毕竟是我的工作没有做好，所以，在今后的工作中，我会多多注意幼儿的安全问题。

辛帅老师评语：成功的人永远要经得起非议，但是从事幼儿教师这个行业的人，却不能这样安慰自己。因为我们面对的不是自己，而是一群单纯的孩子和一群爱孩子的家长。换位思考一下,也许我们也会因为爱子心切而错怪别人。所以,我们始终要抱着一种宽容和理解的态度,并时刻提醒自己。在这个岗位上,你会遇到各种人,会经历各种指责,要试着看开,试着让自己少犯错。加油!

昨天发生了一件惊险的事情,让我有点不知所措。每天孩子们放学回家都是家长来接的,放学时老师轮班在门口看着孩子们。昨天是我值班,放学的时候有个家长来接孩子,我看是那孩子的奶奶,和那孩子每天都一起回家的还有一个叫陈策的孩子,我想他们每天都是一起走的,所以就让那个孩子一起跟着回家去了。过了一小时左右,突然有家长打电话来说我们学校有个孩子在马路边哭,找不到家。我跑过去一看,是陈策。我想陈策不是被带走了吗?怎么会在这里?我赶紧给他家里打电话,陈策的妈妈来了。她说让别家帮忙给她接孩子,结果孩子没回家。想想我都很后怕。还好陈策没出什么事,要是有什么事的话,我该怎么办。

辛帅老师评语:幼儿的人身安全一直是牵动无数人心的一件事,现在各种拐卖儿童的事件屡屡发生,我们更不能轻信任何人,不能随便把孩子交给监护人以外的人。你应该庆幸这次有惊无险。今后在工作中一定要慎重,不要嫌麻烦。也许,你的一句话、一个盘问,会挽救一个孩子。

班里的一个小朋友在周五早上的时候把脸摔破了。无论小朋友有多么调皮,多么不听话,他是在幼儿园里摔的,就是我们的责任。首先我们得向家长道歉,因为是我们的失职导致了孩子受伤。经过我们的道歉与解释,终于得到了家长的谅解,我的心也就放下来了。这是我当班主任以来遇到的第一个大事件,刚开始不知道怎么处理,在其他老教师的帮助下终于圆满地解决了这件事。发生这样的事挨领导批评是在所难免的,我们只能接受,毕竟是我们没看好孩子。领导批评说,你应该庆幸这个家长比较好说话,如果他们得理不饶人,那就更麻烦了。谁也不想发生这样的事,孩子那么小难免会磕着碰着,今后一定要吸取教训,把孩子们看好了。通过这件事情我也学会了很多,更懂得了如何跟家长沟通联系。我一定会吸取教训,把这份工作做得更好。

郑清老师评语:在幼儿园里,孩子的人身安全永远是第一位的。虽然孩子难免会磕着碰着,但作为老师,要尽最大努力把这种事情的概率降到最低。你的领导说得对,应该庆幸这个家长比较好说话,如果是不好说话的,那就麻烦了。所以一定要细心再细心,不要有情绪和不满。希望你调整心态,好好工作。

在幼儿园工作已经快两个月了,几乎每天都重复着同样的工作,每天早上在教室门口迎接孩子们入园，对孩子们进行常规检查，对没有按时入园的小朋友进行电访……但是这周却发生了一件大事。周三早晨有一名叫洋洋的小朋友没有按时入园，老师打电话电访时才得知，孩子的父亲已经将孩子送到学校门口了，可是他怎么不见了呢？园里的领导和老师到处去找，并调了监控来看，后来多亏一位好心人把孩子送到了幼儿园。经过与洋洋爸爸沟通，事情原来是这样的：洋洋爸爸每天送孩子入园总习惯把孩子放在幼儿园门口，然后就放心地走了，这次万万没有想到孩子没有进园，而是跑出去玩了。通过这件事情我们认识到，幼儿园的工作不仅是要照顾好孩子，做好家长工作也至关重要，而且我们的工作也需要做得更细致。如果每个孩子的家长都能把孩子送到老师手里，这种事情是完全可以避免的。如果幼儿园的每日晨间接待都是在幼儿园门口接待孩子，孩子也不会走丢。我认为家长应配合好幼儿园工作，避免危险事情的发生。当然作为幼儿教师的我们也要做好家长工作。

赵振华老师点评：好在这次有惊无险，孩子总算找到了。孩子的安全问题非常重要，希望你们加强家园沟通，引以为戒。在家长会这样的场合或者家访时，着重与家长进行这方面的沟通，杜绝此类事件再次发生。

今天星期三，午饭时间我把香喷喷的饭菜端到小朋友面前，并介绍了饭菜的名字，孩子们都吃得可香了，唯独梅嘉旺小朋友把菜吐了出来，露出不想吃的表情。我急忙走到他身边，问："怎么啦？为什么把菜都吐出来了？是不饿，还是不喜欢吃这个菜啊？"开始梅嘉旺还有点做错事不敢说的语气和表情，我边摸着他的头边说："没事，是不喜欢吃吗？"他喃喃地说："是，我不爱吃，不想吃。"我蹲下来和梅嘉旺说："咱们就吃两口好吗？这菜特别香，很有营养，你看其他小朋友吃得多香呀。"梅嘉旺对我摇了摇头，露出无助的表情，最终他还是没有吃。通过这件事我反思到，我平时没有细心观察梅嘉旺的吃饭情况，应该多了解孩子爱吃什么不爱吃什么，多和家长了解孩子在家的饮食情况，只有充分了解了孩子的饮食情况，我才能帮助孩子逐渐把挑食的毛病改掉。在以后的日子里我会及时与梅嘉旺的家长配合，帮助梅嘉旺养成合理的饮食习惯，我相信梅嘉旺小朋友以后会更加健康地成长！

高波老师点评：挑食问题不是小问题，要与家长沟通，弄清楚原因，共商对策，并在家庭和幼儿园内一起执行。看到你的这份细心与热情，老师相信这个问题肯定会解决的。

不知不觉中，这一周又要结束了，心中的巨石也终于落下了。从周一开始我们就一次次审核准备已久的亲子方案。终于这周有幸碰上了好天气，从周一开始我们就给宝宝们讲解各种外出游玩时的注意事项，为我们本周三的活动做准备。家长们、宝宝们都很热情，都期盼着这次的亲子活动。终于到了周三，我们都早早来到幼儿园，为宝宝们准备爬山时需要吃的东西，还有我们在山上所要玩的游戏。有两位热心的家长开车运走了食物，同时也将我们带到了山下。我们在九点四十的时候集合到了一起，排好队形，开始了爬山活动。一路上，宝宝们、家长们都配合得很好，很快我们就顺利到达了山顶。在山顶，我们留了足够的时间给宝宝和家长们自由活动，最后我们举行了亲子游戏"乒乓接力赛"，家长们宝宝们都玩得很开心，结束时还是觉得意犹未尽。总的来说，这次亲子活动虽然还有很多需要改进的地方，但还算圆满。通过这一次实践，我从中也获取了很多经验，我相信下一次我会做得更好。

高波老师点评：一项活动，事先准备充分；活动中注意安全，组织得丰富多彩；活动后将本次活动的成败得失总结出来，很好！继续保持！

冬天到了，天气越来越冷，孩子们的户外活动也减少了。最近我们为了使孩子更加融入自然，组织孩子们去小区捡树叶。孩子们听到之后都非常开心，因为既可以出去玩，又可以做游戏。孩子们都非常认真地捡树叶，没多久就捡了很多。回到教室之后，老师们把树叶收了起来，准备给孩子们下午做手工时用。

午觉之后，孩子们就吵着要做小树叶的手工制作，积极性非常高。老师们把需要的东西，比如白乳胶、白纸之类的工具准备好，孩子们就开始自己做手工了。每个孩子都很开心地把小树叶按照自己的想法贴在了白纸上。最后做完手工制作，老师统一在作品上面写上了孩子们想要送给的人的名字。家长们来接的时候，孩子们纷纷献宝似的拿出自己的手工品送给爸爸妈妈或者是爷爷奶奶，家长们开心极了。

高波老师点评：这是很有意思的一项活动。这也说明了孩子感兴趣的方向就是我们工作要努力的方向。继续挖掘大自然中的教育元素，关注孩子们所关注的，感受孩子们所感受的，体验孩子们所体验的，你就会让孩子得到无穷的快乐，这样的教育才是真正的幼儿教育。

平安夜、圣诞节是12月的重头戏，我们几个老师都卯足了劲准备大展身手，全园的老师也都严阵以待。孩子们和家长们非常期待12月的活动，为了和老师们讨论12月的活动，有的家长经常在接送孩子的时候守在门口不愿意离开，家长们对于平安夜、圣诞节的活动都各出奇招，各种想法都有，我们老师都觉得我们班的家长太可爱了。孩子们也有属于他们的想法，也有很多奇怪的问题，例如"老师，平安夜是那一夜都很平安吗？"、"圣诞节是有个蛋吗？"这群可爱的孩子们啊，常常让老师们哭笑不得，我是多么幸运啊，可以陪着他们一起成长。

辛帅老师评语：有这么可爱的孩子、这么热心配合的家长，真的是个很幸福的老师。有这么多人一起出主意,相信你们的活动一定会很成功的。继续加油吧!

🦋 哈哈,这是愉快的一周哦,因为这周的一天是万圣节。上周我们做了好多万圣节的道具,中午孩子午休完,我们给孩子换上他们带来的衣服,一个个都很漂亮,有奥特曼、大黄蜂、漂亮的美雪、巫婆,等等,都很好看。下午两点半家长也化好妆进入幼儿园,走过红地毯,去操场猜灯谜,猜对三个就有奖励哦。当家长走完,我们就带着孩子走过红地毯找自己的爸爸妈妈,之后还有走秀呢。最后回到教室做亲子游戏,给家长和孩子们讲万圣节的由来。接下来就是游戏环节,我们的第一个游戏是踩报纸,第二个是贴猪鼻子,第三个是绝处逢生。下一个环节是表演节目,首先到操场跳兔子舞,第二个节目是老师穿着恐怖的衣服跳僵尸舞,第三个节目是把家长拉进来一起跳小苹果。最后,有三个戴着面具的家长跑到楼上的天台跳舞,并且撒糖。整个活动都很棒。父母是孩子的榜样,爱孩子就要多陪陪孩子,这样的活动真的很能增进孩子和父母的感情。

高波老师点评:活动太丰富了,你们太幸福了,真让我们这些人有点羡慕。当然,高兴还是主要的,特别是看到你们正在享受美妙的幼儿园生活,作为你们的老师也有点小兴奋。当然,提点小建设,西方的节日要庆祝,我们中国传统的节日比如中秋节、端午节更要搞好。

🦋 本周的一天早上,我按照常规督促幼儿洗手、喝水、放杯子。有名叫布丁的小朋友,因为感冒了,所以喝水的时候就接了满满一大杯子水。我问他为什么要喝这么多水,布丁说他感冒了要多喝水才行,我就答应了。不一会儿妈妈来给他送被子,看到布丁喝了那么多水,就弯下腰来对他说:"宝贝儿,不要喝那么多水,一会儿吃早饭会不舒服的。"布丁听了妈妈的话,就不想喝了,面露难色对妈妈说:"老师不让浪费水,说浪费水是不对的,要节约用水。"我听到布丁这样说也有些为难。因为我不让布丁把水倒掉不好,让他倒掉呢又浪费水。当我正在想该说些什么的时候,布丁妈妈轻声细语地说:"宝贝儿,咱不倒水,妈妈渴了,把水给妈妈喝吧。"说完,布丁把水交给了妈妈。等妈妈喝完水,一起把杯子放到了格子里。

这件事情给我的感触很深。布丁妈妈做得对,她既教育孩子不要接很多水,为孩子做出了榜样,做个不浪费水的人,又解决了孩子喝水太多的问题。这种一举多得的方法是很好的。我想一位儿童的成长,不仅需要老师在学校的教导,更需要家长的教育,这样才能引导幼儿更好地发展。

王璐老师评语:能够有这样配合工作的家长,会为幼儿教师的日常工作减轻很多压力。通过这次事件,你也要认识到,老师强调的问题,孩子通常都会不折不扣地执

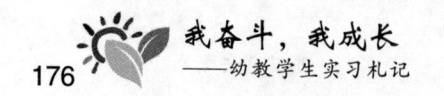

行，要注意观察幼儿的真实情况，不要让孩子因为执行老师的要求受到伤害或者不舒服。

"蝶" 幼儿园的手工课一直是小朋友最喜欢的，也是最麻烦的。因为学生太多，学校没有那么多的材料，有时我们会让小朋友从家里带作品材料和老师一起做。在做的过程中我发现，我们班里小女生心灵手巧的好多，她们的想象力很丰富，做的东西也很漂亮。家园共育区域摆放着很多小朋友们在家里和爸爸妈妈一起做的小作品。这周我们学习孙悟空大闹天宫，回家让他们和爸爸妈妈一起用橡皮泥做里面的卡通形象。他们带来的作品活灵活现，让我眼前一亮，惊讶于孩子丰富的想象力，当然这些作品离不开家长的帮助，很值得表扬。我感觉幼儿园的工作与家长的配合是分不开的，想培养一名优秀的孩子真得需要家园合作。

我们班也有没把作品带来的小朋友，我问他们为什么没有做，他们说不会，我说可以让爸爸妈妈帮助你一起完成，小朋友说爸爸妈妈没有时间，不帮我做。听到这样的回答，我感觉这样的家长是不合格的。也许您真的是因为工作忙，但一定要想办法抽出时间来和孩子一起完成"作业"，因为这些"作业"即开发了孩子的智力，又和孩子培养了感情。真心希望所有家长都能和孩子融洽合作，不能因为工作忙而忽视孩子。

贾素宁老师评语：孩子们的作品可以拍成照片传到我们班级的群空间里，大家一起学习。遇到家长不配合的问题，要注意与家长多沟通，可以在家长会或者家访的时候专门与家长交流这个问题。

"蝶" 又一周过去了，天越来越冷，早上起床都得在被窝赖上好长时间，越来越能理解孩子们为什么不愿意来上学了。虽然孩子们的出勤率决定了老师的工资，但是为了孩子们的健康我还是宁愿让他们在家里暖暖和和的。马上就要迎来 2015 年了，真快，自己成为一名幼儿园教师也将近半年的时间了。在这半年的时间里有开心有欢乐，有委屈有眼泪，越来越懂得怎么和孩子们相处交流，越来越熟悉怎样和家长们沟通。有的时候在这个位置上有很多东西很多话都是自我矛盾的，心里期望和家长们一起努力把孩子们培养得更好，可是有很多时候家长不理解老师，所以我们只能找更多的理由、找更多家长们希望听的话讲给他们。什么时候老师和家长之间没有了这种隐瞒和矛盾就真的太好了。

辛帅老师评语：一个学期的实习，看着你从最初满怀热情地进入幼儿园，到后来热情褪去依然能够坚持从认真负责的态度从事这个岗位的工作，见证了你一点点的经验积累，一点点的成长。希望接下来的日子，你能够投入更多的精力，以更负责的态度从事这份工作。

第四篇 收获快乐篇

——晒晒我的幸福账单

晒晒我的幸福账单

周三是幼儿园大班学生毕业的日子,毕业典礼上孩子们的表现都很出色。看着大班孩子们可爱调皮的面孔,我真心舍不得他们离开。虽然跟他们在一起的时间不算很长,但这段时间我认真地教他们学知识,同时他们也把快乐传递给我,我渐渐地喜欢上了他们。昨天好几个小女孩流着眼泪告诉我,不想离开幼儿园,不想离开老师和小朋友。还有一个小女孩说:"老师,我就要上小学了,你能不能来小学教我呢?"那一刻,我流下了感动的眼泪。亲爱的孩子们,谁说你们不懂感情,你们是最懂事的孩子。听着他们纯真的话语,我感到无比的幸福。在这里的一个多月,我渐渐地融入到这个集体中,努力做好每一件事,平等对待每一个孩子。孩子们在慢慢地接受我、喜欢我,我也深深地喜欢上了这群孩子们。今天他们就要毕业了,即将踏入小学的大门,去学习更多的知识,拓宽他们的视野,我衷心祝愿孩子们有一个快乐的童年和更加美好的未来。

郑清老师点评:老师能够从你的文字中感受到你对孩子们的爱与不舍。你很有爱心,幼儿园需要有爱心的老师。希望你能够凭借对孩子们的这份感情,努力向老教师们学习,一点一点地进步,最终会收获更多的幸福。

一天早上我在给孩子们打开水时,一不留神让开水烫到了,手上红肿一片,起了一个大包,疼得我眼泪都流出来了。这时候,一个小女孩跑过来问我:"王老师,你怎么啦?"我说不小心被开水烫到了。她让我蹲下,拿起我的手一边吹一边说:"妈妈说了,吹吹就不疼了。"吹了一会儿还问我是不是不疼了。当时我很感动,我说:"不疼了,王老师不疼了。"虽然她把口水弄到了我的手上、脸上,但是我的心里还是满满的感动。孩子们的心永远都是那么纯洁。虽然这只是一件很小的事情,但这正能体现出孩子们那纯真的爱。

王璐老师点评:第一次实习更多的是憧憬。你很努力地做好每一件事,你的付出孩子们都看在眼里,你爱他们的同时他们也都爱着你,幼儿园的可爱之处就在这里,你对孩子们的好,他们会记得很清楚。

我们班最爱哭的小朋友这周有了很大的进步,上课时不再哭了,不但会很认真地听讲,还会大声地回答老师提出的问题,这让我非常有成就感。上课时她能安安静静写字，有好几次都是前几名完成作业，我表扬了她，她开心地笑了。自己一句话就可以让小朋友很高兴，瞬间让我觉得老师这个职业非常神圣。

我们去上体育课的时候，操场上落了很多树叶，清洁阿姨正在那里打扫。我说："我们去帮阿姨捡树叶吧。"宝贝们一个个都跑去帮忙捡树叶了。当听到阿姨夸他们懂事的时候，宝贝们开心地笑了。回来的时候我问他们累不累，孩子们都说累。我说："你们才捡一会儿就觉得累，那你们想一下，如果你们乱扔垃圾阿姨就要打扫很长时间，阿姨会更累的。以后我们把垃圾要丢到哪里？"孩子们都大声回答："垃圾桶。"听到别人夸我们班的小朋友既懂事又有礼貌的时候，我觉得非常骄傲。

李媛老师点评：有了平时的谆谆教诲，就会有更多这种骄傲的时刻。抓住体育课时间进行随机教育，从小培养孩子的良好习惯，你做得很好。

这一周，一如既往地当着大一班的生活老师，累并充实着。突然发现，为别人服务也是一种快乐，何况我每天为一群小天使服务，所以我是自豪的。周三中午，我像往常一样等孩子们吃完饭后，去送沉甸甸的盘子。突然一个小朋友跑来，看着我，我很好奇地问他怎么了。他害羞地说："老师，这个很重吧，我来帮你吧。我有一个好办法，我们可以一起抬，那样老师就不累了。"当时我惊呆了，这是一个四岁的宝宝啊，我好感动。是我的努力得到了他们的认可，我很开心，我的努力是值得的！

高波老师点评：为别人服务的确是一种快乐，特别是服务的对象是天真的孩子。凡事努力了就会有所收获，付出了就会得到回报，你不是已经得到回报了吗？

这周高畅小朋友的转变可以说是最让我开心的，从家里带的零食会和其他小朋友们分享，这是一个好的开始，虽然有时也会有点小霸道、小任性，但是这已经是一个好的预兆了。不是吗？每次想到这些我都会不由自主地笑，抓住孩子们的心理，然后拿出足够的耐心就会有事半功倍的效果。每一个幼儿老师都要用耐心去对待每个孩子，孩子本是一张白纸，我们作为孩子的启蒙老师一定要给孩子留下绚丽的一笔，让爱在每个孩子心中发芽成长。

高波老师点评：变化从点滴开始，很高兴看到孩子的进步，特别是这个进步与你的教育密切相关。只要爱在每个孩子心中发芽成长，作为孩子启蒙老师的你就一定能给孩子留下绚丽的一笔！

感恩周过后，感动仍在继续。班里的浩洋小朋友是出了名的调皮，这段时间他总是状况不断，不是摔倒磕破皮，就是尿裤子、把粑粑弄到衣服上或者是让门挤到手，接二连三出了这么多的状况，我都不知道该怎么向他家长交待了。就在他挤了手我不知道要怎么跟他妈妈解释的时候，浩洋说："小李老师，能不能不要跟我妈妈说了？"我说："为什么啊？"浩洋说："妈妈会生气的。"当时觉得他好懂事。有一次他妈妈跟我说，有一天浩洋走到半路上忽然对她说："妈妈我想小李老师了。"我听了以后心里暖暖的，全是感动，我想浩洋是真的喜欢我的，心底的自豪感油然而生。

高波老师点评：能让孩子说出想你，真的不容易。看来你在平时的工作中对孩子们倾注的关心和爱心，他们真切地感受到了。继续努力！

这周我们幼儿园开展技能大赛，要求每位老师都要参加。绘画、舞蹈、钢琴、声乐，每样都要展示，看来做一名优秀的幼儿教师真不是件容易的事情。我开始拿起钢琴书练习曲目，找出舞蹈视频练习跳舞。毕竟之前学过，而且都很熟练，所以也没有想的那么难，技能大赛我的展示情况还不错，我很开心。

高波老师点评：现在知道每一份付出都有回报的道理了吧。很庆幸你在校期间没有虚度光阴，扎实的基本功奠定了你发展的基础。但是，不能一直寄希望于吃老本，在干好工作的同时，还是要不断巩固自己的技能。

我们班有一个可爱的小男孩叫童童，平时最爱跟在我的身后，不管我干什么，他都紧紧跟着我，我也特别喜欢他。前天下午放学，我负责在门口送孩子。他的妈妈领着他过来了，在离我很远的地方，他就拽着妈妈的手说："妈妈，你看，我老师。"他的妈妈低头问他："你是不是最喜欢刘老师啊？"他用力地点点头。他妈妈走过来跟我说："刘老师，童童每天回家都和我说他很喜欢刘老师，还说刘老师是幼儿园最漂亮的老师。"当时我心里暖暖的，很感动。孩子们是单纯的，也许在孩子们的眼中，谁对他们最好，他们最信任谁，谁就是最漂亮的。我很感谢童童对我的肯定，这不仅是对我做法的肯定，也是对我工作的肯定。这其实也是孩子对老师的一种信任，一种依赖。我会珍惜孩子们的这份信任与依赖！

高波老师点评：总结得好！看到你与孩子们友好相处，看到你被孩子们接纳，看到你走进孩子们的内心，感动！在孩子的眼中，谁对他最好，他最信任谁，谁就是最漂亮的。无疑，你在孩子的心中就是最美丽的，这种美丽与相貌无关，而是自身散发出的一种魅力。加油，继续做最美的自己，继续做所有孩子心目中最美的老师！

工作一个多月了，我付出了汗水，付出了热心、爱心和耐心，同时也收获了快乐、天真、幸福和感动。用心对待小朋友，把他们当自己的孩子一样疼爱，细心照顾，就会有意想不到的收获与感动。我们班有一个小女孩，也许是因为我对她很好，所以她特别依赖我。有一次放学前，我蹲着给她整理衣服，她竟然也伸出小手为我整理衣服，当时我就感动了，感觉自己的付出是值得的。还有一个小男孩，放学前我逗他玩，我说："宝贝，老师累了，怎么办？"没想到他竟然站起来，把自己的小板凳拉到我面前整理好，让我坐他的板凳。孩子这样的行为体现了他们的懂事和有爱心，是个懂得感恩的孩子。

　　人的一生，我觉得成人比成才更重要，智商固然重要，但情商价更高，要让孩子均衡发展，德、智、体、美全面发展。我们是他们的启蒙老师，希望我们传递给他们的都是正能量。让我们和小朋友们一起成长、一起学习知识、一起丰富自我、一起为了美好未来努力吧。

　　高波老师点评：看到你与孩子的幸福，我都觉得美慕。你用你的真心换来孩子的真心，你在让孩子感到幸福的同时，自己也享受到幸福，同时也让点评这篇月总结的老师感到幸福，当然，还有自豪：瞧，这是我教的学生！赞同你的观点：人的一生，成人比成才更重要，智商固然重要，但是情商价更高。愿你与孩子共同幸福成长！

　　经过各种培训后，园长让我承担全天班班主任的工作，同时还让我练习亲子课，这对我来说是一次很好的历练。我每时每刻都在给自己施压，告诉自己还有很多任务等着我去完成，我可以，相信自己！因为有这样的信念时刻提醒着自己，我才会有斗志，不断地激励自己往更高的目标发展。现在我自己带两个班，上两种课，一种亲子课，一种全天班的幼儿园课程，每天都在不断地练课、备课、上课，努力把每节课上到最好。这周已经给全天班的孩子们上了好多节课，自己感觉还是不错的，从孩子们的表现来看他们应该都非常喜欢我上课，同时我也受到了家长的好评，这使我感到很自豪。看着孩子们积极地配合我上课、回答问题、做游戏，我知道，我平时的努力没有白费。只要好好努力，不断学习，不断完善自己，结果总会令自己满意的。

　　高波老师点评：看到你承担了全天班班主任的工作，老师为你感到高兴。你能得到园长的器重，给你如此重要的任务，这是园长对你的认可，这与你平时的努力是分不开的。通过看你提交的周志，发现你工作积极，心态很好，有一股旺盛的斗志，你做得很好！继续努力，保持这种良好的心态，相信你一定会拥有一个美好的未来。

　　好动、爱闹是幼儿的天性，集中教育活动不仅要有好的备课教案，还要懂得如何控制课堂纪律，否则就是喊破喉咙也无济于事。所以能让小朋友在上课的时候安静地听讲，我会很有成就感。每个集中教育活动我都认真备课，熟悉教学内容，结合幼儿的年龄特点精心准备教具，尽我最大的努力去激发幼儿的学习兴趣，帮助幼儿理解和记忆，让他们快乐地学习知识。

我班里有一个孩子叫孟奕岑，是一个特别活泼的孩子，之前他在上课时一点也不听讲，但是现在他特别喜欢上我的课，因为他觉得我的课很好玩，能让他觉得很有兴趣，这是我感到很有成就的地方。以后我会更加完善自己，让自己成为优秀的老师，加油每一天！

高波老师点评："教育小孩子还要懂得如何控制课堂纪律，否则就是喊破喉咙也无济于事"，你的这个体会是深刻的。你能让小朋友在上课时候安静地听讲，能够做到让那个调皮的孩子特别喜欢上你的课，说明你有自己独特的"招数"，你自己觉得很有成就感，作为你的老师，何尝不是这样呢？

吃完午饭后，就到孩子们的午睡时间了。在我的带领下孩子们有序地如厕，我负责看着他们，以免摔倒。我把刚上完厕所的晨嘉扶下来，他自己一边慢悠悠地提着裤子，一边自娱自乐着。我说："嘉嘉，你快点，老师就等你了。"过了一会，他说："老师，你看我这不是好了嘛！"然后我便领着他往寝室走，刚走一会儿，他突然停下来，我以为他又想干什么坏事。没想到他居然一下抱住我说："老师，我爱你哦！"当时我彻底地被这个小家伙的举动震惊了。我呆了好一会儿才缓过神来，蹲下来抱抱他说："老师也爱你哦！"

平时，因为他跟他的双胞胎弟弟都在我们班，在心理上有些依赖弟弟。吃饭时，他见弟弟让老师喂，他也会耍小性子，闹着让老师喂。每次上课时，只要我一看他，他就会撅起小嘴对我淘气地笑，我便对他微微一笑。其实，孩子需要我们的关怀、宠爱和陪伴，更需要我们的支持和鼓励。我们应该每天对孩子们多一点微笑，多一点拥抱，因为笑代表着喜欢，代表着鼓励，这样孩子才感觉到被喜欢，才感觉到温暖，才会更出色！

高波老师点评：真好，多可爱的孩子呀。一篇周志让我看到你对孩子浓浓的爱意。教育方法是一个水池，对孩子的爱就是池子里的水，缺少了爱的教育不是真正的教育。每天对孩子们多一点微笑，多一点拥抱，生活会更美好！

现在每当家长们来接送孩子，都会很热情地和我打招呼，有时还会和我谈心，和我说说自己孩子的事情，关系越来越好。小朋友们对我也越来越亲近，都很喜欢我，见面也会很亲热地叫我丹丹老师，我很开心。在生活中，我和同事们的关系也越来越好，现在更是无话不说，下了班我们一起逛街、吃饭、谈心、交流工作经验，这种感觉很温馨，我们互帮互助，像一家人一样，没有工作单位上所谓的勾心斗角、明争暗斗，一切都是那么团结和谐，这正是我所希望的。

这周的工作更加得心应手了，自己一个人就能胜任所有的前台工作。到我们亲子园咨询问题的家长，我可以一一回答他们的问题。园长还和我进行了谈话，很认可我的工作能力，对我也给予了鼓励和支持，这让我很开心，更激发了我的斗志。自己暗下决心，我一定会好好努力，争取做到更好，不辜负老师还有园长对我的期望。

高波老师点评：看到你顺利融入幼儿园这个大家庭，与孩子友好相处，与同事友好相处，真为你高兴。这既是对你能力的认可，也是你下一步工作的动力。努力，加油！

第四周了，时间过得真快。这一周里，我上起课来也得心应手了，每节课都能较好地进行下来，学生们对我的反映也不错，每次上课时候都大声地喊出"老师好"，光荣与成就感油然而生。让我印象最深的是昨天的一堂课，学一首新歌——《妈妈宝贝》。刚开始我用课件教这首歌，孩子们兴致高涨。歌曲唱完之后，我发现有些孩子们眼睛红红的，让我很感动。我请他们来发表一下自己的感想，大多数孩子都说想妈妈，我就告诉他们妈妈养育孩子的辛苦。下课时，我让孩子们回家把这首歌唱给妈妈听，孩子们都异口同声地答应了。通过这种音乐的启发，也可以教育孩子们去关心疼爱父母。

高波老师点评：当我看到"孩子们大声地喊出'老师好'，（你的）光荣与成就感由心而发"的时候，你知道我的感受吗？那就是：我骄傲！瞧，这就是我的学生。虽然我知道你的成功大多取决于自身的努力，但还是有点小激动。每个老师都希望自己的学生发展得好。你教授《妈妈宝贝》大获成功，说明真正的教育是打动人心的教育，是爱的教育。继续努力！

这个月我收获很多，最欣慰的是自己对工作的付出和对孩子的教导得到了家长的肯定。早上接完孩子，听到身后有人在叫老师，回头一看原来是前几天刚刚入园的小月小朋友。他过来拉着我的手说："老师，我妈妈在我书包里放了一张纸条，是让我带给你们的。"我第一反应是家长让带的是孩子按时服药的说明。

但是当我打开时，发现是他妈妈用心写的一段话。看完后心里有太多的感触，里面说到：她儿子回家头一次高兴地说，今天我在幼儿园很高兴，老师没有逼我学1、2、3、4，没有逼我画画，老师带我们唱歌，老师还表扬我了呢……太久没有看到孩子这么开心、自信的样子了。孩子在家生病一段时间,刚去幼儿园就吐了,老师没有嫌弃,也没有通知让家长带回家,而是告诉家长,病还没有完全好,刚到一个新环境还不适应,我们会特别照顾的,并请家长放心回家,如果有什么事会电话联系家长。里面有太多的感谢。但是我觉得这是我们应该做的,对待每一个孩子都应该这样,孩子快乐是家长期盼,也是老师的期盼。

高波老师点评:一个真正将幼儿放在心上的幼教工作者,其工作必然会得到领导和家长的肯定。我觉得,那是一个有心的家长,其感激之情也是真挚的,这是你靠你的劳动、付出换来的一种尊重。一些事情,你可能觉得平平常常,但家长——特别是有心的家长不这样认为。继续努力!

新学期开始后,我和一个比我小两岁的女生,还有刚到幼儿园上班的生活老师在一个班,我们三人的年龄都比较小。年龄最小的马芳芳是第一次当班主任,但是她对幼教工作已经很熟练了,我很虚心地向她学习。有不懂的事情我们三个人就一起商量着做,相互取长补短,或许领导也是这样想的。我们总是讲"三个臭皮匠顶个诸葛亮",我们不能比别人差。虽然我们没有经验,但是我们可以去取经;虽然我们都没有组织过家长会,但是我们根据流程摸索着进行。

小班的孩子入学第一天可想而知是什么场面,我们三人在一个多月里从没午休过,在这期间还不断有新孩子进入,孩子从原来的13人到现在的21人。自从我们成立了小二班之后,我们的体育器材得了第一名,我们班级卫生得了第一名。在这些成绩背后,没有人知道我们为此加过多少班,我们只是自我满足地说:这些天我们过得很充实。

高波老师点评:苦心人天不负,付出就有回报。其实,没人指点,三个好强的人一起探讨也挺好的,虽然多走弯路,但是体验深刻,而且取得成绩以后,成就感特强。你说是不是这样啊?

这一周对我来说是非常有意义的一周。我们开了音乐课,我上的音乐课得到了大家的一致认可和好评,这让我感到非常有成就感,练了那么长时间的课总算没有白费,付出的努力也是值得的,我相信以后会越来越好。音乐课和亲子课我也会尽最大努力,我要把最好的课程展现在家长们和宝宝们的面前。

本周末我们还举办了大型的宝宝生日会,园长选我当主持人,给了我很大的鼓励和信心。经过几天不断地练习,总算迎来了完美的宝宝生日会。整个画面温馨幸福,宝宝和家长们都玩得非常开心,无论是游戏环节、亲子互动还是老师表演,都尽了自己最大的努力，大家玩得都很开心，我和宝宝还有家长的关系也更加亲密了。宝宝自己动手制作生日蛋糕这一环节，宝宝和家长都非常喜欢，宝宝们都很认真地完成了自己的作品，骄傲地展示给大家，每个宝宝都很棒。最后我们合影留念，整个生日会完美收场，相信这将会是我人生中难忘的一天。

我发现我越来越喜欢宝宝们了，他们都是天真烂漫的小天使，总是把最真实的一面展示给我们。宝宝们现在也越来越喜欢我了，因为和他们接触多了，上课多了，所以宝宝们现在和我都很亲近，这让我很开心，相信以后会越来越好，加油！

高波老师点评：实力决定魅力，看到你在幼儿园发展得这么好，老师着实为你感到高兴。你的努力是值得的，继续加油吧。

快到元旦了，每个班都忙着筹办自己的元旦晚会。我们班的孩子虽然小，但也要准备节目，老师和家长也要准备节目。刚开始我很头疼，心想那么小的孩子能学会什么舞蹈呀，更别提唱歌了。后来我决定教给他们以前在学校里舞蹈老师教的最简单的"数鸭子"，这首儿歌想必孩子们都听过，应该会比较感兴趣。果然音乐一放就把孩子们带动起来了，有的跟着唱，有的跟着跳，我又把舞蹈动作简化了一下。经过几天的反复练习，孩子们基本都学会了，每次一放这首儿歌，孩子们就会情不自禁地跳起来。等到家长开放日的那一天，想必很多家长都会大吃一惊，看到自己的宝宝跳舞都会很开心。

高波老师点评：所谓难是没有找到适合孩子学习的那把钥匙，你看，孩子不是已经学会"数鸭子"了吗，又唱又跳，多好呀。继续努力！

这段时间，我几乎转遍了我们幼儿园所有的班级。这段经历让我成长了很多，感觉自己不再是什么都不懂的学生了，已经能够大大方方地和家长沟通，淡定从容地处理一些突发事件和问题了。我的待人接物以及随机应变能力得到了很好的锻炼，从某种程度上说就是比以前更有自信了。噢，忘记告诉老师了，上个月发了八百块钱，这是第一个月的工资，感觉好少。

孩子们每天都在成长，我可以看到他们的变化和进步，这都让我觉得很开心。现在的小孩子懂得都特别多，非常聪明。在孩子身上每天都会有很多好玩的事。比如今天，一个老师问一个孩子，你是怎么从你妈妈肚子里出来的？他想了好一会说，妈妈一叫我，我就出来了。我们几个老师都开怀大笑，这孩子太可爱了。看着他们健康成长，我们心里也很欣慰。

高波老师点评：一个月发八百块钱是有点少，但是孩子带来的开心能够弥补一点

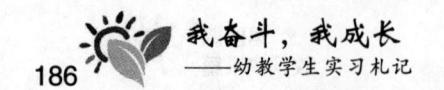

吧，毕竟人的心情也很重要。好好努力，面包总有一天会有的，而且会越来越大。

这一周依旧在准备迎接新年元旦的到来，我们园在做好日常教务工作的同时，也加紧对孩子们迎元旦晚会节目的彩排。为了让孩子们和家长有一些新鲜感，园领导和老师经过一番讨论和研究，决定以"文艺汇演"的形式进行幼儿才艺表演展示活动。排练是很辛苦的，孩子们年龄偏小，我们要求孩子们站在舞台上不能东摸西摸，眼睛要看前面，还不能受其他事情的干扰。而且，我们每天都要抽时间进行练习，虽然很辛苦，但是坚持到底就是胜利！老师把每一项活动都当作课程，在老师的带领下，孩子们学会的不仅仅是一首歌，还学会了合唱的方法，孩子们的合作精神、团队精神也在活动中得到了提升。

我的感想是，只要给我们提供一个合适的舞台，提供适当的帮助和扶持，每一位老师都会有自己的精彩之处，当然首先是要肯努力、肯吃苦、肯学习。

高建群老师点评：幼儿的年龄和性格特点决定了排练工作的辛苦。但就像你说的，只要肯努力、肯吃苦、肯学习，就能创造属于自己的精彩。期待你们的精彩演出。

这个周我感冒了，为了不传染给幼儿们，上课只能戴口罩，尽量不和他们近距离接触。有一个小朋友看我感冒难受，主动把爸爸给他准备的药拿来给我吃。我说我有药，让他自己留着，他却以小大人的口气和我说："你感冒了，现在你要听话把药吃了，吃了才会好起来！"我居然被他感动得哭了，他那么小，却这么懂事，我以有这样的学生而感到骄傲，他的爸爸妈妈也会为他感到骄傲。我为他亲手做了一个小红花，他开心地蹦蹦跳跳，看到这一幕，我说不出来的高兴！

高建群老师点评：你收获了感动，是因为你付出了，你努力了！所以，我们的付出都是值得的，用心、用爱、用感情去做好自己的工作，真诚地对待自己的学生和家长，相信你的收获会越来越多。

实习时间接近一个学期了，回头想想真是学到了很多东西，这个周给我感受最深的是平安夜和圣诞节。12月24号早上，很多小朋友都带着"平安果"来到学校送给老师们。第一个是李建洋小朋友送的，还有自己歪歪扭扭写的"祝老师节日快乐"，收到这份礼物很高兴，这是第一次作为老师收到班里小朋友的礼物，心里那叫一个美。接着很多小朋友手里都拎着各种"平安果"送给老师，放学的时候我在班里说："谢谢小朋友们的礼物，邓老师很喜欢、很高兴，也祝小朋友们平安夜快乐。"小朋友听了很高兴，开心地说："邓老师平安夜快乐，我爱你。"当时心里甚是感动和激动，眼泪在眼里打转。没想到这几个月和这些小家伙的感情已经如此深了。作为一名幼儿教师我很骄傲，为自己自豪，为自己鼓掌，原来我也可以很棒！

贾素宁老师点评：当老师最幸福的时刻就是现在吧，回想下受过的苦和累，是不是感觉一切都是值得的。所以，加油吧！

9月10日是教师节，是我人生中第一个教师节，也是我身体很不舒服的一天，感冒导致喉咙哑了。一大早拖着疲惫的身子来到教室，怎么也提不起精神来。做完孩子入园前的准备，我趴在桌子上稍微休息了一下，等待着孩子们的到来。没想到第一个来到教室的小朋友居然是张新悦，她是一个爱哭鼻子的小女孩，每次妈妈送她来学校她总是抱着妈妈哭着不让妈妈离开。今天她没哭，轻轻走到我身边，手里拿着香味很浓的两束花，红着小脸和我说："老师，节日快乐！"我愣了一下，马上抱起她说："谢谢张新悦小朋友！"我亲了她一口，她不好意思地笑了。我突然觉得老师是一个伟大的职业，它带给了我很多的感动，让我体会到了许多我以前体会不到的东西！

苏敏老师点评：教师是辛苦的职业也是伟大的职业，因为它需要我们用心。相信以后不管再遇到什么问题，想到这次温馨的经历，我们都会坚持过来！不过感冒时最好不要亲小朋友哦，容易传的。我们既要保证孩子们健康，也要保证自己不生病才行！好好吃药、多喝水，祝早日康复！

时间过得好快啊！转眼间，我已经适应了这里的生活，也更加懂得如何与幼儿相处和照顾幼儿。同事们对我的帮助和对我的肯定也让我越来越有信心干好这份工作。教师节那天我受到了从来没受到过的礼遇，人生中前十九个教师节都是我在向我的老师们说"节日快乐"，却在第二十个教师节的时候听到我的学生跟我说"节日快乐"。看着小朋友们送我的礼物，同事、家人、朋友对我的问候，我特别开心，我觉得那是对我的肯定，我更加喜欢这份工作了，我会更努力地去做好这份工作。

丛娜老师点评：这是你人生的第一个教师节，以后会有更多的祝福等着你，一声"老师"背后也承载着许多责任，不只是知识上的学习，还要让自己快快成熟起来，更有担当，更有胸怀。

这周和孩子们相处时间长了，发现他们慢慢认可我了，会听我的话，虽然不是全听，可是他们能听，我已经很高兴了。其实，想让孩子们听你的话，就要学会和孩子们慢慢去交流，与孩子交流并不难，不能用大人的心思，要用小孩的心思与他们交流。走进他们的内心，让他们去信任你，这样他们才会听你的话。以前，我认为当幼儿教师很辛苦，现在我发现原来当老师也很幸福。这周是教师节，虽然孩子们还小，可是他们也会对老师说"教师节快乐。"听到他们对我们说节日快乐时，瞬间感觉好幸福，心里好温暖。虽然他们还小，可是能收到他们的祝福，说明在他们心中已经对老师这个概念有一点认识，知道老师们的辛苦，我们就已经很高兴了。和孩子们在一起，会为他们的一些天真感到开心和快乐，也会想我们小时候是否如此天真、好笑呢。祝老师教师节快乐！

李媛老师点评：当新入园的孩子遇见新入职的老师，你们需要一起成长！所以，用心去做每一件事，用心去对待每一个孩子，相信你们会一起成长、一起进步的！

在实习的这段时间发生了很多让我印象深刻的事，其中最让我感动的有这样几个瞬间。我们班有个叫古沛熙的小男孩，他是我们班最小的孩子，每次吃饭都需要老师来喂，今天主教老师让我去喂。因为板凳数量是和小朋友人数一致的，我没座位，就单膝跪在小桌子旁边喂他，喂了一会我感觉有点累了就想换个腿，这时我听见有个甜甜的声音叫道："李老师。"我转头一看是王思涵，我问："怎么了？"她伸手递给我她自己的板凳，当时我的心颤抖了一下，暖暖的热流涌向我的心窝。我觉得幼师就是这样，虽然每一天都很辛苦，但是孩子的一个笑脸、一个动作都会让我把种种辛苦抛在脑后。

童童和瓜瓜是我们班的双胞胎，他们的语言表达能力和肢体发展得不太好，有的事情做不来，我们班的"大哥哥、大姐姐"总是会伸出援助之手。该睡午觉了，我帮小朋友脱衣服，听见童童、瓜瓜叫"妈妈"（他们俩只会叫妈妈），然后伸着手，知道他们也是想让我帮他们脱衣服，可是忙不过来啊，我就让他们等一下。我们班的"大姐姐"张文涵看到这一幕后，从鞋柜拿了两个小弟弟的拖鞋，放到了他们的床头，然后耐心地帮他们脱衣服，等他们躺好之后还帮着盖好了被子，做完这些事情才回到床上准备睡觉。看到这一幕，我感到很欣慰。我这才明白蒙氏教育为什么都是混龄班了，这样孩子们才懂得如何照顾别人，如何在自己需要帮助的时候寻求帮助。

苏敏老师点评：看完你的周志，我全身都感受到温暖！也许我们之所以会坚守着这一岗位，就是因为我们每天都能够幸运地感受到孩子们最真实最动人的情感和爱，当其他刚刚走上实习岗位的同学还在为入园焦虑而不知所措烦恼的时候，你已经感受到了辛苦换来的美好。蒙氏教育对于教师素质和环境的要求非常高，外在形式上看似简单，其内在的理念确是非常深刻的。我们在校的时候因为没有单独开设蒙氏课程，所以我建议你多多上网自学，除了熟悉应对蒙氏园的外在的工作内容，更多的是能够深入了解蒙氏教育的理念！去年我去青岛参加第八届蒙台梭利国际研讨会，亲身体会到蒙氏教育在我国发展的现状与特点，蒙氏园发展良莠不齐，更多的问题就是蒙氏教师虽然能够掌握一定的蒙氏教育内容和方法，但是相较国外蒙氏教育和教师理念来说，还是有很大差距的。所以我建议，既然你有机会在蒙氏园里工作和培训，就要多多观察和学习，观察和体验实习园的蒙氏课程与教学，并能够自主学习蒙氏理念！相信你一定会收获更多！加油！

感冒终于好了，回到了我日思夜想的乐园。刚踏进校园就被一个平时特别调皮的孩子看到了，他看到我立马掉头，开始我以为他是怕我嫌弃他乱出教室，原来他是回教室大声喊："我们的李老师李妈妈回来了！"孩子们听到这个消息纷纷跑出教室来迎接我，他们把我抱住问我最近去哪里了，怎么不来幼儿园，有没有想他们，还有的孩子说："李妈妈，我再也不捣乱了，不要离开我们了！"听到这些话我心里既高兴又想哭，没想到孩子们对我有这么深的感情。走进教室后有一个孩子从书包掏出一盒饼干说："李妈妈你吃这个饼干，特别好吃，这是我最喜欢吃的。"其他同学都跑到位子上拿出零食给我，有饼干、虾条、薯片、香肠、方便面还有酸奶，有的小朋友则把自己心爱的玩具拿来给我看。这时我心里既高兴又生气，高兴的是孩子们都拿出自己心爱的零食和玩具与我分享，把我当做好朋友；生气的是园里规定孩子的书包里不得放除学习以外的东西，特别是零食和玩具。见此我把他们的东西统统收下，谢谢他们的好意，然后给孩子们讲关于零食有害健康的道理。放学后我把他们各自的零食和玩具交给他们父母，并嘱咐不要带到幼儿园，在家孩子也不应该吃这些零食。回来后的第一天虽然有些累，但是心里是开心的，孩子们的天真善良深深地感动了我。

冯永娜老师点评：初入工作岗位的幼儿教师，能得到这样的礼遇，真的是很幸福的一件事情。这也说明你在平时的工作中对孩子们付出了百分百的耐心、爱心、责任心，才换来了这样的感动。

星期三的下午，我坐在板凳上等着家长来接孩子。美研走到我面前看着我笑，我有点纳闷，问她为什么笑，她却反问了我一句："你的鼻子还疼吗？"就这么简单的一句话却让我非常感动。因为星期二的时候美研爬到板凳上往下跳，我跑过去要把她抱下来，她一抬头正好撞到了我的鼻子，当时疼的我眼睛都红了，事后就没再提起这件事情。没想到过了一天她还能想起来关心我，一个两岁半的小姑娘，善良单纯的孩子。

王璐老师点评：孩子是单纯善良的，只要你对她好，她自己也会有所感应。加油吧！希望你会有更进一步的提高！

最近一周，我们大家都在为圣诞、元旦环境创设忙得不亦乐乎。我们班请了家长来帮忙，孩子家长很热心，和自家孩子一起做灯笼、窗花、鞭炮，还帮我们一起装饰班级，感觉很温馨。我们还收到了孩子家长送的圣诞礼物：糖屋、贺卡，还有一张电影票。这是我第一次收到孩子家长的礼物，感觉很幸福，这么多天的辛苦瞬时都化为乌有。经过这些天的锻炼，现在我能代课了，而且还能管得住我们班那几个爱调皮的孩子了，纪律越来越好了。

说说我们班的大力吧，在我刚进班的时候，他到处乱跑乱扔东西，老师们都拿他没有办法，而且户外活动还得抱着他，所以就把我派过来专门看着他。但是现在大力不一样了，他能安静地坐下看书了，主要是以前我经常拿着书给他讲故事，虽然他不听，但我还是会拿着书指着给他看，所以现在他每天来到班里就会坐下来看书，我很高兴看到他的改变。他以前不会说话，现在能说得很清楚了。活动课的时候，我就抱着他坐下来，和小朋友们一起玩手指游戏、一起听故事、一起唱歌，我还时不时在他耳边说话，然后他就开始跟着学习，学老师说话。今天他爸爸来接他的时候，他还说了句再见呢。我很高兴能看见他这么进步。我也在进步，现在越来越有能力了，希望以后自己会越来越不一样，我还会继续奋斗，为我的目标奋斗。

冯永娜老师点评：你的进步很大，从一开始不能入班的沮丧到刚入班的迷茫，再到现在的自信，每一步都走得很扎实。看到了你在工作中的努力和用心，老师相信你的明天会更好，加油！

这个月的10号是教师节，这也是我过的第一个属于自己的教师节。这一天班里的小朋友们都精心地为我准备了礼物，其中一个小朋友的礼物最令我感动，他送给我一支蓝色的蜡笔，他说："老师，我送你一支蜡笔，我最喜欢这支蜡笔了。"当他用两只小手小心翼翼地捧着，放到了我的手里时，我能看得出他对这只蜡笔是多么得喜爱。就是送蜡笔这个小小的动作，让我对这个小朋友留下了深深的印象。不仅是他，其他的小朋友送我的礼物也让我很感动。作为一名老师能收到学生们最真心的礼物，可想而知这些学生对你的喜欢有多深。在这里我想说：我很喜欢当老师！我的学生喜欢我，我也爱我的学生，这个秋天就让爱伴随我们共同成长吧！

苏敏老师点评：教师职业是辛苦的也是伟大的，与其说它是一项技术不如说它是一门艺术，因为我们需要付诸更多的情感。能够体会并能够享受其中是件乐事，基于此我们会有更多的收获，加油。

这一周，我深深体会到了作为一名幼儿教师的辛苦，也深深体会到了作为一名幼儿教师的幸福感有多么的强烈。每当看到孩子们有一点点的进步时，我都会感到特别自豪。从刚开始给他们穿衣服、穿鞋子，到现在他们自己穿衣服、穿鞋子，从刚开始帮他们上厕所到现在他们自己上厕所，从刚开始喂他们吃饭到现在他们自己吃饭，虽然这些在我们看来都是最平常的事情，可是对他们来说却是不简单的。这一点小小的进步，对他们、对我们、对家长来说都是高兴的。这也让我有了前进的动力，虽然教他们的时候有点困难，还要付出很多耐心，但是当付出有了回报，关心得到回应的时候，一切困难都不算什么了。

张丽丽老师点评：一名优秀的幼师要学会"多观察、多指导、多互动"，要善于利用机会对幼儿进行随机教育，把有计划教育和随机教育相结合。

最近一直在排练舞蹈，忙得不可开交。今天彩排结束后，我回到教室跟其他老师说：累死我了，刚跳完舞。几个孩子就围着我要我给他们画凯旋门，我就在桌前坐下画起来。这时一个三岁多的小男孩把我的杯子接满水，端到我面前让我喝水，好感动呀！下午打扫卫生，我拖完地后跟我们班老师说累死了，腰都直不起来，然后我就去刷杯子了。我弯着腰在刷杯子，有几个小朋友围过来给我捶腰，还问我舒服吗。我说舒服，并感谢他们。他们又问我累不累了，我说不累了，他们才停下来。我们班孩子真的让我好感动呀！

冯永娜老师点评：孩子很爱你，可见你对他们也是满满的爱啊。孩子就是这样单纯，你对他们好，他们也会对你好。爱是相互的，把这种爱转化成你前进的动力，继续努力！

有时候真的觉得小孩子的想象力是无穷的。今天吃小番茄的时候，甜甜把番茄放到嘴边跑到我身边对我说："程程老师，你看我在涂口红呢！"小朋友的奇思妙想真是层出不穷，而且他们的语言表达能力超乎想象。上美术课的时候，老师让小朋友画蔬菜，雨果小朋友画了一根黄瓜，给它涂上了绿色，涂完颜色之后拿过来我们看。他说："老师老师，你看我画的黄瓜真好看，都可以吃了！"所有老师都被他的古灵精怪逗笑了。

我深深感到作为一名幼儿老师是一件很幸福的事，同时也是一件很辛苦的事。孩子的一举一动都要时时在你的视线范围之内，孩子咳嗽一下，你要担心他是不是感冒了，吃饭的时候说肚子疼，你还要判断他是在耍赖不想吃还是真的肚子不舒服，这些都不是一天两天就能"明察秋毫"的,需要你对每个孩子长期观察和关心,需要你去分析孩子的性格。只要时刻关注孩子,真心去对待孩子,就会换来他们真心的笑容与喜爱!

王璐老师点评:你说得很对,只有时刻关注孩子,用自己的真心去对待,才会换来孩子真心的笑容与喜爱!幼儿园老师是一个伟大而又神圣的行业,希望在这个行业中你能坚持走下去,加油!

新园建成后我被调到了分园,离开了我的大五班。我舍不得离开那些孩子和老师们,更舍不得那个喜欢和我撒娇的岳明宇。离开的那一瞬间我哭了,我不想让大家看到我这个样子,于是没有和大家道别,静悄悄地走了。来到分园,虽然我有很多的不适应,但是这里老师的热情很快感染了我。因为新园还在建设中,所以我们要做的工作很多。首先我们要绘墙,在这里有一群心灵手巧的老师,我们的墙还没有绘完就获得了路人称赞。这一周里,我们爬墙绘画,一起出去吃饭,一起出去逛街,渐渐地我发现已经爱上了这里。这里有一群活泼的老师,有我们努力的成果。看着那一面面漂亮的画墙,我很自豪。我相信,在我们的共同努力下,我们的分园一定会建设得更加美好。加油!

李莹老师点评:在工作中转换岗位和班级是正常的事情,一定要培养自己的适应能力,不管到什么样的环境都要让自己尽快适应,才能更好地学习、工作和生活!

这个星期都是在加班中度过的,每天晚上加班到十点多。虽然很累,但感觉很充实很快乐。正式开学后,全园幼儿教师大会、业务学习、周计划等各种事情忙得焦头烂额的,感觉十个脑子都不够用的。

值得一提的是,园长在业务学习和全园幼儿教师大会上表扬我了,说我的教案"幼儿园一日活动设计"写得最好,她还表扬我做事认真、工作负责。有时候感觉自己很幸运,从象牙塔出来后,进入了一家好的幼儿园。这里的人都很亲切,最让我感动的是厨房的阿姨,对我就像亲人一样。踏入社会在外打拼,还会有人像父母一样对我这么好,真的是上辈子修来的福气,唯有好好学习、好好工作才能回报他们!

王璐老师点评:省级示范幼儿园肯定有自己严格的工作流程和规范,学习这些内容是很繁琐,初步接触会觉得吃力。但只要学会了,都会成为你个人的财富。要珍惜在这么好的幼儿园工作的机会,不断学习,不断进步。

工作快半年了,有心酸也有快乐,更多的是感动。昨天一个孩子感冒发烧了，我在照顾他的时候，他伸手帮我把衣服上没有扣好的扣子扣了起来，当时我就感动了，心里充满了幸福感。突然觉得孩子长大了，我把他抱到怀里，亲了亲他，我想这是我唯一能做的。我爱这里的每一个孩子，以后的日子里我们会一起成长、共同进步，我要为他们遮风挡雨，保护他们快乐成长。即使再累我都要咬牙坚持下去，因为有一群爱我的和我爱的孩子。我需要他们帮助我成长，因为在他们纯真善良的脸上有我寻找的东西，更有我学习的东西。我要与他们共同努力，一起加油！

张晓晓老师点评：幼儿教师最需要的就是爱心、耐心和责任心。老师觉得，你对孩子们有视如己出的感情，工作干起来肯定会更有干劲儿、更认真。期待你们的共同成长。

新的学期，新的开始。班里的小朋友又到了升班的年龄，一部分宝贝升入大班，一部分留在中班。自己也到了两难的境地，到底是选择大班还是中班，很困惑。两边都有我的宝宝，家长也都想让老师跟着他们的宝宝，我也难舍难分。虽说和孩子、家长认识的时间不长，但他们却带给我很多感动。孩子们都是主动帮老师倒水，告诉我"老师你那么辛苦，喝点水吧"，"老师出去冷，拿着水杯暖暖手吧"。我拿着水杯，喝着孩子们给我倒的水，心里暖暖的。家长对我也像亲人一样，为我忙里忙外，看到家长为我招生到处打电话、到处跑，我强忍着眼里的泪水不让它流下来。在这种时候，我实在不忍心说离开，或许坚持下来就是胜利吧。春暖花开，希望一切都像春天一样。加油！

贾素宁老师点评：天下没有不散的宴席，孩子们到了升班的时候，谁也没有办法。但是选择一边不代表放弃另一边，你可以在活动、午休的时候多去看看孩子们，相信他们也会很高兴的。

经过几天的相处，我感觉带孩子不像想象中那么辛苦。让我很开心的一件事就是智浩已经认可我了，我去哪他就跟到哪，像我的小尾巴一样。一般情况下，智浩上午状态不错，一到中午我就开始发愁。智浩现在还没有断奶，是一个喝奶粉的孩子，喝完奶中午就不怎么想吃饭了。我一定要想一个好办法让智浩在幼儿园让他大口吃饭不喝奶。今天中午，智浩还是和往常一样不想吃饭，赵老师严肃地对他说："再不吃饭，你不要跟着国老师了，让他照顾其他小朋友吧。"智浩一看我要走的样子，立马说："我想吃饭。"他自己拿起鸡腿开始吃起来。因为这几天智浩有点害怕二楼，一说让他去二楼就害怕，所以他没有上去睡觉。起初我怎么说他都不上去，后来张老师拿了一个小玩具车给他，我一把把他抱上去，他拿着小汽车玩起来也不害怕了，不一会就睡着了。中午我们幼儿园一名刚来的小朋友哭吐了，其他几个老师帮忙打扫的，做这些对幼儿园的老师来说不算什么，我们就是要做到不怕苦、不怕累、不怕脏。因为我们要努力成为一名合格的幼儿教师，让孩子的家长对我们放心、让孩子对我们依靠，让他们慢慢喜欢幼儿园，我会为此而努力，加油！

辛帅老师点评：智浩小朋友的案例非常好，在这个过程中你们老师协作共同帮助小朋友改掉了坏习惯，也克服了心理上的小恐惧，实际上解决问题能力的提高就是生活中对孩子问题的一步步解决。这个过程不仅是孩子成长的过程，也是我们积累经验、不断进步的过程。

每周都有不一样的心得体会。每天都和幼儿在一起，看到他们脸上洋溢着的笑容，我也会感觉很温暖。当然其中也有几个让我急得想跳的小朋友，比如我们班的小男生苏学睿，特别调皮，在我和陈老师上课的时候，总是下座位乱动，不然就是随便说话。有一次我吓唬他说："苏学睿，你要再不听老师的话，就让你去中班上课。"他一听，嘴巴一咧，露出一排小白牙说道："我不去，我喜欢在大班上课。"我不依他，他就拿起我的手背亲了几下，我这才仔细看他，发现这孩子还是挺可爱的，虽然是捣蛋了些。他挺喜欢听故事的，有一回在幼儿离园时我突发奇想，把他加入到了一个动画片的主角里面给他讲故事，再后来他就经常缠着我讲故事，我就跟他说如果他这一天表现得好，就给他讲，表现不好就不讲，慢慢地我发现他表现得越来越好了。我觉得有时候调皮的孩子，更需要关爱，虽然他们很不让老师省心。我会慢慢融入他们，既是老师，也是朋友！

周季老师点评：对待这类的小朋友要更加用心去观察、去感受，你就会发现其实他和其他小朋友是一样可爱的。只有先亲近他们，获得他们的好感，老师引导他们做的事情他们才会有兴趣。你抓住了孩子爱听故事这个特征，做得很好。

中秋假期结束了，早上我还在想，那些天真的孩子开学后肯定又要向我们"开战"了。结果出乎意料，孩子们适应能力还不错，这一周哭闹人数明显减少。华老师上周跟我说了幼儿园一日生活常规，这周我们正在让小朋友逐渐向常规靠拢。学会了注重细节之后，我们开始注意关心班里的每一个小朋友，让他们感受到幼儿园的温暖，让小朋友感觉在幼儿园和家里没有差别。

刘雅文小朋友刚入园的时候不爱说话，老师和她说话她也总是爱搭不理，她还有个更严重的问题就是咬人，每天都会有小朋友被她受伤。老师说她她也不说话。有天她开口和我说话，我发现她的口音和我们不一样，我就猜测她是不是听不懂我们说话。这两天我经常观察她，我发现她其实很想和人家做朋友，只是不知道该怎么交往，有一次她看到其他小朋友在玩玩具，就想过去一起玩，小朋友不想让她过去，推她一下，她就认为别人打她，开始张嘴咬人。事后我试着正确地引导她。放学后我和她的家长沟通，让家长和我们老师一起帮助孩子、引导孩子，回家多和孩子交流，注意方法。几天后，她终于有了一点进步，至少不会再有小朋友被咬。我也会继续帮助刘雅文小朋友，担负起老师的责任，尽我最大的努力让刘雅文小朋友融入这个集体。加油，刘雅文！

苏敏老师点评：孩子的适应能力是非常强的，孩子们慢慢熟悉了幼儿园生活，这是很好的开始，为我们后续的常规教育做好了铺垫，但是在适应之后，孩子们个性差异的表现也是越来越凸显，每个孩子都是不一样的。面对刘雅文时，你没有因为经验的判断或者是其他老师的影响先入为主，反而首先从态度上接纳她，这是一种专业的态度，尊重孩子首先我们要接纳孩子、相信孩子，而不是乱贴所谓的好孩子或者坏孩子的标签，相信你一定会处理好这些问题的。加油！

今天上午，庞泊铮进门后第一句话就是："老师好！"听到这句话心里即欣慰、又激动，这是他第一次对我说这句话。庞泊铮刚来的时候是个特别淘气的孩子，在一次蒙氏课程中，他没有专心玩教具，而是突然跑过来抱住我，我吓了一跳，一转眼他跑了。他的奶奶连忙跟我说不好意思，说庞泊铮是个很淘气的孩子。我说："没关系！他现在还小，以后长大了就好了，现在还可以改正。"接着我陪庞泊铮一起去找玩具，陪他玩了一个用小镊子夹豆豆的游戏，他总是夹不起来，他奶奶在旁边急得要命，说："这孩子前几天夹得挺好的，今天怎么回事，他做事就是没有耐心，急性子。"听完这句话我看到庞泊铮哇哇大哭，心里也挺不是滋味，我对他说："宝贝，我们不着急，慢慢来！"我示范一下给他看，他学着我拿起镊子，小心地把小球夹了起来，慢慢地他夹得越来越熟练了，他的奶奶也在旁边说："对，就这样慢慢来！"其实小孩子的淘气是可以通过训练改变的，家长的耐心也影响着小孩子，有时候在教导孩子的时候，家长和我们老师都要以身作则。

我知道孩子们也需要被尊重，我们不可以强制他们，他们的世界虽然还太小、太单纯，但总有一天他们的眼光会更加长远。

辛帅老师点评：通过观察笔记的形式来记录，形式很好，而且选取的幼儿案例典型生动，非常具有参考价值。希望你能保持住这份工作中的爱心和耐心。

这周又要结束了，我们班的孩子真的是有说不完的故事，让作为老师的我们充满欢喜。我们班是新开的小班，面对一群三岁左右的孩子，看到他们在这两周之内的变化和成长，我们每位老师都禁不住感叹：感叹我们班的小岳悦在第二周就完全不哭了，还在其他小朋友哭的时候递上纸巾，安慰着对方；感叹我们班的小竹子在看到别的小朋友哭的时候，自己好想哭又得坚强忍着；还感叹我们班超级疼爱妈妈的豆豆，我一说："如果豆豆哭，豆豆的妈妈就会好伤心好难过，你愿意让妈妈伤心难过吗？"，豆豆总是立即停止哭泣。

他们都是新进入小班的孩子，他们的心灵美得像是纯洁的水晶，在我们带班的同时也被他们感染着，真想和孩子似的那样纯真呀！真的，不要小瞧每一个孩子，他们可以很脆弱，也可以很坚强，他们的想法虽然幼稚但也很奇特，他们都是很聪明的孩子。在幼儿园工作虽然累点，但每当看到孩子们甜甜的笑容，听到那声"老师好"，就会觉得怎样都是值得的。

昨天是教师节，我过的第一个教师节，收到了康乃馨，拥有温暖颜色的花，就像是我们的职业，温暖教育着孩子，让孩子们健康快乐地成长。看到他们在一天天进步、一步步成长，我觉得那应该就是我作为老师最幸福的时光了！

辛帅老师点评：每个孩子的身上都有闪光点，你是一个善于发现的老师，通过观察，你了解了每个孩子不同的个性和优点，对于以后进行因材施教积累了条件，也使我们从"小老师"身上学到了人性中最纯真的那些东西。

教育中的沟通和交流有着极其丰富的内涵和意义，它们可以被看做是悄无声息的、静态的，也可以被看做是随处可见的、动态的。当沟通与交流被升华到一定境界时，便可以"孵化"出自信，从而去"催生"成功。贤贤是我们班一个特别安静的孩子，相对于班里的其他孩子来说，无论是做事还是学习，都比其他孩子慢半拍，这就需要老师对他进行特别提醒和照顾。虽然和其他孩子有着很大不同，但是我并没有因为他的"特别"而冷落他，反而给予他更多的是沟通、交流和理解，进一步走进他的内心世界，和他共同分享他的快乐童年，记录属于他的快乐时光。一次偶然的机会，我发现他并不是不知道，也许只是他不愿意表达而已——当他把所有的英语卡片拿出来并且非常流利地说出来时，在场的老师和同学们都很吃惊，孩子们雷鸣般的掌声给了贤贤莫大的鼓励和支持，让他感到非常开心。通过这一次偶然的机会，我觉得相对于其他孩子来讲，这些"特别"的孩子更需要交流，更需要沟通，走进他们的内心世界，这样会感受到不同的快乐，这种快乐可以一起分享。

张丽丽老师点评：沟通和交流有一种神奇的力量，可以把你带向更多的未知。真诚地与每一位孩子去沟通、交流，你会发现很多好玩的、有趣的、平时不易发现的东西，了解得更多，对孩子的成长也越有意义。同时，要学会和家长沟通，家长是孩子的第一任老师，如果家长能配合老师工作，这样教学活动会开展得更顺利，孩子会进步得更快。

顶岗实习来到幼儿园，从一名大学生到一名幼儿教师，角色的转换让我体验到作为一名幼儿教师的光荣和快乐，在与幼儿的接触中我体会到了作为一名幼儿教师的幸福。

我所在的班级是托二班，面对的都是2~3岁的孩子，我在大学里学的关于3~6岁孩子的教育教法完全无计可施。我每天要做的就是擦鼻涕、擦屁股、看好孩子别磕着碰着，但是慢慢地我发现不仅仅是这些。孩子们稚嫩的声音中含糊不清地表达着自己，他们基本上能说出自己想干什么，并且基本的生活自理能力都具备。尤其是孩子们一声声"老师"地叫着，我的心里像是吃了蜜一样甜，顿时感觉作为"老师"是一件非常自豪的事情。我深爱着我的孩子们，我愿意去包容爱护他们。在孩子们身上我看到了他们对老师的信任和尊重。在学校里，老师就是他们的"爸爸妈妈"，一天中总是打"小报告"，还时不时和老师说说悄悄话，向老师撒娇，这些都是让我感到幸福、甜蜜的地方。

王璐老师点评：你能够这么快就适应你的工作岗位，喜欢你的工作，老师觉得很欣慰。希望你保持对幼儿的爱心，用自己的努力照顾好他们。

这周我写的教育笔记发表在了园内的网站上，很开心。其中，我提到一个名叫孙家帅的小男生。记得他刚入园时，很听话，没有哭。适应了一段时间后，孩子们就要睡午觉了，这时帅帅突然大哭起来。我有点措手不及，赶紧过去抱抱他，拍拍他，问他为什么哭，是不是想妈妈了。他睁着泪汪汪的大眼睛告诉我说："老师，我不会脱裤子。"我对他说："没关系，帅帅，今天老师来帮助你。"我慢慢地教他脱裤子、穿裤子、穿鞋，每当他自己动手做好一件事情，我都会对他伸出大拇指，对他说："帅帅，你真棒！"他会开心地笑起来。现在他学会了好多事情，每天我都会听到他对我说："老师，我自己穿的裤子"、"老师，我自己穿的鞋子"、"老师，我把玩具收好了"。每当听到这些话，我都会一如既往地伸出大拇指，对他说一声："帅帅，你真棒！"然后，就会看到他笑嘻嘻地抱住我的腿。这种感觉真的很幸福。

高建群老师点评：帮助一个孩子养成一个小习惯，老师都会有很大的成就感。你的鼓励方式很有用。今后要注意通过你写的案例总结出具体经验，找到不足，不断进步，这才是关键。

我奋斗，我成长
——幼教学生实习札记

这个周，我跟其他老师一样有了属于自己的园服及校园卡，心里挺高兴的，不过也感到责任和压力都加重了。这个星期我上晚班，但是我还是和平常一样早早就来了。我不敢怠慢在这里的每一分钟，我是一个做什么事都追求完美的人，无论我的身份是什么，实习也好，正式也好，我觉得都应该尽自己最大的努力。说实在的，这个星期比之前都要累，但是自己心里很满足，我发现自己越来越喜欢这份职业。我相信自己会在这份工作上慢慢成熟起来，慢慢拥有属于自己的经验。还是那句话，一切都是未知的，我们应该尽自己的最大努力做到最好。加油。

王璐老师点评：祝贺你拥有了自己的园服和校园卡，这是幼儿园里对你前一阶段工作的肯定。幼儿教师这个工作确实比较累，但是希望你能真的尽自己最大努力做到最好。加油。

我们班现在是园长天天夸的模范班级，这可是我们三个老师辛苦了整整一个月换来的，每个老师不是上火就是嗓子疼得不能讲话。现在，听到孩子们的欢声笑语，心中就如同洒满了阳光。看着他们，心里就会觉得高兴，觉得特别有干劲。谢谢可爱的孩子们，你们就是老师的动力！

李媛老师点评：有付出就会有收获。收获的过程都是欣喜的，但中间付出的辛苦只有自己知道。能够成为模范班级，说明你们老师付出了很多努力。要想继续收获，就要加倍努力哟！

十月的第一周就这样匆匆而过，在家的这几天我几乎把全部时间都放在工作上了，做活动方案，写工作总结，写每周心得，为孩子们做影集，每天给孩子们的家长发信息提醒他们给孩子们多喝水、中午休息等。不知不觉，这些工作已经成为我生活中的一部分，而那些孩子也成了我生活中的一部分。现在的我已经从一个小女生走向成熟，把不可能变成了可能。也许这就是命运，从刚开始不喜欢这个专业到喜欢上这个专业，再到工作后喜欢上这些孩子，我真的变了。在以后的日子里，这就是我的职业，别人问我是做什么的，我可以很自豪地说："我是当老师的，而且是幼儿老师。"

郑清老师点评：能够这么喜欢这份工作，这么喜欢孩子们，真的是工作当中值得庆幸的。将自己的专业用在自己喜欢的工作上，有了如此高涨的热情，相信你会很好地开展自己的工作。

这周我们幼儿园开展了防震演习活动，当我问到小朋友地震来了该怎么办时，他们天真地说躲起来呀，躲到桌子底下。我说："那如果房子塌了怎么办呢，就不能躲到桌子底下了呀。"一个小女孩说："老师，你不要害怕，我可以保护你们呀，我力气很大的，可以用一只手把房子顶起来，这样你们就不用躲起来了。"她单纯、天真的话，逗得我们哈哈大笑，正是这单纯的话语让我们感到无比欣慰、开心。

杨民老师点评：防震演练本身就是一项不安全的演练，所以过程中安全第一。孩子们的世界是很简单的，你对他们好，他们自然对你好。能够听到这么感人的话语，工作中的辛苦劳累就都算不上什么了。珍惜这份感情，好好工作。

我在幼儿园成了公共的幼儿教师，有时候在大班，有时候到小班，孩子们貌似都很喜欢我。之前在大班的那几个星期，和孩子们的关系非常亲密。一天中午我去大班找老师有事，孩子们都起来了，大声地叫我张老师，有的孩子还问我："老师，你什么时候回来？"还有个小女孩对我说："老师，我们想你了，可以多看看你吗？"听到这些话，心里说不出的温暖。虽然我现在还没有固定到一个班级，但是这样可以接触更多的幼儿，与更多老教师一起工作，也未尝不是一件好事。我会继续努力的。

杨世诚老师点评：祝贺你的进步！幼儿教师是一个富有挑战性的职业，置身其中的许多人都乐此不疲。面对一群天真活泼的孩子，老师的心态也会变得轻松。成为公共教师虽然心里不舒服，但没有什么不好，就像你说的，可以与更多老师一起工作，向她们学习。希望你珍惜这样的工作阶段，多从老师们那里取经，争取早日固定到自己的班级。

这一周最让我难忘的就是教师节那天，这是我的第一个教师节。走进幼儿园的大门，我眼前一亮，一位老师抱着一大束鲜花，一开始没想到是教师节，直到有个小朋友跑过来跟我说了句"老师，教师节快乐"，我才反应过来，原来今天是教师节啊。接着越来越多的小朋友都拿着他们的礼物来了，鲜花、巧克力、盆栽，各种礼物。原来我成为一名教师了，我也要过教师节了，有点小激动啊。临放学的时候，幼儿园也发了礼物。我会永远记住那一天，我的第一个教师节。

高波老师点评：看到我的学生成为一名教师，过了她人生第一个教师节，我也有点小激动啊。当你成为一名优秀幼儿教师的时候，再回忆你的第一个教师节，你会有更深刻的领悟。

一个假期后，孩子们竟然没有我想象的那样闹，有些孩子的表现还更好了，真的为他们感到高兴。时间也在他们的成长中过得越来越快，转眼我在这个幼儿园已经待了快三个月了。跟孩子相处这么长时间，感觉自己真的越来越孩子气了，以前听人家说做幼师的心态像孩子，我还不信呢！呵呵，虽然孩子会惹我们生气，但是快乐的日子还是很多的，他们总会闹出一些好笑的事情或者说出一些好笑的话，孩子其实是很可爱的呢！我会继续努力，为了自己和孩子们的未来而努力！

高波老师点评：很赞同你的观点：虽然孩子会惹我们生气，但是快乐的日子还是很多的，他们总会闹出一些好笑的事情或者说出一些好笑的话，孩子其实是很可爱的呢！多从孩子的可爱处看孩子，你就能得到更多的快乐。

十一小长假结束后，我被临时调到中三班。离开小一班，是那么那么得不舍，虽然只有一个月，但我倾注了所有感情。我知道，实习就应该多方面地去接触不同的班级，只有这样自己才会更加充实，让自己在每个领域都能应付自如。带着不舍向小一班的宝宝们告别，也许他们不懂这意味着什么，看着他们无知中透露着不舍的眼神，心里打翻五味瓶般说不出的滋味。当我准备离开时，突然几个懂事的宝宝跑过来问："老师，你干什么去？"我说："我去教你们的大哥哥大姐姐，好不好？"他们突然抱着我说："不好，我们不要你去，我们要你陪着我们玩。"听完后，我哭了，是幸福的泪水，我得到了他们的认可，我的努力没有白费，突然感觉好自豪。这一周，我经历了小班、大班、中班，由起初的紧张害怕不敢面对，到现在如今无论哪个班，我都会带得轻松自如，我相信我的努力会得到更多的认可，加油！

高波老师点评：很好！你做得很棒！你的努力没有白费，得到了孩子们的认可，而且现在无论哪个班，你都会带得轻松自如。老师为你骄傲，你有理由自豪。继续努力！

时间过得真快，转眼间已经实习4个月了。在这4个月里，我明显感觉到了自己的成长和进步，无论是在处理事情上还是在平日的课堂上，都有很大进步，不再像刚开始实习时那么胆怯，不愿意表达自己的想法。这么长时间以来，我感觉最大的收获就是心态上的改变。工作不像在学校学习，只要得到老师和家长的认可拿出好的成绩就可以，工作要得到领导和孩子家长们的认可不光是教好孩子那么简单的事情，还有很多无形的东西需要注意，比如设身处地为孩子和家长着想，把每个孩子当成自己的宝贝平等对待。作为一名幼儿教师，没有什么比得到家长的认可更让我感到骄傲和自豪的了。圣诞节那天我收到好多孩子和家长送的小贺卡，虽然有的只是孩子画的小画，但孩子们的心意比什么都暖心。圣诞节那天，我们趁孩子们午睡的时候偷偷往他们的袜子里塞了各种小礼物，这是我们和家长之间的小秘密，给天真的孩子们一份惊喜，等他们醒来发现袜子里的礼物，会以为真的是圣诞老人来过。

下周我们园里举行元旦晚会，我不仅和同事们一起排练了搞笑舞蹈，还给我们班孩子们排练了一首儿歌，孩子们都很积极努力地在唱，希望元旦晚会那天我们会有出色的表现。

高波老师点评：你做得很好，过得很充实。的确，工作要得到领导和孩子家长们的认可不光是教好孩子那么简单的事情，还有很多无形的东西需要注意。但只要有心，就一定能够做好。加油！

最近这几天我们班有好几个孩子过生日，小朋友们可是享福了。9月24日那天是我的阴历生日，我订了一个蛋糕拿到幼儿园分给小朋友们吃。这时有个小朋友跑过来对我说："老师，过几天我也过生日，我是星期十过生日。"当时我还以为他是因为我买了个蛋糕然后才这么说的呢，也就没怎么理会。当天晚上我们班的老师给我打电话说镇豪明天过生日，他妈妈要给他买个蛋糕和小朋友一起分享，我这才回想起今天他对我说的话，原来是真的。我以为小孩子做事爱攀比，看来是我错了，只不过是他们还小，表达能力不够好罢了。我发现我越来越喜欢他们了。

高波老师点评：哈哈，星期十过生日，好可爱的孩子。你不觉得这个小朋友在幼儿园过生日，买个蛋糕和小朋友一起分享，是受你的影响吗？不知不觉，你已经将分享友爱的种子播种在他的心田里了。

通过这段时间和小朋友们相处，我充分体会到了一句话"幼儿园永远是充满朝气的、让人最开心的地方"。孩子都很可爱，虽然他们身上会有缺点，有些孩子很调皮，上课的时候还不听话，但是，这才是孩子啊。上课的时候他们总会问一些稀奇古怪的问题，让我不知道如何作答。即使这样我还是很开心，我觉得孩子就应该有想法，我们没有权利抹杀他们的想象力。幼儿的天性是喜欢模仿、好奇、好问，但由于生活经验和知识的局限性，只能靠老师去教授知识，所以作为一名老师要做好榜样。

有一次在语言区，我们班的小朋友在进行角色扮演。一名扮演老师的小朋友对另一个小朋友说："你不乖的话就把你送到中二班去。"过了一会又说："园长老师要过来了，还不乖？"我听了之后哭笑不得，我经常拿来"威胁"他们的话，这位小朋友一字不落地记下来了。从中可以看出老师对幼儿的影响是多么大，他们的模仿力很强，会学老师的言行，绝对一学一个像。

作为一个幼儿园老师，要以身作则，还要兴趣广泛，如果自己的学习兴趣不浓，求知欲不强，不勤于思考，又怎么能教出身心全面发展的幼儿呢？我会在以后的时间里继续学习，让孩子们能够德智体美劳全面发展。

杨世诚老师点评：幼儿老师就是幼儿的启蒙老师。以自己的言行引领孩子健康成长，这是我们的责任。在平时与幼儿接触的过程中，要注意自己的言行，给孩子们树立正面的、积极的榜样。

班里有个"小胖子"很讨人喜欢，可是我发现他的发音有些欠缺，同龄人可以发标准的音，到他那里总是差那么一点儿，比如我姓"huang"，总是被说成"wang"老师。我想有问题就得及时补救，因为下午他的家长接他都有点晚，我就趁着下午孩子们都差不多走完的时候，单个音地教他。小孩的注意力总是有限的，重复的次数多了就开始走神。直到有一次他想喝水找我帮忙，无意中叫了我一声"huang"老师，我心里特激动。感觉不管干什么，有努力就有回报。生活在继续，需再接再厉。加油！

杨民老师点评：你是一个很负责、工作很主动的老师。"老师"这个称呼是一个神圣的名字，你已经感受到了喜悦，希望你以后能继续加油，做出好的成绩。

一天下午发生了一件有趣的事。小班孩子每天下午都会带好吃的，在孩子们都在吃的时候，我们班年龄最小的小男孩想吃同桌的东西，就问那个小姐姐要，但是那个小姐姐不给他，小男孩很着急，就想自己去拿，两个人争执起来。这时老师就问他们怎么回事。知道事情的经过后，老师说："欣然，你给小弟弟一些。"欣然很听话，紧接着就递给了小弟弟。老师接着说："那小弟弟应该说什么啊？"接着小弟弟说："谢谢姐姐。"我们当场都笑了，老师又说："那小弟弟可不可以给姐姐些呢？姐姐已经给你了。"弟弟二话没说就把自己的吃的分给姐姐了。

其实，这个小男孩以前不是这样的，他的东西从不给别人，可能在这里时间长了，慢慢地学会分享了。在家里，他的爷爷、奶奶、姥姥、姥爷就只有他这一个孙子，所以有些娇惯他，要什么就给什么，想干什么就干什么，很任性。还不到3周岁，他妈妈就送他来幼儿园了，就是为了改变这些坏习惯。他来这里已经接近两个月了，一些坏习惯已经慢慢改了，真替他妈妈感到高兴，同时为自己是一名幼师而自豪。

辛帅老师点评：幼儿园集体教育不同于家庭中的个别教育，它更能让孩子在集体的环境中明白集体的意义，也能够有效帮助孩子改掉自私自利、霸道等小缺点，在这样的环境中孩子每一天的进步都是非常大的。

这个礼拜四我们幼儿园组织召开了家长会，对于刚刚实习的我来说是一个很大的挑战。这一周我每天都害怕家长会的到来，但是不管我多害怕，终究还是要面对三十多个家长，面对三十多个孩子。

礼拜四的家长会比我想象的好很多。我以为我会紧张得一句话也说不出来，没想到幼儿很配合，我发挥得还可以。我们班总共33名幼儿，来了32位家长，这让我很感动，可以从中看出家长对孩子教育的重视。8:30家长会正式开始。因为板凳有限，我先组织小朋友坐好，让家长在教室一旁站着。幼儿表演了舞蹈，演唱了儿歌，背诵了古诗，还背诵了三字经。每一位幼儿都很认真，大家表现得出奇得好。把我们学教部分内容表演完，我让配班老师把小朋友带下去，请家长坐在幼儿的位子上，与家长进行交流。跟家长交流得很开心，家长都反映幼儿在家说很喜欢我，每天都主动来幼儿园。我也把我们班存在的一些问题和家长进行了交流，还请家长代表发言。结束之后有很多家长主动跟我交流了自己孩子的情况。总之家长会在轻松愉快的氛围中顺利结束。

那天我觉得自己收获很多，至少我克服了恐惧，敢于在32位家长面前完整地主持完家长会。我很感谢园领导对我的信任，也很感谢家长对我们工作的支持和配合。我相信下一次家长会我一定会做得更好。

高波老师点评：看得出，你很受孩子们喜爱，也得到了家长们的认同。为你高兴！要想开好家长会，教师本人要自信。教师的表情、动作、体态等非语言展示和信息交流会极大地影响家长的心态和对教师的看法。如果教师在家长面前有犹豫、紧张、不自信的表现，家长在内心就会对你的教学能力和水平产生怀疑。当你分析班中幼儿情况时，不要概念化地说某某方面好或某某方面不好，要说得细致，并加以分析，例：你说某某方面好，你要说清它是怎么好，为什么好，我们今后还能怎么更好。这里你要给家长出招，而且这"招"还要可行，并行之有效，说清后两点是最重要的。再例：你说幼儿哪方面发展不好，你一定要说清是怎么不好，为什么不好，怎样能扭转，怎么才能让它变好。你一定要分析产生问题的原因，并细致说明教师今后将如何针对这个问题进行教育工作。同时也要给家长出招，怎么配合，怎么实施家庭教育，不仅如此，还要家长能正确认识这个问题，有一个良好的心态。我们教师千万不要只谈现象，或泛泛一说，那样家长会认为你对工作不负责，至少不是个尽心尽力的教师，家长会对你的工作质量产生怀疑。

这一周的星期四是中秋节，我们在班里开展了自己动手做月饼的活动。当然最兴奋的还是孩子们，他们第一次参加这种活动，显得格外激动。把面和馅儿给他们准备好后我在想，不知道这群孩子会不会做，他们又会做成什么样子呢。看着他们激动的样子特别想笑，他们在老师的指导下有模有样地揉面加馅，一个个都很认真的样子。有的孩子弄得满脸的面，有的孩子弄得满手的馅儿，我就在一边用相机记录下了这个开心的瞬间。看着他们那么开心，我也很高兴。最后，他们的月饼有的做的是长方形的，有的是三角形的，还有的是条形的，千奇百怪什么样的都有。我们把孩子们做的月饼送到餐厅烤熟之后又给他们分了下去，他们吃着自己做的月饼都说可好吃了。

张丽丽老师评语：活动中观察得很仔细，做得很到位。不管孩子把自己抹成什么样，把教室弄得有多乱，他们体验了自己动手的快乐，这才是最重要的。作为老师，就要在一旁陪他们玩耍，共同参与比强调卫生整洁更有意义。

相对来说这一周是充实的一周，因为恰逢中秋节，老师和孩子们共同学习做月饼。刚开始时，孩子们都认真地观察老师手里的小面团是怎样变成一个个小月饼的。当老师说可以开始自己做时，孩子们兴奋极了，挽起袖子动起手的孩子们像是一个个小厨师，有模有样。当然，孩子们做的月饼个个都有自己的想法，方的、圆的、扁的，各式各样，还有的孩子捏出了小花样，真是值得鼓励。当伙房叔叔给小朋友们烤好月饼，老师端到教室时，孩子们的小脸上挂着期待又惊喜的表情，闻着香香的月饼，吃着甜甜的月饼，孩子们都开心地笑了，这是自己的劳动成果呢！

杨民老师评语：这个周有一半的时间是假期时间，过得充实是最好的。活动组织得比较成功，观察很细致，和孩子们一起收获了月饼，收获了快乐。继续加油！

元旦前夕，为了庆祝新年的到来，我们举行了包饺子活动，让孩子们自己动手包饺子，应该是一件很幸福的事情。面团对他们的诱惑力很大，分面团的时候，孩子们好奇地围在桌子旁边，都想先拿到面团。把面团分给孩子们的时候，一双双稚嫩的小手在面团上揉过来、搓过去，玩得不亦乐乎。包饺子的时候可能有的包得不是很好看，但是他们还是会很得意地告诉我："老师，这是我包的饺子，厉不厉害？"小小的脸上，满是得意，看着他们开心的样子觉得很是幸福，希望小朋友们可以开开心心快快乐乐地长大！

高波老师点评：孩子们包的不是饺子，包的是快乐，不管包得好不好，重在参与，开心就好。多组织一些类似的活动吧，孩子能得到更多的快乐。

因为十一放假，我们园里这周六补周一的课。孩子们好像不太乐意，不过园长的一个消息让他们乐坏了。周六那天，园里组织以班级为单位带孩子们到果园采摘水果。因为条件有限，我们进的果园里只有苹果。尽管这样，孩子们依然兴高采烈。我带领我们班小朋友走到了我们采摘的区域，孩子们开始是走到树下就摘，因为人多树少，放果子时到处乱撞，后来在我的引导下，孩子们分工，两人一组，一个负责摘，一个负责放。最后我们班宝贝是所有中班里面摘果子最多的。得知自己那么棒，他们别提有多高兴了。

这次果园采摘活动，让孩子们懂得了相互团结、相互合作的力量，并且他们收获了成功的喜悦。看到孩子们的成长，我感到无比的骄傲和自豪。

高波老师点评：让孩子们懂得了相互团结、相互合作的力量，收获了成功的喜悦。很好。还记得我曾经给你们讲过一个"摘果子"的游戏吗？建议在孩子摘果子的经验基础上，开发创编一个类似的游戏活动。不妨试试看！

最近幼儿园里又多了一道风景，我们对大班的孩子进行了小学模式的教学，这几天一大早就能看到穿着黄色幼稚园服装的孩子们整整齐齐地走进校园。原来，幼儿园的小朋友也来感受丰富多彩的小学生活啦！

在教室里，能看到班里井然有序地坐着十来个幼儿园的小朋友。他们与一年级的孩子们穿插坐着，可高兴了，不时用好奇的眼光到处看着周围新鲜的一切。而一年级的孩子们此刻也扮演起了大哥哥、大姐姐，跟幼儿园的小朋友讲校园生活的趣事。不一会儿，大家就熟络了，欢笑声不断。

开始上课了，平时活泼淘气的的角色显得特别乖巧懂事，笔直笔直地坐着，认真地听老师讲课，积极地回答问题，有时还会帮助坐在旁边的幼儿园的小朋友们。此时，幼儿园的小朋友并没有因来到新环境而产生陌生感，他们很快就融入到了这个大集体，专心听着老师精彩生动的课，高兴地抢答着。台上台下，气氛非常融洽。看着他们稚嫩的脸庞，不由心生爱怜。他们是未来的希望，祖国的花朵，真希望能一直看着他们这样快乐地成长！

听着孩子们课内课外的欢声笑语，心中如同洒满了阳光。看着他们，心里就会觉得高兴，就觉得特别有干劲。谢谢可爱的孩子们，你们就是老师的动力。希望当自己真正站上讲台的那一刻，我也能带给你们快乐与希望！

高波老师点评：体验小学生活，培养幼儿对上小学的向往，为他们顺利上小学做好准备，很好。其实，每个衔接阶段，都可以借鉴这种形式。你们幼儿园的做法很好。

这周班级的主题活动是跟孩子们一起迎新年，我们班组织了一起"蒸枣山"的活动。孩子们将事先准备好的发面团、枣、花生带到了幼儿园，老师跟孩子们一起进行了活动。或许是第一次在幼儿园做这样的集体活动，孩子们对这次活动很感兴趣，都很期待自己动手。活动开始了，年轻的我对于做面食基本一窍不通，缺乏太多的锻炼和经验，不知道该从哪下手、如何去做。园里的面点师教我之后，又教给班里的孩子们怎么做。中班的孩子动手能力虽然不是很强，但他们的想象力很丰富的，做得千奇百怪，各种花样都有，让我很惊讶。之后我们又跟孩子们一起合作完成了一个个大枣山，做完枣山后我们就放到食堂去蒸。孩子们看到蒸好的枣山很高兴，都在寻找自己做的枣山。我觉得这次活动很有意义，不仅让孩子们体验了生活，还促进了孩子们的动手能力。下午放学，我们让孩子把自己亲手做的枣山带回家跟家人分享，小家伙们个个都乐开了花。虽然把我们老师忙坏了，但看到孩子们很快乐，再苦再累我们做老师的也高兴。

李娜老师点评：通过活动让孩子感受节日的气氛，既锻炼了孩子的动手能力又加深了孩子的印象。也许组织活动是你们最忙碌的时候，但是这个过程也是最快乐的，也许只有每天和孩子们在一起才会更深地体会到简单快乐的真实。

每个幼儿园都有着自己的规章制度，我们幼儿园也不例外，其中就有一条，老师不能接受家长的吃请和礼物。前几天我们带班老师在门口接孩子的时候，有一位家长非要送给我们化妆品，说是自己家卖的，是自己的一番心意，执意我们收下。这类家长的心思我们都明白，无非是想让老师多照顾一下自己的孩子。照顾好每个孩子身为老师是我们义不容辞的责任，姗姗老师婉言谢绝了。后来园长知道了，在开会的时候好好地表扬了一番。她说这种精神可嘉，从另一个角度考虑，这也是家长对我们的一种肯定！没错，只要身为幼师的我们每个人都严于律己，还怕没有正能量吗？加油！

辛帅老师评语："走后门"现象似乎成了"中国式"的一部分，甚至蔓延到了教育这个原本圣洁的领域。说实话，我们也会抱怨社会的不公，也会议论"背后有人"的人，但是反过来想想，如果我们接受了别人的"好心"，给别人开了后门，还有什么资格去议论这样的行为？向姗姗老师学习。

这周我过了人生中第一个教师节。当学生和家长们祝福自己教师节快乐时，才发现什么是真正的幸福和快乐——心灵的满足和充实，第一次感受到了被尊敬的喜悦。有很多学生还送了礼物：有自己制作的小贺卡，有从商店买的小头花。虽然他们的礼物都很小，但在我看来却是那样珍贵。我会把这些礼物收藏起来，它们会激励我在教师这个岗位上更加努力。累并快乐着，相信我会做得更好。

高波老师点评：这就是孩子，没有任何功利，不图任何回报，只有一颗晶莹剔透的心。面对如此纯真的孩子，能不感到幸福吗？所以，理解你的感受：幸福和快乐就是心灵的满足和充实。

不知不觉已经实习快两个月了，但是感觉就像过了两年一样，现在不断地回想起在学校的日子。刚步入实习岗位的时候，那种茫然无措的感觉就像一只待宰的羔羊，由于刚刚开始工作，什么都不会天天开会，天天挨批。因为进的是早教中心，所以什么都是从头开始，从刚开始连孩子的名字都记不全，到现在几乎每个孩子都知道我是哪个老师，是两种不一样的感觉。从刚开始楼上楼下的端茶送水，到现在跟着配班，我也感觉到了自己的进步，但是仍然不自信，不过我会一步一步走下去的。孩子是美丽的天使，每天都带给我不一样的惊喜与欢乐。早教中心的孩子都很小，都是三岁以下的，所以依赖性很强。我们班有个叫美琪的可爱的小女生，现在几乎天天跟着我，她很缺乏安全感，身边一刻也不能没有人。每当看到她眼泪汪汪地寻找我的时候，我就会有一种很大的成就感，每当我抱起她的时候，她都会冲着我咯咯地笑，那一刻我感觉我就是她的妈妈，她是我的孩子。还有一个宝宝，看到我就叫妈妈，我感觉很无奈，但是我很喜欢这种感觉，他妈妈说："你们老师还没结婚呢，怎么就成你妈妈了？"我告诉他的妈妈：既然他叫我一声"妈妈"，那我就会像妈妈一样爱他。其实每个孩子都是美丽的天使，而我就是守护天使的人，不管以后会遇到什么困难，我都会尽我所能去克服，一步一个脚印地走下去。

李媛老师评语：实习就是各种能力、经历的成长。从天天挨批到成为配班，再到被小朋友需要，这说明你一直在努力，并且取得了很大的进步。继续加油。

我成长，我思考

托班的宝宝语言表达能力不是很强，在他们的意识里，不知道上课的含义，也不知道上课不能随便讲话，更多的时候是想说就说，特别是在上课的时间。上课的时候，如果有个宝宝插嘴问老师问题，很多老师的做法就是呵斥插嘴的孩子，告诉她不能在上课的时候随便讲话。插嘴的孩子都是撅着小嘴不情愿地点头。你会发现以后这个孩子不会再打断老师讲话，只是默默坐在那听老师说。这个时候你能明白这位小朋友心中那种想说又不敢说的感受吗？这样一来，你的课堂是安静了，但却扼杀了孩子思考问题的积极性，使他们成为只会听不会说的木头人，进而影响他们身心健康发展。因此，我觉得如果有小朋友在上课时插嘴，请不要怪他，这说明他用脑思考问题了。这个时候请给他几分钟时间，让他把自己的想法说出来，或许从他的想法里你会得到启发呢！

张丽丽老师点评：认同你的观点。踏踏实实地做好孩子的教育工作，将心比心，幼儿教师要爱孩子，喜欢和孩子在一起，更要爱自己的工作。只有这样，工作起来才有动力，才会甘愿无私地付出，把工作做好。不要遏制孩子的想象力。

时间过得真快，从开始带艺术创意课堂到现在已经有一个多月的时间了。在这期间我看着孩子们一点一点的成长也是很有成就感的，也许这正是幼儿教师独有的快乐。刚开始开艺术课堂的时候，很多家长说不就是画画吗，在幼儿园里也画啊，而且有的孩子还专门报了画画班。这节课确实有画画的环节，但是如果单纯的画画就没有什么创意可言了。我认为这是一节给孩子更多快乐，让孩子在玩中学、学中玩的一个过程，更多的是对孩子艺术感和美感的培养，从而促进孩子想象力发展的一节课。

在上学期间我也去过美术班带过课，我很不赞同那里的教学方式。每天老师都会画好一幅范画，然后让孩子们画下来，画得必须和老师一样，就连树叶的片数都是一样的。我觉得这样学出来的孩子不会自己画画，只会模仿别人的。现在我们要的是创新不是模仿。在这样的环境中学习的孩子还有什么自主性，哪里还有想象力呢？所以在我的课堂上从不会要求孩子们画得和我的多像，我只会告诉他们按自己的想法来，只要你能讲出为什么。当然在教孩子们画画的时候我也会做范画，但是我只是告诉孩子们可以先画什么再画什么，在涂颜色的时候我也是让他们按照自己的想法来，自己喜欢什么样的就涂什么样。并且我们在平时上课的时候一定要注意自己的言行，对孩子们说出的话不要果断否定，要多听听他们的想法，不要扼杀掉孩子的想象力。

李媛老师点评：认同你对画画的做法，艺术教育的重点在于培养孩子的艺术感和美感，发展其创造力。不果断地否定孩子也是对孩子的尊重，加油。

今天早晨，班里一个孩子来到班上高高兴兴跟老师问好，还没等问他为什么这么高兴，家长在后边就和班里的老师说："孩子回到家后说中午睡觉盖不到被子，现在天冷了，孩子小又容易感冒，给他带了个被子。"我们三个老师感到很诧异，但又不能和家长顶撞理论，班里负责的老师先承认了是老师们的失误，然后接过家长手里的被子放到孩子的床上，家长看到后放心地走了。

我们三个老师的心中很不是滋味。园里有严格规定，必须保证被子能盖到每个孩子身上，而且值班老师都是随时检查孩子睡觉的情况，随时给盖被子，怎么会出现盖不到被子的情况。我们三个想不出理由，于是把孩子叫了过来，问他是不是真的盖不到被子，在老师的询问下，他终于承认并不是盖不到被子，而是看到有的孩子是自己带来的被子，也想让家里给带一床，于是就想了这么个办法。经过老师的说教，他也认识到了自己的错误。

每个幼儿的心里很早就产生了攀比之心，但攀比心理在这么小的心灵上慢慢滋生我认为是很可怕的，加上不正确引导，这种心理会越来越严重，以后攀比的东西也会越发变本加厉。这样严重的后果和个人家庭环境是分不开的，好的成长环境对幼儿是非常重要的。

冯永娜老师评语：你能够做到了解孩子，并且能够去分析孩子做法的原因、找出原因、解决问题，老师认为这是很好的。家长可能对自己孩子提出的要求，都是百依百顺。针对孩子的这些问题，可以在家长会的时候与家长认真沟通，倡导简洁、朴素的家庭教育。

工作这段时间来我遇到一个问题，就是孩子吃饭慢。记得刚来幼儿园时一个幼儿因为吃得太急，吐了，吓得我马上带幼儿到洗漱间进行清洗，并告诉了其他两位教师。但另外两个老师却觉得这是很正常的事情，熟视无睹。当时我很震惊，老师怎么能表现得这么淡定。有的孩子嘴里还有饭，但是继续往嘴里塞，又加上老师不停地督促幼儿吃干净、快点吃而导致呕吐。有些老师因为孩子们吃得慢或是不好好吃而去喂饭，殊不知，喂食剥夺了幼儿进食技能的培养。这样喂饭不是帮助孩子而是削弱了他们的吃饭能力。我们老师平时在工作的时候，往往是关心幼儿吃饭的多少、快慢、挑食等问题，很少考虑到幼儿进食时的心情、胃口等。我觉得以成人的标准去要求幼儿，才会出现催食、喂食等现象。我们这样催促也会给幼儿带来无形的压力，进而更加恐惧甚至厌恶吃饭。

赵振华老师点评：对待吃饭慢的，可以先给幼儿少盛，循序渐进。不要刻意强调或者批评幼儿吃饭慢、少，或者直接拿过碗勺喂饭。我们要经常表扬孩子们，让他们有愉快的心情吃饭。既然你已经意识到这个问题，相信很快就能解决这个问题。

这个星期我有一个疑惑想问一下老师，到底家长们该不该给孩子们零花钱呢？如果家长给孩子零花钱，孩子不懂事可能会拿钱去买一些不健康的零食，影响孩子健康。我们班孩子就是每天早上跟家里要零花钱，今天有个孩子就喊肚子痛，可能是吃了不干净的东西。可是如果不给孩子零花钱，孩子看见其他小朋友都有，而自己没有就会想方设法去骗家长，还有不给钱就不来上课的情况。前段时间我们学校来了一个外省的孩子，好像家长不经常给他零花钱，来到学校看见孩子们拿着钱去买东西吃，孩子们给他的零食，好像都没有见过，什么都没有吃过似的很贪吃，看见小朋友在吃零食还去抢。凡事都有利弊，就是不知道到底怎样做利才大于弊，到底是给零花钱还是不给零花钱？请老师发表一下自己的意见，以供参考，谢谢。

辛帅老师评语：个人感觉幼儿园的孩子没必要给零花钱。一是他们没有明确的钱的概念，可能会受骗；二是他们用钱购买物品不容易控制，很容易因为单纯的"喜欢"、"想要"而购买不健康的食品或有安全隐患的玩具，这些都不利于孩子的健康。幼儿园可以通过类似"爸爸去哪儿"等亲子活动让孩子去花钱，将零花钱的使用置于家长和老师的监控指导之下，确保孩子的安全。

一周即将结束，我已经习惯了这种忙碌的生活。苦中有乐，很充实。每天和孩子们相处在一起，在他们眼里，相比其他老师我更像是他们的大姐姐。很多孩子愿意告诉我他们的小秘密，这让我很感动。或许是因为我还没开始带班，对孩子们不像其他老师那样严厉。我认为对待不同孩子应该采用不同的方法，毕竟孩子有自己独特的个性。我们在教育孩子的同时更要保护他们特有的个性。有的同事说你不对他们严厉点，以后根本管不住他们，可是如果一直严厉，孩子们事事顺从就真能学到东西吗？对于这个问题我表示有些疑惑，还要在以后实践中得出自己的教学方法。

高波老师点评：教育孩子要刚柔并济，宽严结合，但前提是爱孩子。在以后实践中得出自己的教学方法，这是一个很好的想法，鞋子合不合适自己的脚知道，你说呢？

时间过得真快，一转眼已是实习的第三周了。这半个月对我来说是最难熬的时光，一开始园长让我带的是大班，大班孩子的学习特别紧张，因为他们必须经过升学考试才能上一年级。开始我用游戏的方式给他们讲课，园长说我的方法不行，必须要用小学上课的方式教孩子。幼儿园明确规定不许棒打孩子，不许体罚孩子，可是我们幼儿园这些现象时常出现，每个孩子都被管制得服服帖帖的。我想给园长提些建议，可是又不知道怎么说，老师能给我一些建议或者意见吗？谢谢老师，我想您的意见将会给我很大的帮助！

高波老师点评：大班需要初步适应小学生活，但这并不意味着是与升学考试接轨，也不意味着必须要用小学上课的方式授课，应该是生活、心理等方面的适应，所以用游戏的方式给孩子讲课没有错。至于你们幼儿园用管制的方式管理学生，当然不合理，但目前，建议你先学会适应，找一个适当的时机，给园长提供合理的方法和建议。

今天是第一天去幼儿园上班，我怀着忐忑的心情被领导带进大二班教室。我走进教室就听到小朋友们大声喊"阿姨好"。领导把我介绍给大二班的班主任就走了，班主任给我介绍了配班老师和生活老师。之后，我很好奇地看着教室的环境。小朋友们很吵，生活老师和班主任都很凶，大班的孩子们好像都已经习惯了。他们管理的方式把我都吓到了：用手拍桌子，用书本拍桌子。我很不理解，同时，我也在想我以后会不会也变成这样？我可不想这样。这时，配班老师对我说："我刚来的时候和你一样温柔，可是没过多久就变成这样了。"

她们还用威胁的方式让孩子听话，例如："你不擦手就不让你吃饭！"之类的言语我认为这样很不好。这让我听着看着很不舒服。我希望自己不要变，我要一直温柔地对待我的孩子们。

我上班的第二天就碰到一个小朋友流鼻血了，我不知道这种问题是不是正常。可是我发现，他们流鼻血的时候都是在吃饭的过程中，而且好像还是吃得很着急的时候。我很不明白，老师们为什么让孩子吃得那么急，只是为了生活老师统一洗碗么？小朋友的饭还没吃完，桌子就从头顶抬走了。我感觉这样不好，但是，我还是这样做了。

高波老师点评：这说明现在许多幼儿园并没有贯彻以孩子为本的理念，它们的管理就是将孩子管住。我不希望你变得跟那些老师一样，但又担心你终究会被她们同化，因为环境对人潜移默化的影响力是非常巨大的；我又不希望你太激进，跟她们对着干，特别是当你的力量还非常弱小的时候。等你自己有能力的时候，尝试按照自己的意愿予以改变，现在先学会适应，可予以一定程度的改变。

一个月了，在幼儿园里看到的并不是当初自己所想的，同时我也看到了不一样的教育。纲要里明确规定幼儿园不要教孩子认识字的，而我看到的却是他们以教知识为主。这已经违反了幼儿园以游戏为主这一理念了，孩子本是玩的时候，却承受着学习压力，当你学的东西和你教的东西有隔阂的时候，这是不对称的，很可怕，因为你不知道你要做什么。因此，唯一要做的就是重新去学习，适应他们的教育方式。当然，父母都希望自己孩子学到更多的东西，包括知识，但是我们不能剥夺了孩子玩的权利，这是应该享有的。我还看到了孩子的渴望，渴望什么？渴望玩，渴望学到东西，这就需要我们老师运用适当的方法了，设法让他们在玩中学，学中玩。

高波老师点评：理想很丰满，现实很骨感啊。当你学的东西和你教的东西有隔阂、不对称的时候，你没有一味抱怨，而是勇敢面对，冷静反思，这很好！我们当然不能剥夺孩子玩的权利，这是他们应该享有的。让孩子在玩中学是你的教育理想。当然要实现这一理想需要你掌握更多的能力和技巧，因为玩中学、学中玩是需要技术的。只有你具有更大教育力量，拥有更多权威的时候，你才能真正实现你的教育理想。朝着这一目标努力吧！

我发现，有些孩子你对他越好，他越是欺负你。事情是这样的，我们班有个孩子，他长得特别特别的帅气，还有点调皮，有点小个性，我来到这个班的第一天就喜欢上他了。因此，我对他特别好，特别亲近他，谁知因我和生活老师聊天开玩笑，他竟然生气了，两个眼瞪着我，让我心里很不是滋味，心里想真是太没良心了。不过孩子毕竟是孩子，一会就过去了，还管我叫妈妈。他不止一次让我生气了，是他的个性使然，还是什么原因，他一点都不怕我，或者说他把我当成他的朋友？

高波老师点评：这个孩子的情况不属于欺负你。他可能想引起你的注意，由于你一向喜欢他，与他关系亲近，在他的潜意识中，你就是属于他的，你与别人说话，他就认为夺走了属于他的东西。你要教会他：爱是可以分享的，你喜欢别人，并不等于不喜欢他。

喜欢长得好看的孩子，是正常的现象。但是，不要表现太明显、太过分，过犹不及嘛。俗话说得好：爱漂亮的孩子谁都会，但只有连丑的孩子也喜欢，才是真正的教育爱。

大班孩子给我的印象是比较懂事，学东西和反应能力都很快。今天下午和我同一班的老师没在，两个调皮的孩子又开始折腾了。特别是程然小朋友，自己坐不下，还惹别的小朋友。我用严厉的语气说："程然，快回到你的座位上去。"说着，我拍了一下他的肩膀。结果，他跑到我的面前也打了我一下，而且一副理所应当的表情，当时我也没有说话，他也坐下了。事后，我仔细想为什么他会出现这种行为呢？我和同班的老师沟通了一下，结果那位老师说，可能这会让他有存在感。因为之前每次吃完东西以后，我都会让他打扫，而这次我没有满足他，没有让他打扫，他可能觉得老师不重视他了，所以才会有这种表现。以前，那位老师在班上的时候，会让程然当老师的小助理，帮助老师，他很愿意做，而且也不会调皮。那位老师说得很对，我试着做了，效果很不错。对待不同的孩子要用不同的方法，在以后的时间里，我在这方面还要加强学习。

辛帅老师点评：案例很典型，分析也很到位，关键是能够在事情发生后进行反思，积极主动地请教老教师，并学着去改变自己的做法，真正做到了"因材施教"。

为了让孩子从小养成良好的习惯，我们班里的几位老师从这学期开始非常注重常规教育在一日生活中的渗透。其中，礼仪教育特色活动的开展给我们提供了一个良好的素材。自从这项特色活动开展后，收效良好，班里的小朋友不管是礼貌还是常规活动都进步很大。我们都知道，老师的一言一行会对孩子产生深刻的影响，但往往是我们教育了孩子，自己却做不到。

今天发生了一件小事，让我反思了很长时间，明白了身教重于言教的道理。午餐前，我组织孩子们上厕所，等孩子们上完厕所后就排起队来洗手。因为午餐时间到了，所以我着急地对孩子们说："都快点洗，吃饭时间到了，别在后面站着了，快点上前面来洗。"这时，糖糖突然说："洗手要排队，不能推也不能挤，一个洗完另一个洗。"听完孩子的话，我觉得特别惭愧，这些不都是我在上课的时候教给他们的吗？现在孩子们做得很好，而我却鼓励孩子犯错，真是教育失误啊。我们为人师者，一定要处处严格要求自己的言行，要知道，孩子们既是我们的学生，也是我们的老师呢。

辛帅老师评语："为人师表"，"己所不欲、勿施于人"这些道理都应该作为教师行为的准则，也警示我们时刻要做到言行一致，在孩子面前树立好榜样。

身为幼儿教师，要有一颗善于发现美的眼睛，尤其要善于发现那些平时不爱表现的小朋友身上的美，并及时给予鼓励和表扬，因为有时候老师的一句话便可以温暖一个孩子幼小的心灵。幼儿园里处处有美好的事情发生，时时有天真的话语出现，关键是我们应该善于发现，发现孩子不同寻常的地方，做孩子真正的领路人。

那天我们准备去厂部表演节目，站队时，一个平时特别调皮的小男孩指着我的眼睛问我："老师你的眼睛怎么了？怎么不一样了？"我先是一愣，我的眼睛好好的，哪有什么问题呀？转念一想，因为没睡好的原因，我的一只单眼皮的眼睛变成了双眼皮，怪不得孩子说呢。这是一个平时特别调皮的孩子，让老师费尽了心思。可是这又是一个多么细心的孩子呀，连我身边的老师都没有发现的事情，他却观察到了。我立即肯定了他的说法，并给予了表扬。顿时，他笑得很开心，并流露出一副自豪的神情。

这就是教育，渗透在点点滴滴的小事中，关键看老师怎么去发现。对于那些调皮的孩子，他们身上肯定也有闪光点，我们一定要仔细发现，带着一颗公平公正的心，去发现，去鼓励，去培养，让孩子健康快乐地成长。幼儿园里处处存在美，我一定要用心去发现，用心去做事，用真诚的心对待每一个孩子。

郑清老师评语：在幼儿园里用心去发现，用心去做事，用真诚的心对待每一个孩子，肯定能把孩子引导好，把工作干好。用同样的眼光去对待每一个孩子，在你的耐心关怀下，孩子们一定可以茁壮成长！

上了一段时间的班，感触颇深。想要孩子们喜欢你，首先你要喜欢孩子们，站在孩子的角度想问题。当你因为不满孩子们没有按你的要求做事，当你冲他们发脾气时，他们对你的好感也正在一点点消失。当孩子们用茫然的眼睛看着你时，你是否会意识到自己错了？当你很生气时，请冷静，别让孩子看扁你。在孩子们心中树立威信很重要。如果你不知道该如何做，请不要贸然以你的专制压迫他们，这种做法最终是失败的。在还不能为孩子做更多的事情时，请选择赏识教育。

杨世诚老师评语：对小孩子确实要多用赏识教育，人们常说一句话：好孩子是夸出来的。记得有一年春节晚会上有一首歌，叫"爱我，你就抱抱我"，说得也是这个意思。尝试一下赏识教育，会收到意想不到的效果呢！

其实没什么教育心得，只是与孩子们一起更融洽了，最头疼的还是管不住他们。我并不想让他们怕我，但又想不出让他们听话的办法。这周要恶补看看有什么高招啦！很欣慰，小朋友们看到我累了，都会过来帮我捶背揉肩的。"孩子是白纸"，教什么就是什么。俗话说"人之初性本善"，再顽劣的孩子，其实都是好心的，只是我们不会引导。我看得出，最淘气的孩子也喜欢老师，也希望得到表扬，做错事也很内疚，很有歉意。我们应该用孩子的眼光看世界，而不是一味地让孩子服从老师。

我想，孩子具有独立人格，也需要尊重。虽然我不知道该怎样引导孩子，但是我一定不会用难听的语言去批评他们。试想，哪个孩子不希望自己是班里最棒的，我们天天打击他，会导致其缺乏自信心，"老师家长都说我是坏孩子、笨孩子、讨厌的孩子，那我就一定是这样了。"这对其后期成长特别不利，往往淘气的孩子都特别聪明，学习一教就会。为什么我们不能利用好的方式去引导呢？

高波老师点评：怎么没有教育心得呢？你刚刚提交的就是很好的心得！尊重孩子以及意识到以孩子的眼光看世界就是很好的感悟，很棒！

本月，是我感慨最多的一个月，因为这算是目前过得最充实的一个月了。

有时候你认为重要的事情，别人可能觉得无足轻重，每个人的发展方向决定了价值观的差异。不要将自以为是的想法强加到别人身上。像我们不久前去听的公开课、优质课评比，资深的教师会觉得这是浪费时间，但对于我们这些初出茅庐的实习生来讲，却是学习借鉴的好机会。

如果，你有幸遇到很乐于传授你各种经验的优秀老师，你可以窃喜了。但是，如果你遇到的人不那么优秀、人品也不咋样，或是有一肚子的好学问却吝啬教给你一丝一毫，那你也只能是自求多福了。我觉得，只有当你把知识变为自己的，等那些正能量统统都收入你囊中后，你才有资格轻松地随意笑言"我做得到"。

其次，就是心态。无论加不加班，工作累不累，喜欢这份工作与否还是比较重要的。小孩子终归是调皮的，但也不是全都到不可理喻的地步。我担心有一天，我会厌烦这样的生活。

我们都希望自己成为优秀的人，拥有足够驾驭这份工作的能力。未来有万万种可能，可如果自己先放弃便只剩一种可能。不管生活如何待我们，我们还是要认真对待生活的，因为生活主角是我们自己。

高波老师点评：遇到乐于教你的，要感谢；遇到吝啬鬼不愿意教你的，要让自己强大起来，证明给他看！一句话：实力决定魅力。努力提升自身的实力吧。

在工作中感受到了欢乐也同样感受到了悲伤。开心是因为接触到了更高的层面，体会到了不同的人生历程；伤心是因为离开了学校这个干净的环境，感受到了社会的复杂。在工作中必须要时刻保持高涨的热情，因为你面对的是一群特殊的客人——天真可爱的小孩子。孩子的世界是非常纯净的，你所说所做的每一件事都可能影响到孩子以后的成长。如果处于一个消极的状态，孩子不会开心，你的工作也不会顺利。

这个职业要求我们必须时刻提起十万分的精神，不能走神或是与其他教师聊天，可能在你与其他人聊天时，孩子就会发生一些本可以避免的意外。所以为了孩子的安全，也为了自身的安全，要关心爱护好每一个孩子。

孩子都是活泼好动的，有些孩子很听话，有些孩子很顽皮，不听新老师说的话。所以在工作中不仅要做到笑容亲切，让孩子能主动接纳你亲近你，更要树立一个教师的形象，树立一个威严的形象，让孩子不仅亲近你，也要有一份畏惧，能够听你的吩咐，完成你下达的指令。否则在工作时会很麻烦，孩子不听话对你工作的完成也是阻碍，以后说话也没有了威信，孩子根本不会听你的话。

高波老师点评：感悟深刻！与孩子保持适度距离是对的，老师应该在不同场景下有不同的形象，不仅要做到笑容亲切，让孩子能主动接纳你亲近你，有时也要保持一个威严的形象，让孩子有一份畏惧。另外，你的心态很好，如果处于一个消极的状态孩子也不会开心，你的工作也不会顺利，如果你的心态是快乐的，相信孩子快乐，你也快乐。

本学期即将结束，这一周，幼儿园年龄最大的学前班要迎来一年一度的期末考试了。看着老师们精心准备着试卷，孩子们也有了考试的概念，这也许可以为他们上小学奠定基础。这一周，老师们每天都在讲考试的试题。幼儿园的小朋友过早接受考试的形式，有利也有弊，但我觉得弊大于利。考试无非就是检测小朋友们掌握了多少知识，老师给幼儿灌输考试重要性的思想，小孩本来就有攀比心理，等到成绩出来，老师对成绩好的小朋友给予相应的表扬和奖励，没考好的小朋友就会产生自卑心理，这或多或少会影响幼儿情绪，以至于对考试产生恐惧和厌恶。这只是我个人的想法，可大多数家长很重视这次考试，或许他们只想看看自己宝宝的真实能力。

辛帅老师点评：不同的幼儿园对于孩子教育的侧重点不同，很多幼儿园为了实现幼小衔接，过早地把基础教育中应试的东西搬过来，我觉得对孩子的成长并非好事。因为应试本来就会让孩子产生对学习的恐惧，个人认为应该让孩子看到小学的大哥哥大姐姐们成长的快乐，而不是用考试来给他们下马威。

今天临下班的时候发生了一件恶性事件，两个小朋友打闹，张红旗小朋友把张景成小朋友整个右脸挠出一条很长的血印子。我赶紧带着小朋友去医务室擦药。事后问清原因才知道，张景成小朋友想帮张红旗小朋友把袖子挽下来，可能动作粗鲁了点，张红旗小朋友误以为张景成小朋友要打自己，这才造成了"流血事件"。这件事情也给我们敲响了警钟，有的小朋友不知道如何用正确的方式表达自己的意愿，往往让别的小朋友误会，从而用武力解决事情，这样是不对的。教师应该引导小朋友用正确的方式表达自己的意愿。让孩子身心一起健康成长，才是我们的初衷。

周季老师评语：发生这样的事件，与幼儿这个年龄段的理解能力、表达能力有很大关系。随着幼儿长大，这种情况会有好转。当然，从幼儿教师的角度出发，要在平时的工作中教育孩子学会沟通和理解。这就需要老师细心发现每个小朋友的各种状态，及时解决小朋友的各种不适，加油吧，相信你可以做到的！

10月8号，国庆假期结束开学第一天，班里发生了一件让人心惊胆战的事情。上午刚刚做完早操回到教室，我正组织孩子们一组一组上厕所，这时班里一小男孩跑过来对我说："老师，我的鼻子。"当时我以为是他自己把鼻子抠破了，我问："是鼻子破了吗？老师给你擦擦。"他的眼泪止不住地流下来，哭着说："老师，一个扣子进鼻子里了。"我一听吓了一跳，赶紧看看他的小鼻子，让他用力往外吹看看能不能吹出来。小男孩用力吹了几次，扣子终于出来了。当他安全地把扣子拿出来后我松了口气，幸亏是虚惊一场。此时，我从真正意义上明白了，作为一名幼儿教师保护幼儿的安全有多重要。在幼儿园，一个班有30个孩子，一个孩子只是1/30，但在一个家庭中，一个孩子却是家庭的唯一。为了让孩子们健康成长，让他们的家庭幸福，我们幼儿教师一定要细心照顾好每个孩子。

辛帅老师评语： 王老师感悟很深，遇到的这件事情也很典型。孩子的安全无小事，他们还没有完全照顾自己的能力，但是大多都活泼好动，喜欢拨弄小玩意儿，吃饭、睡觉、游戏的时候稍有疏忽就会出现危害生命健康的事情。幼儿教师的责任之大正在于此，附上婴幼儿意外事故预防10条，供你在今后的工作中参考：1. 无论怎么忙也不能让视线离开孩子；2. 勿让孩子接近热源以免烫伤；3. 要将浴缸、洗脸盆里的水放净；4. 检查阳台和窗户；5. 注意火源；6. 不要出现误吞事故；7. 不要让孩子吃容易卡住喉咙的食物；8. 勿将婴幼儿独自留在汽车内；9. 下自行车时要将孩子也抱下自行车；10. 检查住房周围。

秋天到了，天气变得干燥，我们班很多小朋友开始有流鼻血的情况，也有的是因为意外。其中一个小朋友去厕所的时候被另一个小朋友撞了一下，鼻血涌出，我们班一个老师给他做处理，让他仰头然后用凉水给他拍额头。虽然也把鼻血止住了，但我想这种处理方法是错误的做法，我想起以前在学校：让小朋友把头微微低下，防止鼻血倒流入鼻腔引起更加严重的后果，我把这些告诉了这位老师，她上网查了一下后，说我告诉她的是正确的。我发现在幼儿园有些老师在处理这些小孩子的意外伤害时处理得不够恰当，要加强这方面的知识和培训工作。

贾素宁老师评语： 能够做到学以致用，真的很棒。老教师不一定全都是对的，不要盲目相信他们。但同时，老教师处理突发事故的经验是很丰富的，要多向他们学习。

幼儿午睡时间到了，孩子们陆陆续续躺到床上，一个个进入了梦乡。我给孩子们盖被子时，发现笑笑钻进被窝里不肯出来。我轻轻走到她床前说："笑笑，快睡吧！"笑笑马上把头露出来，闭上眼睛装出睡着的样子，等我刚走到别处，她又把头藏进了被窝里。怎么了，笑笑不舒服吗？我掀开她的被子，发现她把被子上的一根线扯了下来，缠在了手指上，自己解不开了，手指被线勒得发紫，但是又不敢和老师说。我赶紧帮她解开，又安抚了她一番。通过这件事情，我更明白了午检的重要性。因此，我们必须提高警惕，认真做好午检工作，消除安全隐患，做好幼儿的安全保护工作，提高幼儿的安全意识，保护幼儿的生命安全。

冯永娜老师评语：幼儿园一日生活常规的管理是幼儿园工作中最重要的一项，必须要严格按照幼儿园的规章制度来执行，对幼儿负责。看得出来，你在工作中还是很认真负责的。希望以后继续保持。

爱玩是孩子们的天性。位于台阶上、东楼下的中五班，我们利用起教室前的天然玩具——台阶。下课活动时，我会让孩子们跳台阶、数台阶、坐在台阶上晒太阳，并说说自己的心里话。通过跳台阶，孩子们的身体得到了锻炼，并且腿部肌肉、动作协调能力都充分地得到了锻炼，孩子们都乐意去跳台阶。

为了让孩子保持好奇心，一天下午，我带领孩子们去三楼阳台上做游戏。孩子们在去的路上特别兴奋，边跳边唱。来到了广阔的新场地，有了四周的围墙，更容易组织了。孩子们一来到新场地，感觉很新鲜，我让孩子们自由玩了一会儿。然后，我利用场地的一个平衡木当小河，学习助跑跨跳，每个孩子都跨过了小河。通过游戏，我了解了女孩与男孩的区别。男孩如祁家驹、胡海宇、李东宸、马寄修、翟伟豪等对于体育运动来说，他们的动作协调能力很强，并且有大胆、勇敢的挑战精神。而女孩呢，则恰恰相反，有几个女孩，如刘婧哲、牛然、景嘉怡、魏之岚、高溪遥等胆子小、个子矮，出现了胆怯心理，不敢跳，或者勉强跑到平衡木前便停了下来，双脚一起跳过去。通过大家的掌声鼓励以及语言提示，还是没能克服胆怯的心理。这些女孩子在平时、在课堂上，看上去表现得很乖巧、很听话，但在运动方面有所欠缺，所以，我们要培养孩子多方位、全面发展，才算最棒哟！

高波老师点评：写得好！对孩子的观察非常到位，孩子在你的眼中非常鲜活！看得出你对工作的用心和热情，继续努力吧。

今天是星期一，我给孩子们上美术课，我让他们画自己的妈妈，画完后告诉小伙伴这个周末妈妈带自己去哪玩了，把快乐分享给其他的小朋友。孩子们都很积极，拿起笔在纸上快速地画起来。小朋友们很快就画完了自己心目中完美的妈妈，又与周围的小朋友分享了自己快乐的周末。教室里的气氛非常融洽。

这时角落里的佳佳引起了我的注意。她是一个单亲家庭的孩子，她不到一岁的时候妈妈就离开了她。可能是家庭的原因，佳佳不爱说话，性格内向。在我准备这堂课的时候，鲁莽的我竟然忽视了佳佳的这个问题。当意识到自己犯下的这个严重错误后，我非常内疚，这个时候后悔已经来不及了，无意中我已经给佳佳带来了伤害。

正在我后悔的时候，一向调皮的浩浩走到了佳佳身边，他知道佳佳没有妈妈，平时基本也没有小朋友和佳佳玩。他一走过去，我就觉得情况不妙。果真，浩浩是拿着自己的画挑衅去了，他尽兴地说着："周末妈妈又带我去游乐场玩碰碰车了。你玩过吗？我猜你肯定没有，因为你没有妈妈带你去。"这时，一向文静的佳佳不知道哪里来的勇气，举起小手打了一下浩浩，夺过他的画撕成了碎片，两个孩子便打起来了。我急忙跑到他们身边，阻止他们，并让他们把事情经过告诉我。他们你一言我一语，都在努力说着，生怕我要惩罚他们。我对浩浩说："佳佳是妹妹，你是哥哥，哥哥是应该保护妹妹的，哪有哥哥欺负妹妹的道理。佳佳是不是唱歌很好听啊，让佳佳给你唱首你爱听的歌，你们讲和好不好？"他点了点头。我又回过头来，对佳佳说："你唱歌最好听了，一会你给浩浩唱首歌好不好？就算你原谅他了，你撕了浩浩的画，你们都有错，是吧？以后呢，你教浩浩唱歌，让浩浩来保护你，别的小朋友也不敢再欺负你了。好不好？"佳佳也点了点头。这时我总算松了口气。又转过头对浩浩说："佳佳答应给你唱歌了，她还答应教你唱歌。可是有一个条件，就是以后你不准欺负她，也不准别的小朋友欺负她。老师呢，现在就封你为爱心大队长，你都已经是大班的孩子了，能不能担负起这个责任？"自尊心极强的浩浩马上拍拍胸膛说："能，我能，我是男子汉了，我可以。以后我绝对不会再欺负小朋友，我还会保护他们。"我说："那你俩握手言和，以后你们就是好朋友了。"我话音刚落，佳佳马上就唱起了动听的歌谣。她还耐心教浩浩和其他小朋友唱。

对于孩子之间的矛盾，我们不能过多介入，应该作为引导者、支持者、旁观者，给孩子自由解决事情的机会，这样，我们和孩子才能共同进步成长。

周季老师点评：从你的周志里可以看出你的转变，这件事情处理得也算圆满。你有了对待事情的冷静头脑及比较敏锐的观察力，希望在以后的日子里看到你更大的进步。今后备课时，要注意提前考虑到类似的特殊情况。

今天午睡快要结束的时候，孩子们被一件事吸引了。是什么呢？一位老师拿着一面镜子，对着外面的阳光，照在了教室的墙面上。孩子们好奇极了，他们就去抓它，老师故意不让他们抓到，越发的引起了孩子们的好奇心，他们特别想知道那是什么。于是，他们追着老师问："老师，这是什么啊？"老师故意不回答，问他们："你们觉得是什么啊？"答案可真是千奇百怪，有的说是太阳，有的说是月亮，有的说是外星人，还有的说是其中一个小朋友衣服上的亮片，都追着那个孩子要亮片，其实，我们都知道那是镜子将阳光反射在了墙上，但是大班的孩子却不知道是这么回事。等老师耐心给他们讲完了，孩子们纷纷拿着镜子去尝试，都玩得非常开心。

孩子们是那样的纯真、好奇，我们应该保护孩子们的好奇心，并及时为孩子"解惑"。虽然他们现在还不是很明白，但他们还是玩得非常开心。不要对孩子的好奇心置之不理，那样他们就慢慢对什么事也不感兴趣了。俗话说，兴趣是最好的老师，那么我认为好奇心则是兴趣的开始。

辛帅老师点评：善于激发孩子的好奇心，并充分把握机会进行"授业、解惑"，非常值得提倡。也希望作为新老师的你们多学习前辈的经验，在游戏玩乐中教给孩子们知识。

手工课上很多宝宝注意力不集中，在上课的时候说话、乱动，我为了激励幼儿认真听课就说："今天哪位小朋友表现得好，老师就给他贴小星星。"听到这句话孩子们挺直了腰杆，乖乖把小手放在腿上认真听我讲课。可不到三分钟，淘气的孩子们又开始说话乱动了，只有一个小朋友一直坐得很端正，于是在下课的时候我说："杨晨曦小朋友今天表现最棒了，等会儿老师给你贴小星星。"也许是因为班里孩子太多的原因，我就把给杨晨曦贴小星星这回事给忘了，一直到下午都没给他贴小星星。下午孩子们吃晚饭的时候，我发现杨晨曦一直拿着勺子在碗里搅来搅去的，嘴里还念念有词，我走过去问："怎么了，为什么不吃饭？"他闷闷不乐地一直重复一句话"不给我贴小星星"，我瞬间想起了早上上课的事情。原来他一直记得老师说过的话呢，孩子的心是那么细腻。通过这件事，我深刻感受到作为幼儿教师一定要细心地对待每个孩子，因为我们无意中的一句话都有可能伤害到孩子。

苏敏老师点评：细心、真诚是孩子最本真的美，看了你的日志让我心里暖暖的，这何尝不是孩子给我们大人们上的一节课呢？重承诺、真诚地对待彼此，你说是吗？加油！

幼儿园生活是孩子离开家长独立生活的开始，每个孩子会在这里蜕变成一个崭新的自己，因此应该要求孩子们首先学会自理，知道自己的事情自己做。小班刚入园的孩子自理能力较差，从一开始的不知所措到后来的驾轻就熟，他们的成长速度可谓是飞快的。几个能力较强的孩子不仅可以自己穿脱衣服，还可以穿鞋系带、铺床、叠被，等等。对于一些能力差点的孩子，我们会耐心地做出正确示范，直到孩子学会自己做。每次看到孩子自己把被子叠好，兴高采烈地送到我手上时，欣慰之情油然而生。

其实，培养孩子的生活自理能力，还需要从点滴的家庭生活开始。凡是家人力所能及的家务劳动，都应该提倡每个家庭成员参与。比如让孩子帮忙拿纸巾、搬板凳、递拖鞋，饭前可以让他们协助分发碗筷，等等。这几天，我们班里又新来了一个孩子，可能因为年龄小，又是家里的独生子，送他来的时候，爸爸、妈妈、爷爷、奶奶一起来的，这可忙坏了一家人，拿杯子、挂毛巾、洗手、上厕所……几乎全部被包办了。老师没办法，给他家人做了工作，这才放了手。刚开始都不熟悉，但经过一段时间后，这个孩子各项都做得很好。你看，放手让孩子自己去做，可能会更好，尽可能地为孩子创造自主机会，给孩子一些权力，让他们自己去选择；给孩子一些经历，让他们自己去体验；给孩子一些困难，让他们自己去解决；给孩子一些问题，让他们自己去找答案。

钟钰伟老师点评：我觉得你们的教育理念很正确，适当地、逐步地培养孩子的自理能力，还是很有必要的，毕竟孩子要逐渐长大，几个老师照顾那么多孩子也是很吃力的。

工作中我感悟到一点，家长对孩子的教育与影响是不可估量的。我们班有一个小男孩，特别爱啃手指头，无论你怎么说，只要一不注意他就在啃指头了，这好像是他的习惯性动作。他还有个不好的习惯，就是拿别人的东西。问他是谁的，他说是自己的，其实不是他的。问他为什么拿别人的东西，他说他想要。哎，我给他思想教育，跟他讲：想要是一回事儿，但不是你的，你就不能随便拿！让他记住，让他改正，结果，他说不，还理直气壮地说这是妈妈教的。我感觉很无奈也很无语。

有时候家长怪孩子做得不好，其实做家长的应该反思，孩子的行为所反射的不正是家长的影子吗？潜移默化中，家长会把一些不好的习惯"传授"给孩子，有的家长发现了不良习惯没有及时去纠正。毕竟，孩子跟家长的关系最亲，受家长影响最大，其次才是老师。

高波老师点评：每一个孩子的身上都有家长的影子，所以，出了问题，真的不能将板子打在孩子身上。建议你尝试与家长沟通，当然要注意沟通的方式与语气，不要单纯指责孩子，而是提出合理化建议，共同商定教育对策。相信会好的！

在放松了7天之后，我又踏上了工作岗位。有人说过节比上班还累，这话一点也不假，上班的第一天就感到无比疲乏，真想多放几天假。孩子们也出现了类似情况，有的小朋友不愿意来上幼儿园，想留在家继续玩。我班上的珠珠早上就是哭着来的，妈妈说她早上起床第一句话就是："妈妈我不想去幼儿园，我可以明天再去吗？"经过一番"斗争"，她还是被妈妈"押送"来园了。

珠珠妈妈在送珠珠来园时问我，面对孩子不愿来上幼儿园的情况应该如何解决，可真把我问住了，我便用"早上时间紧迫，要接孩子，下午离园时再与您慢慢聊"的借口掩盖了我的无知。随后，我通过查询资料和向班主任老师学习，给了珠珠妈妈这样的回答："当孩子不愿来上幼儿园时，请不要着急，更不要发火，要与孩子讲道理。孩子虽小，但也懂很多事情，您可以和孩子慢慢分析来园利弊，同时孩子也免不了会和您提条件，接受她的合理要求，如早点来接等。而且和老师沟通是十分必要的，日常生活中老师会多多观察，给予孩子更多的关心与爱，让宝宝尽快提起上幼儿园的兴趣。最后，早点来接孩子，让宝宝发现自己妈妈比别人的妈妈来得更早，她会很开心。"

之后我也进行了反思，宝宝不想上幼儿园必定与老师的关心不足、生活趣味少有关。如果日后可以照顾到每一个孩子，多进行有趣的活动，多表扬少批评，宝宝势必会爱上幼儿园的生活，来园的积极性也会提高很多。

丛娜老师评语：在遇到问题时主动请教和学习，是对自己、对工作负责的表现。幼儿入园初期的问题与幼儿的年龄和身心发展也有关系。不要着急，慢慢学习，希望你在今后的实习中取得更大的进步。

这周有新老师来实习，所以，在言行上我更加严格要求自己。课堂上，孩子们几分钟后注意力就不集中了。因为有实习老师听课，为了使自己看上去不那么严厉，我采取的办法是对孩子多用赞美鼓励的话语。令我没有想到的是，这样一来让我收获了课堂中前所未有的欢乐和效果。记得刚入园的时候，园长对我说过试着多对孩子说一些赞美的语言，我当时不以为然，认为在孩子面前树立威信是管好课堂的有效方法。现在尝到了鼓励的甜头，孩子们开心我也高兴。通过这件事，我开始深刻反思，孩子毕竟还是孩子，课堂上不是让孩子服从自己，而是用更好的办法引导孩子，找到孩子的兴趣点，使孩子开心愉快地学到东西。好的方法能使一项工作事半功倍，这是我这周最大的感悟。

辛帅老师点评：树立威信固然重要，但不要因为这种先入为主的观念，丧失了其他有效的教育方式。在教育过程中要多尝试不同的方法。

经过暑假两个月的实习,从 9 月 1 日开始我正式带班,现在是世纪风车幼儿园小三班的一名带班老师。作为一名刚步入社会的实习生,工作中我学会了很多东西。在幼儿园工作基本要接触三方面的人:单位领导和同事、学生家长和班里的宝宝们。首先,在工作之初要处理好自己与单位领导及同事的关系,有融洽的同事关系,才能使自己更愉快地投入到工作中。其次,幼儿园老师与学生家长的沟通也是必要的,只有让学生家长信服老师,家长才放心把孩子交到老师的手里,这样,幼儿园老师才算成功地迈出了工作的第一步。最后,接触最多也是最关键的就是班里的孩子们。老师在平时的教学和游戏中,要注意与孩子的沟通方式,每个孩子的个性特征不同,老师要因人而异,尊重个体差异,尽量做到让每个孩子发挥最大的潜质。上面就是我最近的亲身感悟。我喜欢孩子,同时也喜欢幼儿教师这份工作,我会继续努力,争取成为一名优秀的幼儿老师。

辛帅老师评语:感悟深、情意切。初为人师,尤其面对的群体是不谙世事的幼儿,要传达给他们的东西很多,要从他们身上发现和学习的也很多。愿你继续保持这份勇敢和责任心,呵护好你的天使们。

今天是周五。若是往常,明天就是一个悠闲的周末,可以看看电影、听听音乐……但是因为国庆节的缘故,明天还得继续补课。也好,静下心来,总结一下这周的工作吧。最大的收获就是通过自己的努力,深深认识到一个班级有着良好的常规是多么重要。无论是吃饭、教学、游戏,还是自由活动,有良好的常规,讲究正确的方式方法,会让我们的工作轻松许多。

作为一名幼儿教师,要让孩子们对我们又爱又怕,也就是说教育幼儿要讲究一定的方式方法。在班级中我们经常可以看到,同样的孩子,当不同的老师要求他们做同一件事情时,效果往往不一样。比如,早操平时都是由班主任带队,但是今天由于特殊情况,由班里的曹老师带队,班里孩子明显要比平常兴奋许多,任凭曹老师怎么扯着嗓子大声喊,孩子们依旧该做什么做什么。于是我走过去拍拍手,对着吵闹的孩子们说:"今天王老师来看看哪个小朋友做操最好,让他来前面当小队长。"话说完,嘈杂的人群就明显安静了几分,比刚才曹来师大喊大叫的效果好多啦。由此可见,方式方法在教学中是多么重要!

苏敏老师评语:每一周的记录,每一次的阅读,都有不一样的体会,对我对你,同样精彩!看来你已经领悟到一些幼儿教育的方式方法了,继续加油吧。

亲爱的老师：这周要和您分享我的一个失误，但幸好我补救还算及时，否则后果会很严重。因为我们班是蒙氏班，由3到7岁的混龄孩子组成，也就分成了大组、中组和小组，三个老师各带一个组，我带的是小组，16个小孩子生活自理能力都不好，吃饭还要喂，我纵有三头六臂也顾不上16个孩子，所以我和三个老师商量了一下，想了一个"一帮一"的好办法，找一个大组或者中组的大朋友带一个小组的小朋友，让他们充分发挥大哥哥大姐姐的作用，喂饭、喂水、一起做操、一起玩耍，让他们建立良好的友谊桥梁，也让我稍微轻松点，让他们每天来到幼儿园先找自己的好朋友，然后进行一天的互帮互助。效果还不错，孩子们高兴，我也轻松。可是就在今天早上，一个叫熙熙的小朋友哭着喊着不要来幼儿园，搂着妈妈的脖子不放手，让我有点郁闷。熙熙是小组唯一一个来幼儿园不哭，会自己吃饭、穿衣服、喝水、盖被子、做操不乱跑的小朋友。一向如此乖巧的孩子今天这是怎么了，经过我反复询问，熙熙终于哭着告诉了我，也是他的一句话"我没有好朋友"让我觉得很惭愧。当初因为他是很让我放心的孩子，认为他一个人可以独立完成吃饭等事情，没有必要再找人帮忙，所以我没有安排大哥哥大姐姐照顾他，可是孩子心里却认为自己没有好朋友，没有人陪他。是啊，我怎么忽略了孩子的想法，忽略了孩子的感受呢？我对熙熙说："熙熙有好多好朋友，熙熙很听话，老师和小朋友都很喜欢熙熙，没有人喂熙熙，那是因为熙熙是男子汉，自己很坚强，很棒，熙熙是大家学习的榜样。"熙熙这才转向我的怀抱。我给熙熙安排了一个比他生日小点的小朋友，让熙熙当起了大哥哥，同时也安排了一个大组的小朋友辅助熙熙，三个小朋友一起互帮互助，一起进步。今天的熙熙比平时更出色，比以前更乖巧，更懂事。我想说的是，老师一个不经意间的动作、语言都会印在孩子们的心里，所以不管做什么都要三思而后行，慎重考虑一番后，再付出行动。

马金祥老师评语：通过这件事，证明了那句话：吃一堑长一智。无论经历好事还是坏事，都是一件对自己成长有帮助的事，所以做事就是在把握锻炼的机会、成长的机会！

今天上了一节学习拼音课。大多数小朋友们都很认真地听讲，效率也很高，在本子上写得很工整。之后我做了总结，为什么之前一遍遍地反复强调书写，还是容易出错，今天就说了几遍他们就写得很好。我之前是一遍遍地说，今天开始时我就强调我只说两遍，认真听了你就写正确了，不认真听的就会写错。他们就集中了注意力认真听，瞪着两只大眼睛认真看，所以效率就很高。现在的孩子其实很聪明，你只要说一两遍他们就记得很清楚了，再说也是多余的。等你说了两遍他们听懂了之后，他们就会觉得反正我已经会了，就开始玩自己的了，你再怎么强调纪律也是没用的，因为你讲的知识对他已经没有什么吸引力了。所以在今后的教学中要时刻进行反思，这样既有利于教学，也能提高孩子们的学习效率。

王璐老师评语：这类控制课堂的小技巧，只有在不断反思中、与同事交流中才能总结出来。希望你通过自己的努力，能够找到更多适合自己和孩子们的教学方法。

前几天，班里的彤彤感冒了，需要服药。早上彤彤来园后告诉我，她的书包里有药，当时我正在擦桌子，就让彤彤过一会儿再把药给我。结果我忙完之后就把这事给忘了，孩子也忘记了，过了5分钟我突然想起来，赶紧给彤彤服了药。我发现旁边还有两包感冒颗粒，仔细想了想，这是月月家长今天早上交到我手里的，告诉我早上、中午各一包。当时我正在忙着接孩子，随手把药给彤彤喝了一包。这件事引发了我的思考。虽然我们每天都进行服药登记，但有时候一忙起来就对不上号了。怎样让孩子带的药一目了然呢？可以在家园宣传栏上写明幼儿服药的注意事项，提醒家长为服药的幼儿用纸或小袋子把药包起来，写上姓名、用量及服用时间，幼儿的药要亲自交到老师手里。这样，就万无一失啦。

杨民老师评语：服药要做好登记，一定不能马虎。既然幼儿园有服药登记的流程，就要认真执行。幼儿教师的工作都是繁琐、细致的，如果每次都因为小事情造成大事故，就得不偿失了。你提出的建议不错，但不能把服药记录的工作全都转给家长，幼儿教师做好登记很关键。

本周举行公开课讲演活动，我很荣幸地参加了本次活动。具体感受如下：本次活动过程中，在不经意之间老师把橙色误说成了红色，当孩子指正时，老师微笑着说："苏老师会变魔术，能颜色改变瞬间，你们想学魔术吗？"轻而易举就把尴尬的气氛缓解了。换位思考，如果当我出现备课流程实施失误时，我的第一反应一定会是面红耳赤、不知所措，新老师毕竟缺少与孩子交流沟通的经验与机会。所以，教师在备课时，应该充分考虑到这些课堂中容易出现的意外，预设多种对策，从容应对出现的各种问题。

李莹老师评语：工作过程中经验的积累非常重要，通过这样的公开课活动，你能学习到老教师的很多技巧，这些在平时是他们不轻易外传的"独家秘笈"呢。多学习老教师的经验教训，只要你坚持学习，总有一天别人也会像你崇拜苏老师一样认可你的。

进入幼儿园这么长时间，还是第一次正式给孩子们上课，孩子们今天都表现得不错，没有下位的，值得表扬。由于经验不足，准备得不是很充分，我觉得这节课还凑合，我们园长说："对于一个实习生来说能上成这样，已经很不错了。"

孩子的年龄都很小，他们的思维发展得很不完善，对学习没有什么概念，给他们上课主要是带他们在玩中学习，在课堂上带着他们多玩一些互动游戏，让他们多动动手，对这堂课感兴趣，从而喜欢上课。

高波老师点评：第一次登台都紧张，你现在不是已经从中学到了好多吗？"对于一个实习生来说能上成这样，已经很不错了"，这是对你的肯定，也是鼓励。什么时候园长对你的评价变成："这个课能上成这样，真的很不错！"那就说明你真的优秀了。向着这个目标努力！

在幼儿园里上早操，无论对幼儿的身体还是心理发展都有很大的帮助。早操内容的选取，不仅锻炼了幼儿的身体，也比较符合儿童心理发展的特点。但是也出现了一些问题，例如儿童对方向感的认识很差，特别是他们做操的时候，每到向左或者向右转都会有很多同学做错。虽然我每次都会给他们纠正，但是我总感觉这是一个问题，必须要让他们克服，让他们分清左右，做到动作一致。以后我会更加努力地引导孩子们，教他们正确认识方向。

高波老师点评：做操的时候老师可采取顺向示范方式进行示范，即与幼儿保持同一个方向，这样就不会做错了。至于帮助孩子区分左右，可用最简单的方式，比如在右手上点点，左手不点，就可有效区分。记住：教学中有时候最简洁的就是最高效的！

每个小朋友都会挑食，尤其对于小班的孩子来说，挑食真的很严重。我们每周下午的加餐会有一次是胡萝卜，胡萝卜虽然有营养，但很多小朋友都不喜欢吃。不过幼儿正是长身体的时候，必须营养搭配均衡，所以他们必须要适当吃点胡萝卜。加餐时，平时吃饭不太挑的基本都能把胡萝卜吃了，但我们班里有个特别挑食的小女孩，我看见她把胡萝卜挑到一边就走过去问她："宝贝，你为什么不吃这个呀？""它长得太难看了，一点也不好吃。""你没吃就说难吃呀！""肯定不好吃，我才不要吃呢。""宝贝，我告诉你一个秘密，小白兔最喜欢吃胡萝卜了。你看小白兔多漂亮呀，它就是因为吃了胡萝卜才变漂亮的！"她看了看我，眨了眨眼睛，问："是真的吗？"我点点头。她夹了一块放到嘴巴里，然后又吐了出来，说："不好吃！"我忙说，你刚放到嘴巴里可能觉得不好吃，可是小白兔在嘴里嚼嚼就可香了。然后她又夹了一块放到嘴巴里，嚼了嚼咽了下去，后来我看见她把所有的胡萝卜都吃光了。呵呵，看着她吃完胡萝卜我感觉好有成就感。从这以后，我会给每一种菜都编一个故事，让宝贝们都不再挑食，帮助他们健健康康地成长。

高波老师点评：呵呵，好有智慧呀，能够给每一种菜都编一个故事，真是又负责又有才的一位老师呢。我都有点佩服你了。

这周有老教师的讲课比赛，算是我们新教师的福利吧。一节课虽然很短，但老教师毕竟是老教师，考虑得非常全面，不一定要多么精彩，但是在课堂的拓展，对于孩子们提出问题作出的应答，常规课堂的情景化、游戏化、故事化，都能体现出来，整节课很饱满。而且她们由于经验丰富，面对孩子们的各种随机反应能够做出及时的回应，应变能力特别好。她们能跟孩子们玩到一块去，有很多老师自己的孩子都很大了，但还又跑又跳，这些都很值得学习。听了这么多的课，知道了课堂哪些地方不容易控制，学习了很多维持孩子们纪律的方法，不是直接对他们说小手放膝盖，眼睛看老师等，而是吸引他们，比如说请坐得好的小朋友来做什么事情，这样更能无形地来帮助他们坐好，集中注意力。听课收获了很多，我会逐步改善自己以后的课堂，不断摸索出更好的方法。

高波老师点评：上好课是一个幼儿教师最基本的要求。我感觉你对老教师的课堂观察细致、总结到位，如此，具备了上好课的基础。当然，要想成为一名出类拔萃的教师，还要多学、多练、多思考。我相信老教师的那种常规课堂的情景化、游戏化、故事化，在不远的将来，一定也会出现在你的课堂上。加油！

昨天我们上了一节很有意思的课，学校组织孩子们去菜市场认识蔬菜。孩子们都异常兴奋，我们班的孩子也不例外，他们不停地告诉我他们最喜欢吃什么菜。但是孩子们只认识自己最喜欢吃的那几种蔬菜，别的蔬菜都不认识，我们此行的目的就是让他们认识多种多样的蔬菜，而且要知道它们各自的营养。比如：茄子维生素D的含量较高；辣椒和胡萝卜中维生素C较高；海带、紫菜含有丰富的碘，多吃能预防大脖子病；芹菜、蒜薹等都可以促进肠胃蠕动，帮助消化。因为这些都和吃有关，所以孩子们听得津津有味，早都馋得直流口水了。

幼儿园食堂阿姨做的饭菜，虽然很有营养，孩子们却吃得很少，不是做得不好，而是孩子们挑食的现象比较严重，所以学校利用这次去菜市场的机会让孩子们了解各种蔬菜的营养价值，让孩子们各种蔬菜都喜欢吃，做一个不挑食的孩子。

李鹏老师点评：通过实践教育孩子，这种方式非常好。既可以充分调动起孩子学习的积极性，又可以通过实践活动让孩子们学到很多知识。希望可以把这一工作理念融入到其他教学活动当中去。

和小朋友们接触的时间长了，了解了他们的特点，教他们也会变得得心应手，比如谁古诗记得快，谁跳舞好看，谁歌唱得好，谁调皮，等等。这样一来，上课就变得轻松多了。小孩子总是想引起老师的注意，没事也会在你面前走来走去。如果问他们有事找老师吗，他们会走开。如果加上他们的名字，某某你找老师有事啊，他就会跟你说话，我想这就是名字的作用，他们认为，老师知道我叫什么，就肯定会注意我，所以和老师说心里话，老师会更喜欢我。记住他们的名字，小朋友会更喜欢老师。

郑清老师点评：实践出真知。能够从工作实践中总结出这样的感悟，说明你在用心工作。自己摸索工作方法，这是成为优秀教师的第一步。但是，了解孩子的特点不等于给他们贴上各种各样的标签，切记！

教育小心得

教育要融入到生活中

幼儿的一日生活中，老师可以随时随地去教育他们。比如入园时，教育他们要有礼貌；喝水时，教育他们不要说话，慢慢喝，小心呛到；上下楼梯时，教育他们不推挤，手扶栏杆，慢慢走；上课时，教育他们专心听讲；游戏时，教育他们要互帮互助，不争抢，遵守规则，等等。幼儿的一日生活很繁琐，存在的安全问题也很多，这就要求老师不仅要细心，及时发现问题，还要让孩子懂得怎样保护自己不受伤害。

最近，我特别喜欢给我们班的小女生编漂亮的小辫子。在编辫子的同时，我可以和她们聊聊天，乘机教育她们。比如，班里有个小女孩，她有个不好的习惯，就是每次老师批评她后，第二天就会哭闹着不上幼儿园。我发现她喜欢编辫子后，每次我给她编完辫子就会要求她，以后老师如果批评了她，她不可以带着情绪上幼儿园，并告诉她老师批评她都是为了她好，为了让她变得越来越棒。我还告诉她，如果她表现好，每天都会给她编漂亮的小辫子。我们约定好后，我发现即使批评了她，第二天她也不会哭着来幼儿园了。通过这件事我认识到，作为老师的我们不要放过任何一个可以教育孩子的机会。

杨世诚老师点评：祝贺你的进步！随机教育在幼儿时期是很重要的。"教育孩子从小事做起"这句话应该是你的实践感悟。实践出真知，只有从实践中得来的东西，才是本真的。

鼓励比批评更有效

下面是我这段时间对李希诺小朋友进行的个案追踪，有了这些调查我能更好地教学，我觉得这是一个好方法。诺诺入园已经两个多月了，我发现他每天早上来的时候都会哭，在班里很少讲话，性格很内向，讲话的声音也很小。老师每次上课提问的时候，他都不说话，也不跟老师和小朋友沟通。当我提问他的时候，他也什么都不知道，而且说话的声音别人根本就听不见。

针对诺诺的表现，我和带班老师进行了分析并制定了措施。我们决定上课的时候多多提问他，并且鼓励他大胆回答问题。上课的时候我总是第一个叫他，让他大声讲，并告诉他讲错了没关系，老师和同学会帮助他改正的。慢慢地诺诺的自信心开始建立了！我坚持每节课都先让他来回答我提的问题，随着时间的推移，现在的他上课再也不溜号了，也能跟得上老师的节奏了。

王璐老师点评：你能够通过自己的努力，帮助小朋友改变性格内向的问题，肯定特别有成就感。教师与幼儿交流，既有认知上的更有情感上的，既可以通过语言进行交流，也可以通过表情、动作来实现。幼儿教师引导幼儿时要有耐心，孩子的理解思维能力和接受能力是有限的，很多事情都要反反复复、不厌其烦地去教育、引导他们，他们才能接受，才能养成良好的习惯。

小游戏提高午休质量

每天中午孩子们午睡起床后，在整理孩子床铺的时候，我发现床铺上总会有些小"宝贝"，像小汽车、小零食、卫生纸等。原来孩子中午睡不着的时候，总把口袋里的东西拿出来打发时间。针对这种现象，我认为孩子们在睡不着的时候能玩会儿玩具、吃点小零食，总比说话打闹、影响别的小朋友休息要好得多，但在睡觉的时候做这些事情毕竟不是好习惯，于是我想了一招准备帮小朋友改掉这个习惯。

第二天午睡时间又到了，我让孩子们排好队，然后对小朋友们说："今天老师想和小朋友们一起来变个魔术，大家愿意和老师一起变魔术吗？"小朋友异口同声地说："好！"我接着说："咱们大家一起来看看哪个小朋友的口袋里能变出东西。"果然，小朋友们全都"上当"了，乖乖把口袋里的东西拿了出来。就这样，我们连续变了好几天的魔术，孩子们习惯了睡觉之前"变魔术"，睡午觉之前都会把东西掏出来放在寝室的桌子上，我整理床铺时再也没有发现那些"小宝贝"。

张丽丽老师点评：好老师需要了解孩子，给予孩子们充分的理解、信任。处理"小宝贝"的问题，体现了你的细心、责任心和工作技巧。做得很好，继续加油！

做个不偏食的好孩子

　　一天中午吃青菜炖豆腐。刚端上饭菜,我就看见有的孩子皱起了眉头,悄悄地说不爱吃青菜。见此情景,我灵机一动对孩子们说:"宝贝们,告诉你们一个小秘密,我最喜欢吃青菜豆腐了,你们知道为什么吗?"孩子们瞪着好奇的小眼睛摇摇头。"因为绿绿的青菜和白白的豆腐是最有营养的食物,你们看老师身材好吗?"孩子们点点头。我接着说:"我长得漂亮吗?"我做出一副可爱状,"漂亮",我接着问:"你们知道原因吗?因为老师经常吃青菜豆腐,一点不挑食,现在你们告诉我,哪个小宝贝和老师一样爱吃青菜豆腐呢?""我","我",孩子们纷纷举起了手。这天中午孩子们吃得都很香,没有一个剩菜的。

　　第二天,梓翔奶奶对我说:"于老师,梓翔回家说老师最爱吃青菜豆腐,是真的吗?"我笑着把事情的经过讲给家长听,听完以后梓翔奶奶说:"邱老师你真有办法,以前孩子在家一口青菜也不吃。昨天回家对我说,老师爱吃青菜我也爱吃,我再也不挑食了。"

　　在孩子们的心里,老师就是他们的偶像。对老师,他们既尊敬又崇拜,总是听到孩子们说"哇,老师你好厉害","老师你做的东西真漂亮","老师我也要像你一样做出漂亮东西","老师我要长得和你一样漂亮"。听到他们这样说,我很开心,在他们心中老师是他们模仿的对象。我们一直在观察他们,其实他们也时时刻刻都在观察我们的一举一动。所以老师要时刻注意,除了要给孩子们做个榜样,还要注意引导孩子们。老师们,我们一起努力吧。

　　郑清老师点评:既然已经注意到老师的行为对孩子有这么大的影响力,就要注意约束自己的言行,为孩子们树立好的榜样。继续努力吧,希望你能让老师看到你更大的进步。

玩具宝宝回家了

　　孩子们每次玩完玩具后,我总会在墙角、地上、桌子上、角落里发现落在那里的玩具。其实我们也多次叮嘱过孩子们要把不玩的玩具放回原处,并且把散落在地上的玩具分类放回玩具盆里。可是,每天下午整理玩具的时候,总会发现很多小朋友把玩具的位置放错了,而且有的还把玩具给摔坏了。如何让小朋友们懂得爱惜玩具并且能有序地把玩具收好放好呢?这又是摆在我面前的一个现实问题。

　　有一次,小朋友们又把玩具散落了一地,而且有的小朋友使劲摔打玩具。这时我故作惊吓地说:"孩子们,老师好像听见有个小动物在哭,好像在说我想回家,我想回家。哎呀!是谁在哭啊?"我装作到处寻找的样子,孩子们也学着我的样子到处寻找。就在这时，方文博小朋友捡起地上的长江七号用稚嫩的声音说："老师，是他在哭吗？"我说："是啊，就是他，哎呀，是哪个粗心的小朋友把可怜的长江七号丢在这里了啊？"然后我们一起把积木宝宝、玩具小熊送回了家。通过这次把玩具宝宝找回家，小朋友们对玩具有了新的认识。相信在老师的不断引导下，小朋友们一定会养成越来越多的好习惯。

张丽丽老师点评：幼儿的行为习惯需要教师和家长的不断指引，直接讲道理反而还不如这样效果好，这说明你已经找到了和幼儿沟通的有效方式。继续努力吧。

争做老师眼中的好孩子

大班的孩子调皮起来个个都是好手。英语课堂上，为了提高学习兴趣，我设置了一个"智力大冲关"的环节。可是，每到这个环节，教室里的纪律就乱了。我也曾想去掉这个环节，可孩子们的兴致很高。如果哪节课没进行闯关游戏，他们就会问："老师，今天为什么不闯关了？我们都想闯关呢！"于是我把这个环节保留了下来。今天课堂上，又到了闯关环节，如何让未闯关孩子的注意力都集中到老师这里呢？望着他们一双双明亮的眼睛，我忽然来了灵感，说到："谁是好孩子，老师的眼睛里就有谁。"孩子们马上坐好了，特别是那几个调皮蛋的孩子坐得最好。我马上表扬了他们，智力大冲关环节也很顺利地进行下去。其实，每个孩子都愿做老师眼中的好孩子，可是由于他们的性格差异，决定了他们的不同。作为老师，应及时抓住幼儿的"闪光点"，因势利导，会有意想不到的效果。

杨世诚老师点评：看得出来，你已经可以很好地把握幼儿的心理，对症下药。因材施教，这是作为一个优秀教师必须遵守的基本规则。希望你今后能做得更好。

怎样看午休

看午休是一门学问，尤其小班的宝宝们，由于紧张、新鲜、敏感而缺乏安全感，久久不能入睡，很让人头疼。就拿我班的丹丹小朋友来说，她总是不肯午睡，一到中午就会哭闹着要找妈妈。我从她家长口中知道，平时午睡她妈妈都会抱着她陪在身边，久而久之也就养成了只有妈妈陪着才会午睡的习惯。了解到这一点，我开始主动与她沟通，每当午睡的时候我会陪在她身边，摸摸她的头，于是她就喜欢抱着我，这时候我也会很配合地去抱着她，慢慢地她开始越睡越安稳，对我也越发亲近了。这样的孩子还有很多，在我悉心的陪同下，他们一个个都可以美美地睡午觉了。这件事让我更加确信，只要用真心去对待孩子、教育孩子，每一个孩子都会成为父母心中的乖孩子、老师心中的好孩子。这周他们已经习惯我看着他们入睡了，看着他们一个个进入甜美的梦乡，我感到很自豪、很幸福。原来用心了就会得到回报，我会更加努力的，得到他们更多的信任，加油。

高波老师点评：初步掌握让孩子入睡的技巧，由此产生幸福体验，很好！幸福就这么简单，努力就有回报！

冷处理也是个好办法

孩子们总喜欢做些让老师注意他们的事情，无疑捣蛋是对老师最有吸引力的。起初我总是告诉孩子这样做不对，越是这样孩子越是积极地捣乱。最后我总结出：越注意他们就越搞出大的动静，不注意的话他们就会感觉无聊变得老实多了。但是不注意仅仅是不再刻意去关注，不让他发现老师的关注，要真有过激行为老师还是得第一时间发现，所以得掌握度，凡事适度而为也会事半功倍。

高波老师点评：真的，越注意就越是给你搞出来大的动静，所以，有时需要冷处理，或者平时给予关爱，而不是他闹一闹，我关注一下，那样只会使得闹腾升级。

孩子终于改掉吸吮手指的坏习惯

婴儿期吸吮手指不仅无害，还是他们智力发育的信号，也是心理和生理的双重需求，吮手指是一种学习和玩耍，也能稳定自身的情绪。但三四岁还吸吮手指就是一种不好的行为，需细心了解原因并耐心纠正。在小班，我发现有好多小朋友喜欢吸吮手指，尤其是浩浩小宝贝，聪明可爱并且讨人喜欢，可他时不时地会吸吮手指头，尤其是睡觉的时候，非要像吸奶一样香香地吸着指头才能入睡。为此，我们和他的爸爸妈妈一起教育他，让他明白吸吮手指的危害性，同时也想了很多办法纠正他的坏习惯，但都无济于事。

一天午睡时，我坐在浩浩床边，我问："你的手指是不是很甜？让老师也吃几口吧。"说着，就抓起他的小手往嘴里塞，他急忙缩回手，一个劲地说："不甜！"我说："不甜你为什么老是要吸手指头呢？"我装作很想尝尝他手指味道的样子，他躲闪着不让。显然，浩浩很不情愿让别人来吸他的手指头，我突然想到尝试用这种方法来纠正他的坏毛病。我告诉他，以后发现他吃手指头，老师也要跟着一起分享。

接下来的日子，偶然发现浩浩再吃手，我和班上的老师便凑上去假装要吃，他总是把手藏在身后，表示不再吃手了。就这样，我们采取的方法慢慢起到了效果，浩浩吸手指头的次数慢慢变少了，浩浩的父母对此方法表示接受和理解。现在浩浩无论在幼儿园还是在家里，吸手指头的坏毛病只是偶尔会犯。

对待孩子的不良习惯，教师要注意找到适合的方法，不至于伤害孩子的自尊，不影响孩子的身心健康，还能有效地帮助孩子克服困难，改掉坏毛病。这周，我想我又学到了很多，我与宝贝们共成长，加油！

高波老师点评：对待孩子的不良习惯，你能找到适合的方法，在不伤害孩子的自尊、不影响孩子的身心健康的前提下，有效地帮助孩子改掉坏毛病。这就是你的进步！

孩子不哭了

这个周班里又来了一个新同学，留着可爱的蘑菇头，是从别的园里转来的。第一天来到新环境，他无视这里的一切，一直在哭，家长走后他哭得更厉害了，一直在说："我要回家，我要回家。"他用尽全身的力量试图挣脱我，我哄了好大一会儿他才答应进教室，进去之后他就不哭了，很听话。只是后来的两天他每天早上都是哭着来幼儿园，进班里就不哭了，周三快放学的时候我跟他说只要他明早来学校时不哭，老师就奖励一个小贴画。第二天他真的不哭了，我奖励了他一个小贴画，孩子一天都表现得很好。到周五的时候他是笑着进来的，我抱了抱他，他笑着跟我说："老师，我今天没哭。"我真的很高兴他能这么快适应过来，一个小小的贴画也有无穷的吸引力。

高波老师点评：这张老师给的小贴画，是对孩子的肯定和褒奖。一张小贴画能够带来如此大的教育力量，值得你耐心琢磨！

不要跟孩子说反话

孩子们是最天真可爱的，跟他们在一起，很开心很快乐。印象最深的是刘诗颖，她是个短头发的可爱女孩。每天妈妈把她送过来时她都会哭。中午睡觉的时候也要哄着才会睡："老师，外婆会来接我吗？"我说不会。"为什么不会？"然后哭得更厉害了！我说你再哭外婆就真的不来接你了，然后她才慢慢停止哭泣。呵呵，小孩子怎么这么担心家长不来接自己呀？真的是又好气又好笑！

高波老师点评：不要轻易跟孩子说否定的话，会增加孩子心里的不安定情绪。你那样说仍然存有问题，你应该说，不哭外婆就会来接你了。

记住孩子名字，孩子更喜欢我了

园长告诉我们，想要得到孩子和家长的认可，首先要记住他们的名字。刚开始我以为这个一点都不重要，但是经过一件事情后我才发现记住名字于一个孩子来说太重要了。有一次，我想让一个孩子回答问题，但我就是想不起来他叫什么名字，无奈中只好说："这个宝宝……"可是让我失望的是那个小孩不但不理我，还哭了起来，当时我特别纳闷他为什么会哭，事后我才知道是因为我不记得他的名字。从那以后我特别注意，我带的班级总共只有 16 个孩子，孩子少，所以我用最快的速度记住了全班孩子的名字，原因很简单：孩子们的想法特别单纯，他们就认为你能记住他的名字就是喜欢他，记不住就是不喜欢。

高波老师点评：生活是公平的，谁付出的多，谁喜欢孩子，反过来孩子也就喜欢谁。记住孩子的名字，是对孩子的认可，也是尊重。很高兴看到你正在走进孩子们的内心小世界，正用心去了解、去发现捕捉他们的闪光点。

练课、看课、总结让我进步

现在每天只要一有空闲时间，我就会不停地练课、看课，然后还会记录每个宝宝的课堂表现，为的就是能够更好地了解和更直观地看到宝宝在下一次上课与上次上课时有什么不一样，是否有进步，以便更好地与家长进行沟通交流，让家长配合老师的工作，让宝宝更健康快乐地成长。

每天下班我们都会写当日的工作总结，必须详细，这样才会知道今天都干了什么工作，哪些完成得好，哪些没有做到满意，还需要努力，这也会激发自己的斗志，让自己在新的一天里更加努力完成目标，不断进步，不断完善自己。

我们班的宝宝们现在见了我不会那么陌生了，我还会继续努力让宝宝喜欢和我在一起上课、玩耍，舍不得离开亲子园。

高波老师点评：练课、听课、写工作总结，这些做法真的很好，坚持做下去，你就会取得意想不到的进步。等你哪天成为优秀的早教专家了，你的这些记录会成为你的独家秘笈。加油，一定要坚持下去！

还有比发脾气更好的方法

新的一周，新的开始，调整好自己的状态面对孩子天真的笑脸，累并充实着，这就是生活。每时每刻都会出现不同的"惊"与"喜"，当然在忙碌的过程中，可能不会及时解决孩子的所有问题，但是我会用心去做。首先要做到的是调适自己的心态，将心态放平和；其次，就是寻找有效的教育方法，有时教育的力量真的不是体现在声音的大小上，而且有的孩子会欺生，他们很"狡猾"，会观察老师的反应，如果你暴跳如雷，正中他们下怀，发几次脾气都不能解决问题，他们会变本加厉。现在我就在试着用比一比谁最好的形式来鼓励他们，找几个正面典型，多夸夸孩子，小孩子嘛都是喜欢模仿、攀比的，表扬与批评相结合，可能比一味的发脾气效果更好！

高波老师点评：教育的水深着呢，需要穷其一生探究它的奥妙，不过你已经初步寻找到一些有效的教育方法了。望继续努力！

孩子如厕有技巧

午睡之前，总有那么几个小朋友去厕所，而且一个小朋友说上厕所，接着几个小朋友都跟着说上厕所，本来不想去上厕所的，都被带动起来了。哎，头都大了！不让去吧，怕尿裤子；去吧，又怕他们去玩。后来，我想了一个办法，让他们一个一个地去，一个去，另一个等，决不能乱套。我的感悟是发现了问题就要去解决，才能体现实习的价值。

高波老师点评：孩子喜欢模仿、从众，这个特点在你班的孩子身上得到了充分验证。但是，你处理得很好，也验证了一句话：魔高一尺，道高一丈。你的态度我高度赞同：在实习中发现问题，在实习中学会解决问题，才能体现实习的价值。

哄睡是一门学问

班主任不在的时候，我就带孩子们复习。班主任感觉我是新来的老师而且没有经验，所以她说："你如果管不了就让他们看电视吧，保证孩子们的安全最重要。"然而我并没有那么做，我在保证孩子们安全的情况下给孩子们上完了课。因为之前嗓子哑了，上完课我嗓子都咳出血来了，但我感觉我做得是正确的，虽然有的孩子让我很生气，但是感觉这么做是值得的。

中午值班的时候总有几个孩子不睡觉，就算是我坐在他的床上他也不睡，而且还笑，还和我聊天。我想聊天肯定会影响其他孩子睡觉，就让他闭上眼睛乖乖睡觉，他把眼睛闭得紧紧的，这样肯定睡不着。我让他轻轻地把眼睛闭起来，等他放松的时候我就给他讲故事，两分钟后他竟然睡着了，这让我非常有成就感了。

我哄睡的那个小男孩性格是比较腼腆的，对于亲亲啊，他都不好意思，不过我发现他在有意地亲近我。放学后他叫住我，好像是想和我说些什么，但他又说忘记要说什么了，可能还是不能百分百信任我吧。之后我让他亲亲我他果然亲了，我很高心他能这么做，因为以前他是很排斥的，他还嘲笑过其他的孩子呢，不过看到他现在的改变，我真的很欣慰。

高波老师点评：看了这篇周志，我很感动，被你的执着、细心所打动，特别是你对几个不睡觉孩子的做法，你与那个性格比较腼腆的小孩子的交流，真的感动到我。在你的描述中，我感觉到了孩子的可爱，看到了一个细心呵护孩子而又有办法的幼儿教师。加油！你会越来越出色的。

如何让内向的孩子融入群体中

本周学校来了一名新生，我这个刚入门的老师当然是最激动的，可是我发现了一些非常棘手的问题：这个孩子不太爱说话，甚至有些自闭，也不爱和小朋友们交流。这个孩子非常聪明，每次考试他都是班里的前三名，偶尔考试成绩不如意时，也从来都不跟父母交谈，只是自己闷着，小脸上满是委屈。另外，这个孩子非常有才，画画非常好。但是孩子为什么是这样子呢？我想应该是从小的教育问题和接触环境的问题。

考虑到孩子初到幼儿园，不能操之过急，必须让他慢慢习惯，尽量让他和孩子们打成一片，就算不能实现，也要让他和孩子们交流，分享自己的事。我还交代两名活泼的孩子一个任务：让他们多和这个孩子交流，逗他开心，让他能感受到这里的温暖。我相信自己能让每个孩子都度过开心快乐的学习时光。

高波老师点评：这个孩子好强而内向，不太能够容忍失败，如果引导不好很容易出问题，所以打开他的心扉很重要。面对这样的学生，不能操之过急。另外，要注意家园合作，共同帮助孩子健康成长。

芝麻真的开门了

又在学校里度过了七天，有时发现自己几乎每天都做着同样的事，碌碌无为。我不是一个循规蹈矩的人，希望每天都有新鲜事发生。我试着去解决这个问题，每天看一些小故事，让自己变得幽默，让孩子们有更加精彩的课余活动。这么做不仅仅是为孩子们的快乐，同时也是充实自己。

上周新加入这个大家庭里的那个孩子，改变了许多。听从老师的建议，我对他进行了一对一教育，效果很显著。他与我交流了很久，说出了他心中很多的想法。如同老师所说他很要强，同时也很封闭。我试着打开他的心扉，让他接受我。昨天我发现了一件激动人心的事，他和孩子们分享了自己带的点心，看到那一幕我激动得想哭，自己的努力总算没有白费。只要认真去做，再难的事也能克服。

我会继续保持我的新鲜感，让孩子们感受每天不同的我，同时为了幼教事业继续努力。

高波老师点评：教育就是由很多平凡的小事构成的，不可能每天都有什么大事发生，有时我们也不希望有什么大事发生，所以，要学会在平淡中寻求新鲜感。我理解你的感受，看到孩子向着自己希望的方向转化，老师不可能不激动，因为这是自己努力的结果，凝聚着自己的心血，见证着自己的成功。好好做，未来一定会更好！

如何处理孩子们插队和排队的纷争

今天户外活动结束后，小朋友们排队喝水，传来一阵吵闹声，保温桶旁的几位小朋友喊着："要排队！要排队！"我连忙赶过去，原来是秋谊小朋友张开双手，挡在了杯子柜前不肯走，小朋友们被挡住了，挤在一起乱成一团。我尝试把李俊秋谊拉开，她却僵在那里不肯走，还大声哭喊起来："妈妈，妈妈！"我耐着性子对她说："老师不批评你，只是想知道到底怎么了。"这时其他小朋友七嘴八舌地说："李俊秋谊不排队，还插队。""她还推我！"听到孩子们纷纷告状，李俊秋谊继续大声地哭喊。"真是这样吗？我相信秋谊不排队是有原因的，你把你的理由说给大家听听吧！"听了我的话，李俊秋谊擦了擦眼泪，还略微带点哭腔地说："我口渴，我不要排队，他们太慢了。""小朋友你们渴吗？""我们也很渴。""小朋友们都很渴，这该怎么办呢？谁愿意让李俊秋谊排前面？"这时有一个小朋友愿意让李俊秋谊排前面，我表扬了这位小朋友，其他小朋友也跟着说愿意。"秋谊，小朋友们对你真好！"李俊秋谊有点儿不好意思地说："我下次也让小朋友排我前面。"这件事后，我引导孩子们讨论我们的队伍为什么总排不好，他们很快找到了有人插队的原因，我们又讨论怎么才能把队排好。

通过这件事我深刻地认识到：幼儿的常规习惯养成绝非一朝一夕，需要有重点地关注和教育，并采取多种方式去进行培养。另外，常规教育也要因时而异、因人而异、因事而异，不能死守。

高波老师点评：遇到问题，不急于粗暴处理，而是弄清原因，有针对性地解决，很好！幼儿的常规习惯养成真的非一朝一夕，需要用心培养。

有一种力量比大声喊叫更强大

这几天感冒发烧，嗓子疼得厉害，给孩子们上课时也是竭尽全力地讲。可孩子毕竟是孩子，活泼爱说，自制力差。上课时，我在上面大声讲，个别幼儿在下面小声讲，几次点名字也无济于事。于是我用情感说服："老师生病了，嗓子疼得厉害，你们爱老师吗？""爱""那老师嗓子疼，你们声音那么大，能听得见老师说话吗？你们怎么做老师嗓子才不疼啊？""不说话""安静"一会教室就安静了。我很欣慰，孩子们懂事了，更加让我感动的是第二天一个小朋友给我带来了金嗓子喉宝，真的是非常感谢这帮又调皮又可爱的宝贝儿们！

高波老师点评：教育的奥妙并不是声音越大就越有力量，爱心是一种更强大的力量。我们都说幼儿教育是爱的教育，你平时对孩子们倾注了关爱，孩子们才会心疼你。

教孩子学会感恩

这周二举办了感恩节活动，本次活动旨在让孩子从小学会感恩。也许现在孩子还听不懂那些太深奥的话，但是通过一些小活动，比如说一两句想跟爸爸妈妈说的话，为爸爸妈妈跳一支舞，喂爸爸妈妈吃一口水果等活动，让幼儿感受到和父母之间的感情。现在的孩子多是独生子女，家人的溺爱导致孩子觉得别人的关心是理所当然的，我们应该多开展此类活动，让幼儿懂得感恩父母，感恩一切关心和帮助过自己的人，用一颗感恩的心去面对未来和生活。

高波老师点评：懂得感恩是一个人之为人的重要元素，感恩教育迫在眉睫，需要从娃娃抓起。让幼儿知道感恩父母，感恩一切关心和帮助过自己的人，用一颗感恩的心去面对未来和生活。你们的做法很有意义!

由攻击转化为保护的神奇变化

  我们小一班的李杜一小朋友非常聪明。刚入园的时候,虽然他很调皮,但是每当老师讲故事、上课的时候,就属他最认真了。可是,最近一段时间我们通过观察发现他没有以前表现得好了。

  上课时他不是乱看就是乱摸其他小朋友,上厕所的时候总想第一个去,不管前面有没有小朋友他都使劲往前推。有一次苏瑞雪小朋友从厕所台阶上下来,还没站稳,他就挤进去,看见瑞雪还在上面,什么都没说,一下把她从台阶上推了下来。幸好我跑过去及时把瑞雪接住了。于是我生气地对他说:"李杜一你怎么回事啊?你这样做对吗?"他笑着说谁让她这么慢啊。看到他根本不想认错,我发狂了。因为知道他喜欢植物大战僵尸的游戏,我便换了一种态度,温柔地对他说:"杜一,你以后不能这样,万一把小朋友摔倒了那多疼啊。你看大嘴花和豌豆射手都会保护他们的伙伴,你是男生,也要保护小女孩,上厕所得让着女生哦!"他听了我的话若有所思地点了点头。第二天,排队小便时,我看到他两只小手掐着腰,嘴里说:"我是小男孩,我要保护你们小女孩,你们先进去吧!"望着他那张稚嫩的笑脸,我欣慰地笑了。也许换一种语气,换一种态度,会给孩子和我们带来更多的转变!

  高波老师点评:不是孩子做不好,是我们没有找到那把开锁的钥匙。你换一种语气,换一种态度,不是已经看到孩子的转变了吗?

孩子入睡的秘密

  前段时间,我班张烨小朋友午休时,不仅自己不休息还弄得整个休息室不安宁,把园领导气坏了。当然其他小朋友也有不休息的,但都会安静地躺在床上。那天我值班,其他小朋友都躺下了,张烨把鞋脱掉后站在床上拎着被子玩。我走到他的面前,他就一边咬着被子一边对我笑。当时真有种揍他一顿的冲动,但是我没有。我说:"张烨小朋友,你是不是好宝宝?"他点点头。我又说:"是好宝宝那老师就喜欢你,如果你能躺在床上,即使不睡觉,只要不发出声音,老师也会喜欢你。"于是他就躺在床上不再动。我把手放在他的身上轻轻拍打着,他很快就进入了梦乡。有时我们不能以批评的方式来教育孩子,应该用表扬鼓励的方式教育,我们会有另一种收获。

  高波老师点评:能将调皮的孩子训服了,很好。这说明,有时孩子不听话在于老师没有找到正确的解决方法。你能这么简单、从容地解决这个问题,看来实习过程中积累了不少小妙招。继续加油!

怎样对待爱插嘴的孩子

王子扬小朋友是一个非常聪明的小男孩,但有一个令人头疼的毛病:爱插嘴。有时我刚说个开头,他接过去就叽里呱啦地讲个不休,引得其他小朋友也跟着说,导致在课堂上其他小朋友根本听不清我讲话。

今天,我刚说完"小朋友喝水",他便开始了:"一组去,二组别去。"可是全班小朋友并不听他的话,一起拥向了水杯橱。见此情景,我灵机一动,先让小朋友们回座位上去,然后宣布:现在请王子扬小朋友来当小老师。孩子们见状,都觉得好玩,嘻嘻哈哈吵成了一团。王子扬大声喊:"一组去喝水。"丝毫没有用处,我趁此机会对他说:"你一个人的声音怎么能比他们那么多人的声音大呢?老师上课的时候你总是讲话,别人还能听得见吗?"他红着脸摇了摇头。通过这件事后,他的毛病改了许多。针对各个孩子的特点进行教育,比干巴巴地说教要有效得多。

高波老师点评:学会倾听是很重要的,针对孩子爱插嘴的缺点,不是干巴巴地说教,而是结合情境进行有针对性的教育,很好。王子扬小朋友好像不仅是爱插嘴,还喜欢参与班级的管理。其实,可以像你做的那样,让他当个助理老师,发挥他的能力。

比比谁先吃饱饭

吃饭曾一度被当作常规来教育孩子:吃饭的时候不能说话,眼睛要看着自己的饭碗,不要剩下饭菜……这一系列的"规矩"天天挂在嘴上,絮叨起来没完没了,可效果并不是很明显。饭菜该剩下还是剩下,话该说还是说,有时候一顿饭要吃上大半个小时,但今天突然有了转机。

今天吃饭前,我又讲述了一次"吃饭要则",可刚开始吃,皓天与闹闹又在大声说话。于是我说:"小朋友,我们比赛看谁先吃饱!"小朋友都兴奋起来,我趁机说:"我们不光比赛看谁先吃饱,还要看谁的桌面、碗里最干净,而且吃饭的时候不说话。""行!"大家齐声说。于是,一场别开生面的比赛开始了。通过比赛,大家一致认为张烨小朋友得了第一。

一整天,孩子们都念念不忘这场比赛。我明白了,单纯的说教并不能解决问题,要顺应孩子的兴趣,找到他们的兴奋点,了解他们的身心发展。偶尔搞几次小比赛,比一般的说教更能取得教育的预期效果。

高波老师点评:教育就需要寓教于乐,这个案例充分说明一个哲理:教育是智慧,不是唠叨。多想一些解决问题的策略,你就能找到教育的力量。

微笑力量大

这几天背诵"微笑服务理念",字字句句深入脑海,让我深刻感受到微笑所蕴含的意义。当你蹲下来微笑着面对天真可爱的孩子时,孩子本来拘束的表情也会随之乐开了花,展现出自然美丽的面容;当你用微笑面对家长时,也许家长的一点怨言也会随之烟消云散。我班里一个很内向的小女孩,由于之前忘记带让收集的东西,表情看上去非常沮丧。当时我突然就想到了微笑的力量,于是冲她笑了笑,蹲下来抱着她说:"没关系,你今天忘带了明天再带来,老师一样喜欢你。"第二天,她如愿完成了任务,而且从那天起,早上都是高高兴兴地来幼儿园,跟老师的关系也拉近了很多。

高波老师点评:微笑真的具有很大的力量,没人喜欢老师天天板着脸、阴着天,你能做到微笑服务很好。当然,教育仅仅靠微笑也是不够的,并不是单纯顺从孩子,他就喜欢你,你需要掌握更多的教育技巧。

小朋友也会换位思考

王宇航小朋友是我们班的调皮大王,每次上课不是在教室里跑来跑去,就是跟其他小朋友打闹,不管如何教育都无济于事。一次游戏活动,我发现他正有声有色地扮演老师,便灵机一动走过去说:"王老师,你在上课啊?"他不好意思地笑了。我又接着说:"王老师,今天你来当小老师教小朋友,好吗?"他又不好意思地点点头。我走到一个角落,坐了下来,悄悄观察着他。他带着小朋友们做小豆芽的律动,刚开始的时候,小朋友们还很听话,可是不一会儿就乱了起来,有的站着,有的上厕所,有的说话,教室里乱成了一团。王宇航脸涨得通红,生气地说:"不许吵,不许吵了!"可小朋友们说得正开心,谁也没有听他的话。事后,我问王宇航:"你开心吗?"他摆了摆头说:"一点也不开心,小朋友们不听话!"我又问他:"那你知道老师平时多辛苦了吗?"他点点头说:"我以后上课不让老师生气了。"经过这件事我体会到,教育幼儿需要方式方法,单纯的教育有时一点也不起作用。让孩子去体验,有时会起到事半功倍的效果。

辛帅老师点评:案例典型,分析到位,老师在教育的过程中善于利用机会让孩子去体验、去思考,对于改掉孩子的缺点起到了很好的引导帮助作用。放手让孩子们自己体验,他们真的会有所感悟,要相信孩子最本真的这些能力。

爱他你就抱抱他

刚来这个幼儿园的时候,园长安排我去北京参加一个阳光体育的培训,短短的几天时间我收获了很多。记得一位老师说:"孩子其实什么都懂,只是他们不会像大人一样用语言表达。"的确,真正到了工作岗位中才发现,幼儿园什么孩子都有,他们的小调皮各种各样,我们班也不例外,可是对待他们的调皮我却有自己的处理办法。其实调皮的孩子也有弱点,简单一句话就是"抱抱他"。当他做出非常过分的事情时,首先把他单独拉到一边,问他为什么老师要叫他,告诉他这样为什么不对,应该怎么做;更要说明老师本来很喜欢你,因为你聪明,但是老师现在有点失望,跟老师说能不能表现好一点;最后不要忘记真诚温暖地抱抱他,说相信他!就是这种"妈妈的感觉",因为我知道我们从小到大无论做什么事最不愿让妈妈失望。现在开始抱抱他吧!真诚地、温暖地、像妈妈一样抱抱他,他其实只是个孩子。

王晓丽老师点评:李老师对待调皮孩子的方法真的太好了,可以分享给其他的老师。如果每个老师都能领会到这一点,我相信再调皮的孩子都会融化在你们爱的教育中。这就是我们说的爱的教育,你做得很好!

对待挑食有妙招

午饭时间到了,和往常一样孩子们吃得津津有味。忽然,彤彤对我说:"老师,你看佳佳。"所有孩子的目光都投向了佳佳。只见佳佳的小手沾满了菜汤,在桌子上滑来滑去,看见我过去,佳佳连忙说:"我在家就这样。"这怎么能行呢?我灵机一动说:"佳佳,你知道这是什么菜吗?这可不是普通的菜,这是我们最喜欢的红果果和绿泡泡智慧树上长出来的奇异菠菜,不仅有营养,而且吃了还能变漂亮。"孩子们瞪大眼睛看着我,佳佳也半信半疑地看着我,我点了点头。这时佳佳拿起了勺子开始吃饭。孩子们吃饱后,我问小朋友说:"佳佳是不是变得更漂亮了?"小朋友都说:"是。"我觉得教师应学会趣味"忽悠",教师可以用夸张的语气和表情做出饭菜特别香的样子,引起幼儿食欲,对于挑食幼儿,教师要正确引导。

王晓丽老师点评:不用讲大道理,能够这样轻易解决孩子挑食的问题,看来你已经明白应该怎样和孩子们交流了!挑食问题是幼儿普遍存在的问题,以后要持续关注,发现问题及时解决。继续努力!

学会运用榜样的力量

在一节音乐课上,我发现个别孩子有很强的领导能力。那节课教孩子们学习《勤快人和懒惰人》这首歌,开始我弹着琴一句一句教孩子们唱了三遍,然后让孩子们合着老师的琴声一起唱。这时有个别孩子趁老师不注意开始做小动作,于是我就在每一个小桌子上挑了一名幼儿帮老师管理纪律,没想到在后面的学习中再也没有孩子捣乱了,看来小组长的作用还是很大的,孩子们很听小组长的话。于是,在后面的学习中我很重视选小组长这件事,孩子们也争先恐后地表现,都想当一当小组长。以后可以用这种方式奖励孩子，表现好了就可以当小组长，可以让孩子们感受到"权力"的力量。

苏敏老师点评：关于榜样的力量，美国近现代时期社会心理学家班杜拉就系统提出了相关理论。如果以后想多多采用，可以借鉴一下他的学说哦，还是很好的！加油！

让孩子在鼓励中健康成长

在幼儿园的日常教育教学工作中，一般推行的是多表扬少批评、多奖励少惩罚的方法，但是，如何正确运用好这种方法，让孩子在鼓励中健康成长，是教师应该思考的问题。我经常利用空余时间做一些小手工，在每次组织活动前，都先向孩子们出示这些小手工，问："小朋友，你们看，老师做的这是什么？好看吗？"孩子们往往都会说好看。然后我会说："今天我们上课时，谁表现得好，老师就会把这个奖励给谁。"于是，孩子们就高高兴兴、认认真真地上课了。每次活动结束，我就把那些小手工发给表现好的孩子，有的孩子几次活动下来，就能得到两三个小手工，可开心了。孩子们特别喜欢这样的奖励，变得越来越听话了，因为她们都想得到更多的奖励。

看来奖励对于孩子来说远远比训斥、批评好得多。在这几个月的实习中，学到了很多东西，那是在书本里学不到的。如何与孩子交往、如何与家长沟通、如何与工作伙伴相处、如何去承担责任，这都是我要去学习的知识。

杨民老师点评：你总结得非常对，奖励有时候比批评来的更有效，所以，在日常教学过程中，一定要做到多表扬、少批评、多奖励、少惩罚，效果肯定是意想不到的。看到你能自己用心做手工来激励孩子们，真的为你这么敬业的态度而感到高兴。加油！

合理利用律动小游戏

这周我开始慢慢进入讲课阶段。刚开始试讲时，虽然都是我们班的小朋友，但还是很紧张，想好的词语就是想不起来了，而且还控制不好课堂，一不注意就有孩子出来捣乱，接着连锁反应就出现了，课堂一片混乱，让人头疼。后来，王老师告诉我，讲课时不能光顾及课堂内容，更要掌控孩子的动向，不能让孩子牵着你走，要多利用我们的律动，不能让律动当摆设。

让我欣慰的是，有一天王老师有事，我一个人带着孩子们，当时我很担心会管不住他们。结果发现他们很好管，只要有让他们感兴趣的东西学，他们就会很乖、很老实。这周我教给他们一首儿歌《娃哈哈》，简单的旋律，简短的歌词，孩子们很喜欢，很快就学会了，还希望我再教一首，非常开心。我越来越喜欢这群孩子们了！

贾素宁老师点评：老教师的这些小窍门确实更管用，对吗？多跟老教师学习，多听课，多反思，多尝试，你会很有收获的。

排排队有秩序

虽然工作一段时间了，但家长还是认不全，仅仅靠早晨送孩子入园时的那一面，我还是不能完全记住。晚上放学的时候，由于家长太多了，根本看不清。我想了一个方法，放学的时候，让家长排队接孩子，这样我就可以对上号了。看着自己的工作一点一点被学校领导认可，心里很高兴，也有了动力。不过压力还是有的，毕竟刚开始踏入工作的大门，还有很多事情要向其他老师学习，我告诫给自己：少说话，多做事，踏踏实实做好每一件事情。

贾素宁老师点评：让家长排队接孩子，花费的时间应该会比原来长很多。你可以让每个孩子带一张跟爸爸妈妈的合影来，工作之余看看孩子们和家长的照片，就能很快记住啦。

教育孩子要因人而异

这一周，我基本上可以认出所有的学生，并能更深层次地了解他们的性格。在了解他们后，我上课更加得心应手了，效率也提高了。以前面对调皮的孩子时，我一直认为应该严厉批评，但在和前辈的交流中发现，对待调皮的孩子一味批评是不恰当的，很有可能不经意间就伤害了孩子的心灵。所以当我再遇到调皮的孩子时，我会先观察他一会儿，并夸他这个动作做得非常好，夸奖之后我发现他在做动作时都会比较认真。所以，夸奖比批评带来的效果更好，当然批评也是不可少的，所以我要先了解孩子的性格，再根据他们的性格采取不同的措施。

杨民老师点评：你跟孩子们之间的接触让你了解到孩子都需要什么，你从一件小事中了解到了自己应该怎么做才对孩子最好，你学会了反思，学会了解决问题，这就是你最大的进步。

不要无条件地满足孩子

我们园实行一对一的模式，这个周我带着一个特殊孩子。他之前在园里待过，因年龄问题离园了，现在又重新入园，由我来带。我的任务是让他对我产生信任感、安全感，慢慢地帮他融入集体。但他以哭的方式让我什么事都顺着他，也不听我说的话。同事告诉我不要什么事都惯着他，否则会失去底线会成为他的依仗。孩子哭很多时候并不是真哭，若一哭就满足他，他会坏笑，这样不利于他成长。要让他学会独立，比如穿鞋子，其实他可以自己穿，但他并不想那样做，就想让你帮他完成，这时

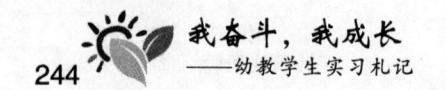

候千万不要帮他,他哭完后自己就会穿上鞋子的。

杨民老师点评:幼儿园里的孩子是最纯真的,你要做的就是守护这份纯真,不一样的孩子有不一样的性格,你要用耐心去对待他们。另外,我觉得也不能一味地放任孩子哭,可以尝试一下赏识教育。

孩子喜欢听我讲故事了

在上班的这几天里,我发现有些小朋友特别聪明,但是却不能集中注意力,我就寻找能让他们集中注意力的方法。通过实习我发现,提问是最好的集中注意力的办法。

有一天,主班老师让我给一班的小朋友讲故事,于是小朋友们围坐成半圆型听我讲故事。可是刚上课,他们的心思还在上课前玩的游戏上,不管我怎么呼喊他们,他们就是不予理睬。没办法,我用出了最大的力气,大喊一声"请小朋友们坐好"。有一些听话的小朋友听到了我的呐喊声,便安静下来。于是我说,今天我给大家讲一个故事,故事的名字叫"野天鹅"。刚说完故事的名字,没想到,所有的小朋友都异口同声地说:"老师这个故事我们听过了。"这让我这个刚刚实习的老师不知所措,但是我想,不能就这么算了呀,于是我说,所有的小朋友都听过这个故事吗?他们回答说"是的"。于是我说:"既然大家都听过这个故事,那老师来提问你们几个问题吧。"于是我一边提问一边讲完了整个故事。在提问讲故事的过程中,所有的小朋友都特别听话,特别认真,还会根据我所讲的故事回答我提出的问题。

因此,我觉得提高小朋友注意力的办法,最好的就是提问,提问会让小朋友们集中精力去干某一件事,会促使小朋友们开动脑筋,跟着老师的思路走。

赵振华老师评语:你发挥了很好的教育机智,看得出你是一个勤于思考、勇于探索的老师。继续保持这种教学习惯,相信你在不久的将来就能成为一名优秀的幼儿教师。